本书是"北京市社会科学基金项目 北京市教育委员会社科计划重点项目——首都高校大学生创业质量实证研究与对策分析（项目编号：SZ201710037021）"的部分研究成果。受"北京市社会科学基金项目 北京市教育委员会社科计划重点项目"资助。

光明社科文库
GUANGMING DAILY PRESS:
A SOCIAL SCIENCE SERIES

·经济与管理书系·

大学生创业质量实证研究

季靖　任吉　林剑 ｜ 著

光明日报出版社

图书在版编目（CIP）数据

大学生创业质量实证研究 / 季靖，任吉，林剑著
. --北京：光明日报出版社，2023.9
ISBN 978-7-5194-7445-4

Ⅰ.①大… Ⅱ.①季… ②任… ③林… Ⅲ.①大学生
—创业—研究 Ⅳ.①G647.38

中国国家版本馆 CIP 数据核字（2023）第 171843 号

大学生创业质量实证研究
DAXUESHENG CHUANGYE ZHILIANG SHIZHENG YANJIU

著　者：季　靖　任　吉　林　剑	
责任编辑：史　宁　陈永娟	责任校对：许　怡　乔宇佳
封面设计：中联华文	责任印制：曹　净

出版发行：光明日报出版社

地　　址：北京市西城区永安路 106 号，100050

电　　话：010-63169890（咨询），010-63131930（邮购）

传　　真：010-63131930

网　　址：http://book.gmw.cn

E - mail：gmrbcbs@ gmw.cn

法律顾问：北京市兰台律师事务所龚柳方律师

印　　刷：三河市华东印刷有限公司

装　　订：三河市华东印刷有限公司

本书如有破损、缺页、装订错误，请与本社联系调换，电话：010-63131930

开　　本：170mm×240mm			
字　　数：314 千字		印　　张：17.5	
版　　次：2024 年 5 月第 1 版		印　　次：2024 年 5 月第 1 次印刷	
书　　号：ISBN 978-7-5194-7445-4			

定　　价：95.00 元

内容简介

"六稳六保"是中央维护经济发展与社会稳定的重要举措，而"首稳首保"（稳就业、保居民就业）都关系到就业。作为就业中的重要组成部分及创新型人才培养的重要渠道，对大学生自主创业质量评估及质量提升策略的研究意义重大。

本书在内容组织上以提升大学生自主创业质量为主题，以呈现、评估、分析、总结及建议为逻辑主线分为大学生自主创业质量实证研究篇、个体访谈篇、能力提升篇三大部分，从研究者、投资人、教育工作者、创业大赛主办者等不同视角对大学生自主创业质量的评估指标体系进行讨论，在此基础上，提出对大学生自主创业质量的评估要增加大学生创业者的视角，通过三维度、两阶段模式开展大学生自主创业质量评估。

本书切实考虑到大学生自主创业者的特点，关注大学生组建创业团队、寻找创业机会及运用人力资本、财务等资源开展创业活动的动态创业过程，特别强调大学生自主创业项目要和国家发展与社会需求相一致，也通过模型构建研究了宏观经济形势对大学生创业质量的影响。本书在内容编排上注重吸收国内外最新的研究成果与创业案例，倾听创业者与相关利益主体的不同观点，分析不同类型创业主体关于创业质量的观点及创业历程，始终围绕提高大学生自主创业质量开展研究与叙事创作。

本书在章节的安排上分为大学生创业质量现状及影响因素、大学生自主创业质量评估指标体系的实证研究、大学生自主创业者对创业质量的实践反思及创业专家对大学生创业的建议和指导，通过定量、定性两种研究方法的相互支撑，理论与实践的相互结合，高校学者、创业实践者、大学生创业管理者及大学生创业者等多主体的相互补充，使大学生自主创业质量能够得到多视角、多层次、多阶段的多元审视，有利于提升大学生自主创业质量，培养更多高质量、具有高潜质的创业人才。

本书既可以作为有创业意愿或正在创业的大学生解决自主创业困惑，开展高质量创业的参考用书，也可以作为大学生自主创业中不同相关利益主体用于了解与支持大学生自主创业的阅读书目，更可以作为大学生群体拓宽视野，升级认知体系，探索自主创业之路的指导书目。

序

与大学生创业结下不解之缘大概始于 2013 年，当时我在高校从事学生管理工作。一天下午，几个学生结伴走进我的办公室，说他们组建了创业团队，要开展大学生创业项目，其他事项已筹备齐全，只缺创业场地，请求学校帮助。这是我第一次接触自己学校的学生创业者，印象最深刻的是那一双双亮晶晶的眼睛里传递出来的自信与渴望。几个学生来自不同学院，刚上大二。当请他们坐下说说具体想法时，我发现他们对创业项目已经做了认真的调研与准备，对创业模式、团队搭建等已讨论出了成熟的框架，只是在确定场地方面他们还无从下手。谈话中，他们反应敏捷、表达清楚、富有逻辑，而且信心满满。于是，带着被他们感染的热情，我和学校就业指导中心的同事一起指导他们办理相关手续，向学校领导进行汇报，与其他管理部门积极沟通，制定校级支持学生创业的政策，构建大学生自主创业运行机制，在各方积极努力下，他们的创业项目得到了学校的高度重视，学校专门给他们审批了场地，允许他们在校园内开始创业。自此，第一个获得学校支持的大学生自主创业项目正式运行，也带动了其他大学生如火如荼地开展自主创业项目。

时间来到 2015 年，我指导的一个本科学生进行毕业论文写作时，提出要开展大学生"'互联网+'创业质量"问题研究。在开题的过程中，我才知道这个学生已经有两年的创业经历，在同组的论文研讨过程中，他表现出很强的问题意识与沟通表达能力。他坦言，这完全是创业过程中自己不断学习、成长与历练的结果，创业时遇到没有学过的知识，就立即进行阅读，他说创业阶段所读的书目比上学时老师要求读的多很多，创业过程中遇到的各种挫折已经成为人生的宝贵财富，现在的他比同龄人更具学习主动性，拥有更强的学习能力，具备了目标、情绪及时间等自我管理能力。

这两段经历带给我很深的触动，我们常常说要培养高素质、应用型、复合型人才，如果这些人不是，不知道谁还能算是？与同一所学校的同龄人相比，他们有目标，这些目标明确、具体、可实现，与高等教育人才培养目标很一致，与社会结合很紧密；为了实现这些目标，他们充分地利用学习的过程，不断地自我提升，不断地开展实践；有坚定的意志，遇到困难，一试再试，这也与人才培养目标中提出的具有抗挫折、抗压力的能力培养相一致；在实现目标的过程中，他们加强时间、精力、情绪等自我管理，培养了韧性与逆商；他们有合作的意识，在与合伙人、投资人、客户、团队、员工等多方的关系中，他们锻炼自己的人际交往能力，积极与各方建立合作。由此可见，大学生创业会给学生带来如此多积极正向的影响，这也是教育理论中提到的独立类型，高校需要施加的影响力是为其提供支持，但是为什么会有这么多人，包括最初的我，并不认同大学生开展自主创业？大学生自主创业的优势与劣势在哪里？如何看待大学生自主创业成功率低这一事实？如何引导大学生更好地自主创业？如何看待大学生创业者与社会创业者的异同呢？如何更全面、客观、多视角地评估大学生创业质量？

　　带着这些问题，我申请了北京市社会科学基金项目暨北京市教育委员会社科计划重点项目"首都高校大学生创业质量实证研究与对策分析"，在课题研究过程中，通过查阅文献、问卷调研、质性访谈等研究方式，得出大学生创业质量受经济形势影响较大，但高质量的大学生创业项目仍旧在高成长性与创新性上表现出很强的动力，而且，大学生创业对大学生价值观的形成及对大学生的成长表现出积极的促进作用。在访谈中也发现，大学生创业者的创业故事既有共性特征，也有个性化特征，每个创业者都有其不同的创业动力，每个创业者都有其独特的创业故事，在创业中的情绪情感、认知思维及行动策略都有很大的不同。大学生创业活动中不同利益共同体对大学生创业质量的认知是不同的，这与每个群体、每个人的认知角度与思维面向有很大的关系，而创业主体对创业质量的评价却较少被倾听。只有认真地去倾听每个创业者的叙事，全面地记录他们每个创业的瞬间，才能真正地看到这个群体背后的酸甜苦辣与不屈不挠的奋斗精神，才能客观评估国家创业政策、高校创业教育的实施效果，才能建设更好的创业生态环境，从而更有效地促进大学生创业质量的提升。

　　基于这样的考虑，这本以首都高校大学生创业质量实证研究、33名大学生创业者讲述创业经历及创业专家针对大学生创业质量提升策略所提建议三部分内容为主的书稿组建起来。本书第一部分包括大学生创业质量评估现状、首都高校大学生创业质量影响因素实证分析及大学生创业者创业机会识别对创业意愿的影响实证分析。第二部分以大学生创业者对创业质量评估体系思考为主题，采访了大学生创业者群体。这个群体中既有博士研究生创业者，也有本科生创业者；既有北京市高校大学生创业者，也有京外高校大学生创业者；既有从事突破国外技术壁垒的高新科技创业者，也有用煎饼馃子承载中国文化走出国门的服务型创业者；既有连续创业者，也有初次创业者；既有在校生创业者，也有毕业两年后创业的大学生创业者。通过大学生创业者的同质性群体中的差异化叙事，让大学生创业者讲述自己的创业经历与故事，构建大学生创业者视角的创业质量评估体系，希望为关心大学生创业活动的各方人士提供了解大学生创业真实情况的窗口，让想要创业的大学生做好更充分、更全面的准备，让政策支持更有效率，更有针对性，让创业教育更有影响力，更具高质量。第三部分由具有连续创业经验的"创业老炮"对大学生创业中影响创业质量的创业机会、团队组建、创业方向、资源利用等因素，提出具有启示性、引导性的，来自实践检验的思考与建议，从而有针对性地提升大学生创业质量。

本书的撰写历时四年，在四年中有些创业项目失败了，有些创业因外界原因暂时停止，但创业者的积极心态、创业精神让我们很受鼓舞与感动，把他们的语言稍微整理原样呈现，让大家感受这些创业者的激情与韧性，同时也邀请北京物资学院的创业导师林剑为所有的创业故事撰写了专家点评，能够从两者不同的视角理解大学生创业质量内涵。本书的实证部分由季靖、祝军和范益铠编写，周子钰、杨帅、宰文瑶、付倩、王舒衡参与了数据整理的部分；质性访谈部分由季靖访谈并整理，任吉、侯卓、何滨参与整理工作；质量提升策略部分由林剑、季靖与朱贵俊编写，部分内容来自财经作家邱恒明的观点，并得到其授权，方玉负责了本书的排版、编辑与校对工作。

在本书的写作过程中，除得到被访谈大学生创业者的大力支持与配合外，还得到了北京高校毕业生就业指导中心副主任王效斌、北京外国语大学祝军老师、北京物资学院就业创业中心处长嫦娥、北京联合大学韩晨光老师、北京邮电大学高鹏老师、北京创客总部的陈荣根老师、大学生创业导师叶灯烽老师、吉林农业大学就业创业处处长赵明家等专家及希典咨询创始人梁开广博士等的大力支持，同时受到了中国青年政治学院李家华教授的指导，在此一并表示感谢！

目 录
CONTENTS

第一章

绪论

第一节　研究背景

"六稳六保"是中央维护经济发展与社会稳定的重要举措，而"首稳首保"都关系到就业。大学生是创业大军中的生力军与主力军，大学生自主创业是就业工作的重要组成部分，对其开展质量评估及质量提升策略的研究意义重大。本研究所指的大学生自主创业是指各类大学生在校期间或毕业后 42 个月内开展的创业活动或准备开展的创业活动。

大学生就业问题一直是政府与社会各界关注的重点问题，2023 年高校毕业生就业受到了来自四股力量的掣肘：一是全国高校毕业生总数达到 1158 万人，规模达到了历年最大，岗位竞争激烈；二是经济下行压力影响明显，就业机会减少；三是受疫情影响，工作找寻与岗位实习变得困难；四是企业需求人数下降同时出现减少或停招校招，大学生就业工作遇到了极大的困难。以"大众创业，万众创新"（以下简称"双创"）战略促进就业是解决目前大学生就业困难的重要渠道之一。

从国际国内创业研究的结果来看，创业企业的增加可以创造更多的就业岗位，带动就业，促进产业技术创新，拉动经济增长，提高国家竞争力。近年，中国创业数量的快速增长引起了全世界的关注：伦敦咨询公司 UHY 国际曾经发表报告指出，中国从 2010 年开始，初创企业的数量每年以近 100% 的速度增长，2016 年，新登记注册的大学生创业者已达 61.5 万人。[①] 2015 年政府工作报告明确提出，要将"双创"打造成中国经济发展的"双引擎"之一，进一步推动了创业数量激增。2011 年，660 万毕业生毕业半年内创业率仅为 1.6%，而在 2017年，则已达到了 3%（本年毕业生为 795 万人），超过发达国家的 1.6%，6 年创

---

① 邢婷. 去年我国新登记注册大学生创业者 61.5 万人［EB/OL］. 科学网，2017-09-18.

业人数同比增长 125%，净增 13.29 万人。① 2019 年，习近平总书记指出，"要营造有利于创新创业创造的良好发展环境"，"特别是要为中小企业、年轻人发展提供有利条件"②，更进一步促进了全社会重视创业、鼓励创业的良好氛围形成。2020 年，通过市场监管总局登记注册的创业数据与全国高校学生学籍学历数据比对得出，2015—2020 届毕业生中共有创业大学生 54.1 万人，其中毕业生 44.4 万人，在校生 9.7 万人，6 年大学生总体创业率超过 3%，而《2021 中国大学生创业报告》数据表明，在对来自全国 275 个城市、1431 所高校的 13742 名大学生开展的调研中，分析 10791 份有效问卷数据发现，96.1% 的大学生曾有过创业的想法和意愿，14% 的大学生已经创业或正在准备创业。③ 大学生创业的意愿与热情持续升高不减，创业者企业家成为大学生学习与追随的榜样。这和教育行政部门与高校在"双创"教育中投入持续增加是密不可分的。"中国的'双创'教育领跑全世界"④，在实践中取得了丰硕的成果，"双创"教育促进高校毕业生就业观念与就业方式的转变，推动高等教育综合改革，实现经济高质量发展。

与此同时，也有一大批对大学生自主创业持否定意见者，他们认为大学生自主创业风险高、成本高、失败率高，鼓励与支持大学生创业弊大于利。这种观点也有研究成果做支撑，国外学者研究指出，创业企业不是越多越好，更多的新企业可能会导致市场竞争加剧，使原有在位企业可能因竞争无力而退出市场，产生就业破坏，也会给就业市场带来更大的不稳定性。甚至有人提出，"欧洲最典型的大量人口自主创业的国家就是国际金融危机和欧元区危机之后的希腊"。麦可思研究院联合中国社科院发布的《2017 年中国大学生就业报告》显示：大学生创业平均成功率不足 5%，较美国大学生创业成功率 20% 的标准，明显要低很多；大部分企业熬不过初创期的 3 年；企业的创新性明显不够，在赢得投资人方面明显力量不足，2016 年，大学生自主创业获得投资的企业比例仅为 0.02%；从企业生命周期来讲，成立 3 年的企业死亡率最高，2015 年年底工商部门统计的 2013 年成立的公司死亡率占到了 90.6%，而大学生创业的死亡率更是远远高于这一比例。这些数据引导产生并强化了"大学生创业成功率不高，

---

① 2018 应届大学生创业生态研究报告 [EB/OL]. 搜狐网，2018-10-18.
② 新华社. 习近平栗战书汪洋王沪宁赵乐际分别参加全国人大会议一些代表团审议 [EB/OL]. 中华人民共和国中央人民政府网，2019-03-10.
③ 《2021 中国大学生创业报告》正式发布 [EB/OL]. 央视网，2022-03-23.
④ 吴岩. 创新创业教育：培养范式的深刻变革与新的质量观 [EB/OL]. 搜狐网，2019-10-10.

在支持与鼓励政策方面还是要理性与谨慎，不提倡大学生创业"的结论。

这些争议促使研究者把目光集中到对大学生自主创业质量的评估与测量上，大学生创业到底应该评估什么，怎么评估？在过去20年的时间中，各国学者对创业评估与测量进行的多项具有开拓性的研究发现，新创造的就业机会不成比例地与一部分年轻的新公司相关，这些新公司相比一般大企业或其他小企业表现出很大的成长性与增长潜力，从而对工作岗位创造与经济的增长产生促进作用，后续研究更明确提出，创业质量而不是创业数量对经济发展，甚至对国家竞争力来说具有重要作用，新企业的潜在质量对经济增长有很大的影响，尤其是创业质量中的创新情况及创造岗位数量指标的作用更加突出。创业是一个过程，重视数量的同时，更要重视质量。相比以往经济不利的国家或处于经济危机时期各国采取政策刺激更多创业的典型做法，研究者敦促需要关注有增长潜力的小部分公司，认为拥有少数高增长潜力的公司比拥有大量典型的初创企业更好。因为在地区经济发展过程中，初创企业数量增加会使资源分配成本增加，结果导致初创企业质量下降。事实上，高质量或雄心勃勃的企业家很可能对经济衰退更有弹性，同时构成经济发展的重要驱动力。因此，对大学生自主创业的鼓励与支持不仅要把关注点放在提高大学生参与创业的数量上，而且要通过科学、系统的大学生创业质量评估体系了解大学生自主创业质量现状及影响因素，从而有针对性、实效性地促进大学生高质量创业。

第二节 研究意义

一、理论意义

本研究理论意义在于丰富和发展了大学生创业活动质量评估理论。目前，关于大学生创业活动质量评估理论的研究存在以下问题：注重从创业活动结果开展质量评估研究，缺少对大学生创业活动过程的评估研究；注重从其他利益相关者视角评估大学生创业活动质量，缺少大学生创业者主体对创业质量评估视角；注重对大学生创业活动各要素进行评估研究，缺少对大学生在创业活动过程中自主学习尤其是发挥自我效能感作用评估。本研究验证并丰富了蒂蒙斯创业三要素理论，解释了大学生创业者如何在创业机会、团队及资源三个维度的动态平衡中不断学习、实践、成长，从而实现高质量创业的过程。

二、现实意义

大学生群体因其最具创新性与创业潜力成为创新创业的生力军和主力军，大学生自主创业者也因大学生及创业者两重身份受到更多的关注。同时，北京作为全国政治中心、文化中心、国际交往中心和科技创新中心，因其雄厚的教育资源、优质的人力资本和丰富的创新创业教育与服务经验，一直是各地区学习的典范，开展大学生创业质量评估研究与实践能够更好地了解北京地区大学生创业质量现状及影响机制，促进本地区大学生创新创业质量提高，并对其他地区起到示范引领作用。具体现实意义包括：第一，大学生自主创业质量评估研究可以回应社会各界对国家相关创业政策落实后大学生自主创业企业成长与发展状况的关切，促进国家相关创业政策实施的正确走向；第二，有利于社会各界了解大学生自主创业企业对当前经济发展的促进作用以及对未来经济发展的预测作用；第三，可以解析影响大学生自主创业质量的相关因素，从而提出基于循证的改进建议；第四，可以讲好高质量大学生创业故事，从而树立典范，引领大学生创业者定位高质量创业目标，实现高质量创业；第五，对中国创业企业进入国际市场，参与国际比较，了解自身存在的差距，弥补不足，提升国家竞争力具有重大意义。

第三节　研究内容、研究方法与技术路线

一、研究内容

本研究紧紧围绕大学生自主创业质量开展讨论。主要内容包括以下几点。

（一）大学生自主创业质量问题的提出

结合目前大学生就业困境，呈现出大学生自主创业的两难问题——大学生创业意愿高与大学生自主创业成功率低，从而引出如何评估大学生自主创业质量以及如何提高大学生自主创业质量的问题。

（二）文献综述及理论基础介绍

从创业质量的研究历史、概念界定、理论基础及影响因素等方面进行文献梳理及述评。

（三）大学生创业质量现状及影响因素

通过调查问卷描述首都高校大学生创业质量现状，研究影响大学生创业质

量各要素的互动机制。

（四）大学生机会识别与创业意愿研究

通过调查问卷研究大学生创业活动的机会识别对创业意愿的影响，更微观分析大学生创业质量影响要素的作用机制。

（五）大学生创业质量评估指标体系构建

通过质性访谈的文本分析，从大学生创业者的视角构建大学生创业质量评估指标体系。

（六）案例分析

对33名大学生创业者创业活动案例开展分析，并邀请创业专家对其创业活动进行点评，对大学生创业活动质量评估指标体系进行现实检验。

（七）对策建议

邀请具有实战经验的连续创业者对影响大学生创业活动质量的各要素开展现实论证，在此基础上提出提高大学生创业活动质量的策略与建议。

二、研究方法

本研究采用多种研究方法，主要包括以下四种。

（一）文献研究法

通过对相关文献的收集整理和总结分析，了解大学生创业质量评估的研究现状和存在的问题，从而获取问题研究及论证的扎实资料和完整信息。

（二）调查问卷法

本书通过自主设计相关调查问卷，了解大学生创业质量的现状及问题并通过采用首都高校大学生就业创业状况调查问卷，对数据开展分析，从量化角度对大学生创业质量开展客观描述与相关、交叉列表及回归等分析。

（三）质性访谈法

通过对33名大学生自主创业者的访谈，对文本进行分析，通过编码及NVivo工具构建大学生创业质量评估指标体系。

（四）案例分析

引入案例分析，将构建的大学生创业质量评估指标体系通过案例加以充分阐述，讲好大学生高质量创业故事，增加观点的可验证性与生动性。

三、研究技术路线

大学生创业质量实证研究的技术路线如图1-1所示。根据问题产生的背景、研究的意义及国内外文献研究提出研究问题，通过调查问卷与质性访谈对问题进行分析，用扎根理论构建大学生创业质量评估指标体系，并通过案例分析对指标体系进行验证，提出解决问题的策略及建议。

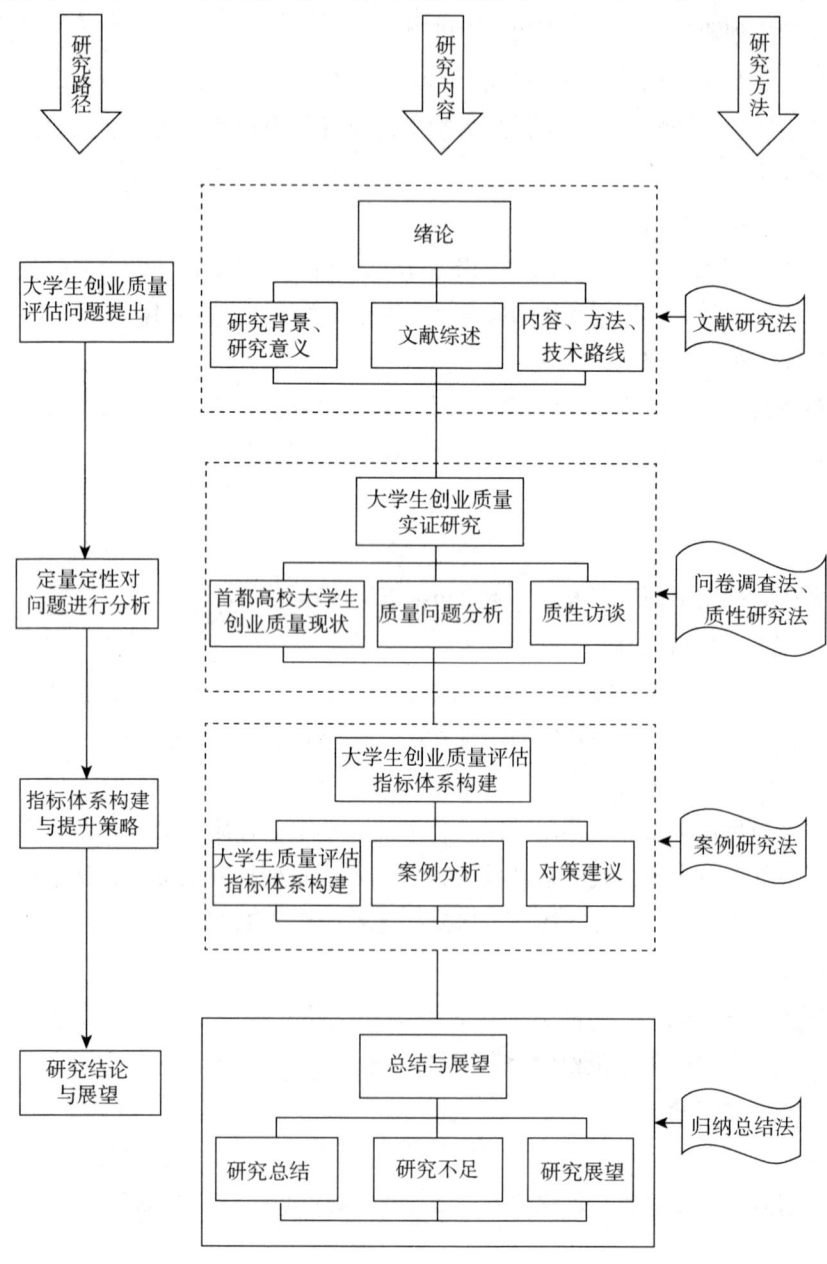

图1-1 大学生创业质量实证研究技术路线

第二章

文献综述及理论基础

对创业活动的质量进行评估与测量是一个较新同时又研究不足的领域。在中国知网上以"创业质量"为主题词进行 CSSCI 文献检索，查找结果共 16 篇，说明开展创业质量评估的研究不多，涉及大学生创业质量评估的研究则更少。在现有研究中，提出观点与政策建议多，研究内涵与机制少；对创业教育质量及教育质量评估研究多，对创业活动质量研究少。因此，全面、系统开展大学生自主创业质量评估研究，可以尝试引导研究者与业界更加关注大学生自主创业质量状况，填补这一研究中的不足，识别大学生自主创业中促进高质量创业的动力与潜力，从而制定更有针对性与更有效的大学生创业政策，发挥大学生自主创业在促进经济发展中的重要作用。

第一节　创业质量研究文献综述

一、创业质量的研究背景及概念界定

"创业质量"这一概念最早走进学界视野可以追溯到对创业到底是测量"深度"（depth）还是"广度"（breadth）的争议。早期创业测量并不关注创业的异质性，只看到新公司的产出比率，即创业的广度，而忽视了创业质量在不同类型的企业、不同时间与不同地区上的差异。以 Birch 为代表的学者提出，高增长的小公司是财富和就业增长的主要驱动力开始，研究者发现，一小部分快速增长的新公司、小公司愿意并能够大规模商业化或传播新想法，也因此，在经济发展中扮演了重要的角色。1999 年，从"创业数量未必是一个可以很好地表明创业活动对经济发展作用的指标"的角度考虑，Morris 等人提出，关注"创业质量而非创业数量可能会帮助我们更好地理解创业与经济发展的内在联系"①，

---

① MORRIS M H, JONES F F. Entrepreneurship in established organizations：The case of the public sector［J］. Entrepreneurship Theory and Practice, 1999, 24（1）：71-91.

通过对美国经济发展情况的研究发现，在20世纪80年代和90年代高增长型的年轻公司在美国强劲的就业岗位增加和生产力增长中发挥了关键作用。这些高增长型的年轻创业小公司的发展速度非常快，为创造就业机会做出了持续的、不同比例的贡献。而且，这些高增长型的年轻公司相对来说更具创新性，随着更多的资源转移到增长型公司，它们的快速增长对生产力的增长做出了积极的贡献，但是在2000年左右，美国经济的增长动力与创业有所降低，就业率也在下降，这与年轻公司的份额下降和年轻公司成为高增长型公司的倾向下降有非常大的关系。具有高质量创业的小公司也渴求有相应的创业质量测量方法能将其与其他的新组建的公司区分出来，因此，对创业质量的关注及不同测量指标的研究开始多了起来。

"创业质量"（entrepreneurship quality）一词被广泛使用，但并未被有效界定，目前没有被普遍接受的"创业质量"的定义。学者在分析创业质量评估困境时，深刻感到对"创业质量"这一概念界定的不统一及内涵把握得不准确导致了创业质量评估指标体系难以构建，学界共识难以形成，当然，这也与创业活动本身的复杂性有关。创业对新组织的产生是非常重要的，但创业又不仅限于产生新组织，它还是创业者可以组织与调动资源，把创业者的雄心与个人特质转化为行为的重要途径，它既受经济条件与环境影响，又对产业重塑和提升国家竞争力具有重要作用。现有外文文献中会用一些替代或补充的概念来代表创业质量，例如，高成长性创业（high growth entrepreneurship）、雄心勃勃的创业（ambitious entrepreneurship）、高期待创业（high-expectation entrepreneurship）、高抱负创业（high-aspiration entrepreneurship）、高潜力创业（high-potential entrepreneurship）、高影响力创业（high-impact entrepreneurship）、熊彼特式创业等。把高成长性创业定义为"在三年到四年间员工数量增长了20%的创业"，或者"在五年内员工数量翻倍的创业"等。国内文献中对高质量创业更多用高成长创业、创业绩效、创新性创业等表述，概念界定的研究仍然没有一个统一标准，这也是创业质量测量与评估难以开展的一个原因。

不同的界定会使创业质量评估指标内涵有很大的不同，有的学者用不同动机水平解释创业质量的差异，因此用"生存型创业"与"机会型创业"做创业质量的界定，认为相比"生存型创业"，"机会型创业"质量更高，大量基于生存型的创业会影响欧洲国家在产生创新方面采用先进的技术，影响经济的发展；有的学者用科兹纳型创业与新熊彼特型创业类型对创业质量进行区分，指出相比科兹纳型创业只是为地区经济增加公司的数量，新熊彼特型创业可以解释地区现有高创新性公司的数量与在位公司在创新性水平方面质量上的不断改进；

有的学者从高质量创业的增长意愿、创新性和出口导向三个指标定义雄心勃勃的创业者为"从事尽可能创造更多以成长、创新和其他绩效指标为表征的创业价值而投身于创业过程的人",雄心勃勃的创业者最后能使其创业成为独角兽企业或创新型企业;德国学者 Fritsch 等人在研究中发现,新企业质量对整体社会就业效应影响不同,以产业和创新行业为衡量标准的创业质量直接影响全部新公司的就业贡献,制造业对就业的贡献大于服务业,创新型制造业及知识密集型服务业的就业贡献度大于其他行业。[1] Venkararaman 研究认为,创业质量应体现在创业活动所带来的对社会整体福利的提高和对社会整体生活质量的永久性改进上[2],强调了创业质量的属性不仅表现在经济活动中,而且更有其社会现实意义。

我国学者齐玮娜在分析总结相关概念的基础上提出,"创业质量可被定义为创业活动的一系列行为特性满足创业目标与期望的程度"。[3] 该定义强调结果与过程两个维度,从结果来看,考察创业者的行为满足目标的程度;从过程来看,会通过可观察、可测量、可比较、与目标相关的创业活动要素的行为来衡量创业质量。该定义虽然对创业质量从行为与结果两个维度进行了明确界定,但在操作性上还存在一定的局限性:哪些创业行为能产生高质量的创业结果,哪些结果变量可以作为不同创业类型的高质量结果,创业者的动机、期望、人格特质和创业生态环境等与创业行为和创业结果是什么关系,不同的创业阶段创业质量的评估是否会有差异等。这些产生争议的问题使对创业质量的界定难以达成统一共识。

从定义上看,具有高质量的创业并不简单等同于高成长性创业,高成长性创业的特征是高增长率,包括销售额、雇员数、利润、资产和股权等,而高质量创业的特征强调愿意、创新性带来的结果的增长,同时高质量创业强调其对社会创造的价值及影响力。

本书对创业质量的界定为,有持续增长意愿的初创企业的创业者通过创新性行为达成创业目标,并产生社会价值的程度。

---

① FERREIRA A DA S, LOIOLA E, GONDIM S M G. Motivations, business planning, and risk management: entrepreneurshipamong university students [J]. RAI Revista de Administração e Inovação, 2017, 14: 140.

② VENKATARAMAN S. Regional transformation through technological entrepreneurship [J]. Journal of Business Venturing, 2004, 19 (1): 153-167.

③ 齐玮娜. 创业质量的理论与实证研究: 基于区域经济的视角 [D]. 广州: 暨南大学, 2015.

二、创业质量评估指标研究

基于不同的理论建构，对创业质量评估指标既有定性的指标界定，如熊彼特创业、创新型创业、独角兽创业等，也有定量指标，包括企业注册时的性质、企业经营时间、专利发明数量、岗位创造数、销售额、员工数量、产品在国际市场的销售情况等，或者用一定期限内的股权增长或就业增长，或者用产品与服务的创新性、创业者的资历、追求的市场策略，能调动的资源的数量与质量，以及创业产生的生产率等指标，还有学者用创业精神来做创业质量的代理变量。Todorovic 等人认为，创业应更加体现其增值性，即创业为经济贡献了多少新增价值[①]；Ma 等人则从创业活动本身将高质量创业的特征总结为具有愿景（机会）驱动、创新性和增长导向；中国青年创业发展报告课题组则用每百万人新增创业板上市企业数量及每万人独角兽企业数来代表地区的创业质量。

随着研究进一步深入与系统化，研究者运用包含完整且连续的创业信息数据库开展成熟的、组织化的创业质量评估，并构建了创业质量指数。基于高质量的创业是"持续扩大"的理念，美国国家创业委员会利用美国人口普查处的长期商业数据库的统计数据构建了成长企业指数（GCI），用于测算全美 394 个劳动力市场的创业质量。全球创业观察 GEM（1999 年至今）、EIM COMPENDIA、世界银行创业调查（2000—2007 年）、GEINDEX（2004—2008 年）、OECD-Eurostat 创业指标项目（2004—2006 年）等指数分别从个体或公司层次进行创业质量评估。因各指标的构建基于不同的创业理论，对公司发展阶段与公司类型评估的侧重点不同，因此测量指标有很大的差异。如 GEM 依据的理论基础是熊彼特的创新型创业区别于科兹纳的机会型创业，每年报告的指标包括：TEA（早期创业活动）、已建立的公司所有权比率、TEA 创新性、TEA 高成长期待、高成长性的已设立的公司等。这项测量活动吸引了全球 100 多个国家参与测量，每年定期发布相关的测量结果，建立了庞大的横向可比较、纵向可追踪的数据库，其结果得到了全球范围内的认可及应用。《全球创业观察报告（GEM 中国报告 2020/2021）》从创业活动的结构特征、质量、环境和区域差异分析了中国创业活动的变化与发展，在质量指标中，用创业企业的创新能力、

---

① MA J, TODOROVIC Z W. Understanding the role of entrepreneurial quality and national culture on the economic development ［J］. International Journal of Entrepreneurship and Small Business. 2012, 16（3）: 299-313.

成长性、国际化程度、创业者的创业能力作为质量标准，通过中国企业创业质量国际比较，确立了中国企业在国际上的位置及类别，为中国企业创业质量提升与改进指明了方向。报告指出，中国创业企业属于中高技术产业的比例在上升，但相比以创新驱动的经济体来说，创业中创新总体还是偏低；在成长性指标中，虽然能够带来新增就业岗位的企业在增加，但预期在五年内不能创造新的就业岗位的比例仍旧较大。基于这样的数据，可以从创业质量提升的角度采取有针对性的政策措施，比如，鼓励与支持中高技术产业创业，扩大五年内预期创造新岗位企业比例，鼓励初创企业参与国际市场，提升创业者的能力，即通过提升创业者学历层次水平提高创业者的能力。这样的实证研究结果为鼓励大学生参与创新创业提供了政策基础。

GEINDEX（2004—2008 年）是 GEM 指标的扩展版，在对个体测量基础上，增加了公司及机构性的指标测量，其测量维度分为态度、活动及志向三个维度；而 OECD-Eurostat 创业指标项目（2004—2006 年）采用的是折中主义的理论基础，它从个体、公司与机构三个层次进行测量，采用决定性因素、绩效及影响性三个维度对新企业与在位企业进行评估，决定性因素维度包括研发、机构及文化，绩效维度包括雇主出生与死亡率、成长性、雇佣情况，影响性维度包括创造岗位情况、经济增长及扶贫等。

三、创业质量评估研究的新进展

只从创业行为与结果来评定高质量创业并不能有效地在创业之初识别雄心勃勃的创业，也无法实行创业鼓励政策的精准施策，研究者更加关心如何从创业的前提条件开展高质量创业的识别与筛选，这些研究对开展政策支持与创业指导具有重要意义。研究发现，机会型动机的创业比生存型动机的创业在不利的经济条件下表现出更高的成长性、创新性、出口导向等质量指标，受教育程度高的创业者有更高的创业质量，风险厌恶型创业者发展成高质量创业的可能性会更小，在经济不利条件下具有抱负的创业者更易开展高质量创业，年龄对高质量创业没有显著影响，性别对高质量创业有显著影响。

另一个具有创新意义的研究来自 Guzman 等人。关于高质量创业已经形成了如"创业活动可以标志一个城市的经济潜力，但真正重要的是创业的质量，而不是数量""年轻的小公司中一小部分具有增长潜力者，尤其是具有创新性的一小部分在刺激经济增长方面发挥的作用更大"的共识。Guzman 等人在研究中提出，像 Facebook 这样创新驱动型创业会在未来预期增长和创新方面远超没有增长意愿和没有创新的创业，这样的创业被其界定为高质量创业，会对经济增长带来直接影响[①]。对于创业与经济增长的关系，Guzman 等人在研究中得出了"如果创业质量翻倍的话，未来 11 年的 GDP 会增长 6.8%"，而"创业数量与经济增长没有显著相关性"的结论。[②]由于传统的经济指标可能很难确定增长潜力，Guzman 等人认为，创始人想法的潜在质量和个人的雄心水平让其在创建企业时做出与他们的目标和增长潜力相一致的选择。[③]为了提早识别出这些具有快速成长性的公司，Guzman 和 Stern 集中研究了初创企业的初始质量，他们用初创企业成立六年内的 IPO 或者企业在并购时的正向的资产清算估值作为初创企业创业质量的表征变量，从创业结果分析及预测哪些创业企业从注册之时就显示出其具有明显的成长抱负及成长潜力，从而最后可能会获得较高的创业结果质量，这种测量对政策的针对性施策具有重要的指导意义。他们从创业企业注册信息中获取了如"公司是否正式注册""注册地是否在特拉华州""公司的名字是否与创业者同名""公司名字是不是两个字""是不是资源密集型行业""是不是高科技"等公司注册数据，他们从专利与商标办公室获得了"公司是否取得专利及商标"等创业者与创业企业的特性指标来预测创业企业高质量的可能性，从而在企业注册之时就能够预测出其是否具有高质量创业潜力，使创业质量的研究对地区经济的发展起到了更好的预测性及可比较性作用。研究还发现，经济形势对创业有促进作用，在经济衰退期，衰退反而增强了高质量创业企业潜力，即经济形塑了初创企业群体的潜力总和与高增长初创业企业的总体发生率，而不是这个群体创建的初创企业的总和。

四、小结

通过对创业质量研究的历史沿革分析可以看到，创业质量的研究对国家、地区及企业的发展都有重要意义，也成为政策制定者、创业者和企业管理者关注的重点。创业质量的研究从衡量创业活动的质量开始，发展为探讨区域创业质量的共同特征，重点探讨高质量创业对区域经济发展的推动作用及趋势研究。在对创业质量的研究中，人们越来越意识到创业质量不仅对经济活动与区域经济发展产生显著的推动作用，还能产生明显的社会效应，包括对就业岗位创造、地区及国家经济增长，甚至是国家扶贫减困等方面都有积极的作用；创业质量指标设立经历了从最初的探讨就业岗位的扩大、企业成长潜力或创新指数的单维

---

①②③ GUZMAN J，STERN S. The state of American entrepreneurship：new estimates of the quantity and quality of entrepreneurship for 32 US States，1988-2014 ［J］. American Economic Journal：Economic Policy，2020，12（4）：212-243.

指标到成长性、创新能力、创业者能力等各维度整合指标到考察创业者个体、公司及制度环境等不同层次多个因素的综合性指标，体现人们评价创业质量的多维性与综合性思考；Guzman等人将创业质量评估指标从创业结果或创业过程指标的测量转向对创业初始质量的预测，更进一步揭示了高质量创业的核心特质，即高质量的创业及创业者的特质与公司创业之初的性质有非常大的关系；随着对创业质量研究的深入，对创业质量的界定与评估更体现出差异性与个性化特征，根据评估主体的评估目标不同，分类评估也成为创业质量评估的发展趋势。不同类型的企业、创业活动的不同要素，以及不同创业阶段的创业质量评估都需要有量身定做的、科学化的评估方法与质量评估体系。

第二节　创业质量的理论基础研究

创业质量评估离不开创业活动理论。创业活动理论包括创业导向理论、创业者特质理论、创业机会理论、资源基础理论、创业要素理论、认知理论等。不同的理论对创业活动的不同要素进行具体研究，并以此为基础解释创业组织的创立、发展、成功与创业质量的互动机制。

一、创业导向理论

"创业导向"（Entrepreneurial Orientation，EO）一词最早由战略管理学家Miller提出，起初用于研究企业创新战略，后期被应用为一种衡量创业绩效的模型和工具。Miller在研究中指出，创业可分为简单型、规划型及有机型三个类别，不同类型创业公司差异很大，简单型创业公司创业绩效由领导者特质决定，规划型创业公司由公司的产品-市场因素决定，而有机型公司由环境与组织结构所决定。后期学者以此为研究基础，提出"创业导向与创业者自身特质相关，并影响创业者行为"的假设，研究者以创新性（innovational）、风险性（risk-taking）及先导性（proactiveness）三个指标作为创业导向的代理变量，以创业绩效为因变量，将创业绩效分为财务性与非财务性两类指标，财务性指标包括销售增长、投资回报等，指标之间的共生性影响很小，而非财务性指标包括企业所有者或管理者对满意度与全球性成功指标的评分。研究根据创业导向指标的三个维度（创新性、风险性及先导性），通过对53个研究样本，14259个公司的研究，得出创业导向与创业绩效的相关程度达到0.242。研究结果表明，创业导向与绩效的关系主要集中在财务性指标上，非财务性指标受创业导向影响相对较小。

二、创业者特质理论

创业者特质理论最早起源于20世纪80年代，主要内容是运用心理学和组织行为学理论分析创业者的人格特质与创业成功之间的关系，研究结论是两者之间有很大的关系。在对创业者特质与企业建立与创业成功研究的元分析中，Rauch等人发现，创业企业的建立与成功和创业者个性与创业任务相匹配有很大的相关性，创业任务指识别与开发创业机会，创业者特质与任务相匹配的创业要比不相匹配的创业更可能建立企业、实现创业成功。创业者特质中，具有高成就的需要、自我效能、创新性、抗压能力、对自主性的需要及积极的个性等对创业成功作用显著。希典咨询公司创始人梁开广博士在对十几年创始人的五大人格特征的研究中发现，企业创始人具有共同的人格特征，即主导性、影响力、精力得分都高；亲和力得分相对较低；开放性维度得分高；成就动机高；富有激情。J. Cieslik从企业家精神的角度出发，研究了包括欧洲、美洲和亚洲创业者的企业家精神，通过十几年的研究发现，贫穷国家和富有国家创业者的企业家精神相差10倍之多，从而认为在创业过程中企业家精神是重要的核心指标。

三、创业机会理论

创业机会理论把创业者对创业机会的识别当作创业的起点。该理论将创业机会分为领先型创业机会与模仿型创业机会两种类型，前者又被称为"Schumpter机会"，认为该机会是由创业者个人的内生行为创造；后者则被称为"Kirzner机会"，认为创业机会由已有市场外生冲击产生。前者在创业活动中领先行为的核心特性是创新，其创业质量的衡量标准为创新性绩效，可包括供给方改善、增加供给多样性、成本发现与市场创造等；后者的质量指标为规模性绩效，主要包括竞争与市场选择效应、规模经济与成本优化及对创新的间接激励作用。

四、资源基础理论

资源基础理论（Resource-based view）强调企业唯有有效获取和科学配置异质性战略性资源，才能获得竞争优势，战略性资源包括实体、财务、人力、技术、社会与组织资源六大类，强调资源具有价值性、稀缺性、不可模仿性及不可替代性特点，资源的组合和运用形成公司的能力和竞争力，从而使创业企业具有更高的质量特征。

五、创业三要素模型

整合创业活动要素，开展系统、全面与动态研究的是蒂蒙斯创业三要素模型。该模型认为创业活动包含机会、团队及资源三个要素，其中机会是起始要素，也是核心要素，团队是领导要素，资源是保证要素。这个模型有三个特点：第一个特点是匹配性，创业过程起始于创业机会，由创业团队在充满不确定、模糊、复杂、变幻的市场环境中充分利用市场、人力及资本等方面的资源，引导企业创立、成长及发展，这三个要素只有相互匹配才能保证创业成功；第二个特点是平衡性，这三个要素同等重要，缺一不可，即使市场上产生了创业机会，但如果团队还没有成熟，资源还没有到位的话，也无法开展创业，后续的成功与发展更无从谈起；第三个特点是即时动态性，如企业初创时，机会非常重要，创业者对机会的识别及选择决定了创业的形式、所处的行业及外部环境特征，在创业发展过程中，团队及资源则可能变得更加重要。创业过程是一个不断寻求平衡的动态发展过程。创业质量的评估也在于这三个要素之间如何更好地适应、协调、耦合，并随时间进程而动态调整。这一理论也是指导创业实践，帮助创业者获得成功的基础。以此模型为基础，后期的研究者与实践者对该理论进行了拓展。斯坦福大学的科斯尼克等学者系统化构建了"啮合创业"理论，详细分析了客户、产品爆点、客户获取、商业模式、合作伙伴、竞争对手、全球化、团队、现实检验九个创业要素的主要关键点，着重强调了这九个要素如何像齿轮一样有效啮合，同步前进，再次将创业质量要素进行解构，并强调要素之间的匹配、平衡及动态性。

六、威克姆理论

Wicam 在蒂蒙斯三要素模型的基础上，增加了"组织"要素，组织要素包括组织结构、组织制度、组织文化资产等。该理论强调处于核心地位的创业者整合组织、机会与资源三要素，形成有机协调的整体，创业的过程是学习者作为核心，在创业过程中不断加强学习。创业者对一个阶段创业结果进行反思总结后结合创业过程中不断学习的体验，再将其应用到新的创业过程中，从而促进创业结果不断趋近目标。该理论的创新之处是把三要素理论的动态平衡机理进行了更进一步澄清，强调创业者的学习是核心动力，创业活动就是"干中学",并把创业过程与创业结果的互动机制进行了整合。

七、理论模型概述

前四个理论模型从创业者个人特质、创业机会、创业资源等不同角度解释创业活动的产生、发展机制,但都是基于创业活动的一个维度进行理论研究,对复杂的创业活动的解释有些单薄,而创业三要素模型及威克姆理论则更全面、动态地构建了创业活动的互动机制理论,尤其是威克姆理论对理解大学生自主创业者通过不断的学习、实践与再学习的创业历程,实现创业活动从创立到成长的高质量发展更有指导意义。

第三节　大学生创业质量研究文献综述

一、国内大学生自主创业质量现状研究

相比创业教育与创业环境研究,国内对大学生创业质量的研究数量较少,对该问题的研究包括两个部分,一是目前大学生自主创业质量现状,二是大学生自主创业质量的影响因素。对大学生创业质量的研究分为创业结果质量与创业过程质量两个方面。结果质量研究聚焦在大学生创业的成功率、营利性、员工数量及拉动就业状况等,因为大学生创业的界定为在校期间创业与毕业后 3.5年内的创业,产生代表企业创新的"独角兽"企业和科创企业数量还太少。李亚员通过对全国 16 个典型城市 4935 名大学生创业者调查发现,大学生创业者都是相对优秀的学生,创业能力属于中等偏上的水平。大学生创业企业多为小微企业,盈利状况良好,而且拉动就业效应明显。创业企业规模普遍较小,平均企业全职员工数量为 16.9 人,平均固定资产为 42.5 万元,被调查的企业总体处于盈利状态,有 0.53% 的企业出现亏损。平均每个大学生创业者能拉动 3.63人就业;平均每个创业企业能提供 16.72 个就业岗位。大学生创业企业的成长性高,关于未来 5 年企业人数的预期,56.76% 的被调查者认为将会达到20~60人;32.89% 的认为可达 100 人以上;9.02% 的认为将会达到 200 人以上。关于未来 5 年企业利润的预期,认为不足 10 万元的有 22.02%;10 万~50 万元的占21.22%;50 万~100 万元的占 16.45%;有 2.12% 的企业利润预期在 1000 万元以上。这既说明大学生自主创业的成长性高,也说明可能跟大学生乐观积极的

创业态度有很大的关系，他们对未来企业的成长会有更积极的预期，高估创业的规模与成果，低估创业的风险与困难。

在实际创业过程中，学者研究发现，大学生创业存在创业能力不强、创业融资困难、创业成本高、校企合作机制不完善等问题。大学生自主创业在创业机会识别、资源获得、创业者个人特质及团队等方面存在的问题包括：第一，在机会识别方面，大学生创业者缺乏机会识别能力、风险识别与抗压能力，导致在创业中受资源限制会选择低端创业项目，创新性较低；第二，在创业能力方面，大学生创业知识来自书本，创业能力未能在实践中得到检验与积累，领导能力、创新能力等相对缺乏；第三，在资源方面，大学生创业者经验缺失、资金匮乏、社会资源不足，造成大学生即使利用专业技术开发了新产品，也在获得风险投资及其他支持方面处于劣势；第四，在创业团队方面，大学生创业团队稳定性差，因资源有限，难以吸引优秀人才组成优质团队。这些因素导致创业易失败，创业质量低。因此，在"双创"政策大背景下，仍旧会听到一些企业家在说，"我不认为大学生创业值得提倡，因为大学生创业成功的概率太低"。

二、国内大学生自主创业质量影响因素研究

通过对大学生创业研究成果的梳理发现，大学生创业质量的影响因素既包括如经济、政策、技术等一般的创业环境，也包括如客户、竞争伙伴密度、供应商等直接环境，还包括个人动机、能力等个人因素，以及公司的战略投资、团队合作等公司层面的直接环境影响。

相比社会创业，大学生自主创业受到各方面的广泛关注。在以创业带动就业的战略引导下，各级政府、教育部门、社会培训机构、金融机构及社会文化等对大学生自主创业都会产生一定的影响，与创业者个人等一起对大学生自主创业质量产生影响。朱永跃等在江苏苏南地区部分创业教育示范高校中开展问卷调查，了解大学生自主创业环境现状。问卷构造了五大支持环境下的22个创业环境组成要素，通过对不同支持主体下的创业环境研究，得出"高校支持环境和政府支持环境在大学生整体创业环境中具有较高水平，而创业培训机构支持环境和金融机构支持环境处于较低水平"的结论。在五大支持环境中，政府融资、高校创业孵化园建设、小额贷款和小额担保贷款、创业培训机构的跟踪指导、社会网络获取创业信息等对创业者支持力度较低。在此基础上，提出对于优化大学生创业环境，政府、高校、亲朋好友等应给予大学生创业不同支持。具体措施包括：完善政府的大学生创业优惠政策、加大创业宣传力度、健全法

律法规保障大学生创业、发展针对大学生的创业培训机构等。鄂义强等人通过对高校大学生创业教育环境、政策环境、经济及投融资环境、社会文化环境等现状分析，指出构建良好的创业生态环境的十个方面：第一，需要改变大学生陈旧的创业观；第二，强化大学生创业的实战能力；第三，高校制订政府引导下的结合市场的创业人才培养计划；第四，政府统筹制定支持大学生创业教育培训、金融、财税、管理咨询等政策体系；第五，进行针对国家各项创业创新政策的宣讲，使创业信息尽可能对称；第六，政府优化融资政策支持体系；第七，政府引导各类金融机构和投资机构等为高校创业大学生提供资金、技术、设备等支持；第八，构建支持大学生创业的支援机构；第九，通过创业教育促使大学生形成新的创业理念；第十，通过各种媒体引导创业文化倾向以及理解、鼓励、支持大学生创业的社会文化。

创业模式在高质量创业中发挥着重要作用，学者重点研究了互联网模式对创业的影响。徐明对互联网的创业模式进行了解读与区分，提出基于互联网技术本身的创业模式是依据互联网技术和信息，通过信息时间差将产品和服务进行信息交互的贸易行为；基于"互联网+"的创业模式是在传统的产品和服务中加入互联网，在产品、服务、技术等方面向消费者提供服务。沈京都等人对宿州学院、安徽科技学院、合肥工业大学创业园的学生进行访谈、问卷调查后认为，有六大因素影响创业模式，包括：项目负责人的个人因素、创业知识的培训、对市场的了解、团队建设、校方的管理、学生家庭因素。在相关性分析中，学校和家庭对创业模式的选择影响较大。因此，高校大学生在选择创业模式时，需多角度、多层次、多方位分析各类因素，以发展的眼光看待每个项目。① 张宛儿等人对农林类高校大学生的创业模式进行研究，对由人、财、物三方面共同组成的创业模式进行要素分析，归纳出现有的大学生创业模式可划分为生存型、复制型、机会型、创新型四种类型。② 其中，生存型指由于农林类专业的限制，就业形势不佳，迫于就业压力，而选择自主创业；复制型依赖于成功的商业模式或加盟，结合大学生的知识性、创新性，扩大需求，创新商业模式；机会型通过完善的创业教育，使创业者拥有独特的眼光和创新性想法，开创商机，把握机会；创新型依赖创新的专利、技术等，开创新的市场需求，进行创业。在现代社会中，创新型创业模式的经营更长久，总体最优。与高校大学生创业教

---

① 沈京都，张雁翎. 影响在校大学生创业模式因素的实证研究 [J]. 景德镇学院学报，2016（1）：131-136.

② 张宛儿，江文甲，雷国铨. 农科类高校大学生创业模式及优化 [J]. 中国高校科技，2017（10）：91-93.

育相关的研究中，学者更为关注创业教育与创业精神的关系、创业教育与创业能力的关系、高校创业教育对大学生自主创业产生的作用及影响等几个方面。王琦认为，创业精神的培育是大学生创业教育工作的核心，可以促进大学生全面发展，拓展就业渠道。创业精神的培育不仅依赖于高校的创业教育，还依赖于创业环境以及个体差异。通过营造较好的创业氛围，提高高校创业教育的水平，改变家长思维，通过引导高校大学生进行创业实践的方式，来培育大学生创业精神。① 袁小平通过对高校大学生人力资本和社会资本的研究，发现若大学生接受过专业、系统的创业教育和培训，则能获得较强的创新意识和创业能力，而培训中的人际互动促使大学生创业者建立更广泛的社会关系网络，积累更多的商业信息和资源，从而促使大学生采取创业行为。良好的创业教育还可以促使大学生储备系统的知识资本，实现高校师资配置最优化，营造良好的人力资本开发环境，以及推进创业教育实践活动。② 周雄指出高校创业教育是培养创新型人才的方法，通过建立完善的通识课程、创业课程、创业融合课程等启发高校大学生创业意识，提升大学生自主创业能力，通过多方位创业教育与多方面环境去影响及保障高校大学生自主创业。③

综合分析创业理论的发展、完善历程及主要内容，可以看到创业理论的发展经历了"要素说"到"系统化"，静态要素分析到动态平衡探索，创业过程要素互动到创业过程与创业结果相互促进的变化历程。创业理论的演化过程加深了创业本质的复杂性导致对创业质量评估困难的理解，也强化了对创业质量进行评估及测量的必要性。对创业质量的评估一方面要围绕评估主体的目标进行相关设计与实施，另一方面也要根据其外部环境、发展时期与发展阶段开展设计与实施。如华为创始人任正非提到在全球经济面临着衰退、消费能力下降的情况下，华为从追求规模转向追求利润和现金流，其目标是在2023—2025年要把有质量地活下去作为主要的目标，这是华为在面对新的外部发展环境与新阶段时确立的新的质量目标。创业型公司——连信科技的CEO徐涛说："创业九死一生，成立一家企业容易，经营一家企业太难，要让一家企业持续活下去更难，企业领导人没有一天是轻松的，每天思考的是如何在残酷的市场环境里

---

① 王琦. 创业精神培育：大学生创业教育工作的核心 [J]. 中国成人教育，2017（4）：85-87.

② 袁小平. 基于心理资本视角下大学生创业素质提升路径研究 [J]. 中国成人教育，2016（22）：75-78.

③ 周雄. 高校创业教育推动大学生创业的路径研究 [J]. 中国成人教育，2018（12）：64-67.

活下去，如何持续创新做好产品超越竞争对手，如何构建核心竞争力护城河在市场避免被淘汰，睁开眼睛第一件事就是成本、营收、产品、模式！商业经济中一家公司的商业模式尤其重要，关系到是否可以活下去，互联网泡沫时代已经褪去，剩下的一定是能为社会、为民众提供创造价值的，且商业模式清晰，能自我造血的公司，只有这样才算得上是优秀的公司。"因此，对自主创业来说，不同类型的公司在不同发展阶段的质量维度具有不同的内容；创业质量评估要符合国家社会经济发展的总背景，符合创业发展规律，从而引领创业高质量和健康有序地发展。

三、国外大学生创业质量影响因素研究

（一）经济形势及政策对大学生创业质量有显著影响

Mirzanti 等人以印度尼西亚的创业政策为例，通过宏观、微观层面分析研究创业政策对创业的影响，得出印度尼西亚实施的创业政策在微观上重点关注创业者技能、机会、动力；宏观上侧重于风险投资、创业教育、创业文化、创业基础设施和培训支持，而这些是影响创业质量的重要因素。[1] Bailer 等人通过对德国部分毕业生毕业后创业情况的调查研究发现，经济环境对大学毕业生选择创业有着深刻的影响，经济状况对大学生毕业后的第一、第二年进入创业有着明显的积极影响，在第三、第四年这种影响将不再显著。

（二）创业教育对创业的影响性存在争议

在高校大学生创业教育领域，学者关注创业精神与创业教育的关系，创业动机与创业教育的关系，创业教育作用等。Bustamam 等通过对 USIM 校友企业家的访谈了解非商科大学毕业生的创业尝试活动，研究发现无论是伊斯兰教的学生还是其他宗教的学生，只要拥有企业家的态度、企业家精神，就能进入创业活动，且创业培训对创业精神的培养具有重要的意义，大学期间所获得的培训（培训内容包括知识技能、创业文化、创业精神等）都会加快商业成功。[2] Adekiya 等人通过问卷调查研究创业培训对学生的影响，运用回归分析得出"感

---

① MIRZANTI I R, SIMATUPANG T M, LARSO D. Mapping on entrepreneurship policy in indonesia [J]. Procedia-Social and Behavioral Sciences, 2015, 169: 346-352.

② BUSTAMAMA U S A, MUTALIBB M, YUSOF S N M. Graduate employability through entrepreneurship: A case study at USIM [J]. Procedia-Social and Behavioral Sciences, 2015, 211: 1117-1121.

知的适当性、感知的有效性、创业培训对学生的创业有着积极而显著的影响结论"。① 其中感知的适当性是指企业家得到一定的认可和信任，促使他们进行创业；感知的有效性是指学生认为创业可以给予他们自我实现的动力，这种信念促使他们进行创业；创业培训可以帮助学生提高创业所需技术和管理技能，提高他们的自我效能，进一步促进他们的创业行为。Remand 等人对突尼斯大学参与创业、创业教育的大学生进行追踪研究。他们在研究计划中随机将参与实验的大学生分成两组分配到创业轨道课程和继续标准课程，即部分学生进行商业培训和辅导教学，部分学生进行标准课程学习，形成对照组，实验中个体的系统差异较小。通过对自我雇佣、就业状况、就业特征等研究，得出"创业教育可以促进大学生自我雇佣的小幅增长，整体就业情况变化不大，工资水平等变化幅度也不大"的结论。② 创业教育促使部分参加商业培训和辅导的学生学习到了良好的商业知识，但部分参加培训的学生并未获得，对个体人格影响较为复杂，对其创业特质影响不大，对学生未来的期待产生积极的影响。Virginia Barba-Sáchez 等人以西班牙 Castilla-La Mancha 大学就读工业工程和计算机工程的大学生作为研究主体进行实证研究，发现以学生为基础，以行为为导向的教学方式可以培养大学生的创业动机。Castilla-La Mancha 大学常以阅读、课堂讨论、商业计划、著名企业家案例、当地企业家讲课等方法进行创业教育，通过问卷调查，得出工业工程师与计算机工程师的创业动机的平均水平较高，创业动机主要有以下三个：第一个，企业家的独立性需求；第二个，财务安全、工作稳定，可以理解为财务需求；第三个，自我实现，完成挑战，可以理解为成就需求。因此，对工科学生来说，创业教育对其创业意图有着积极的影响，对工业工程师和计算机工程师来说，他们的成就需求很高，而创业成功的关键特征就是具有很高的创业动机，具有较高成就需求的工科学生创业成功率也很高。

（三）创业质量的预测性因素研究

在高校大学生创业质量研究方面，学者针对创业质量结果提出了相关的预测因素，对创业教育、指导、培训有很大的启示作用。Eva 通过对东德 230 名 10 年级的学生与 139 位小企业创立者开展的通向成功创业之路的研究发现，创业型人

---

① ADEKIYA A A, IBEAHIM F. Entrepreneurship intention among students. The antecedent role of culture and entrepreneurship training and development [J]. The International Journal of Management Education, 2016, 14 (2)：116-132.

② PREMAND P, BRODMANN S, ALMEIDA R, et al. Entrepreneurship education and entry into self-employment among university graduates [J]. World Development, 2016, 77：311-327.

格特点（低宜人性与低情绪波动，高外向与开放及自觉性）以及权威性的父母养育与青少年的创业胜任力相关，创业胜任力能预测较强的创业兴趣，而创业兴趣则与学生的创业职业成功相关，与最早开始进行初次创业的时间有关。创业者的早期创业与创业者特质对创业成功来说都是有益的，因此，研究结论认为，银行在处理创业贷款时如果对创始人人格特质进行全面评估会受益，而企业家精神则要从青少年时就开始培养。① Shamsul 等人通过在研究生企业家中开展的调查研究发现，企业家个人素质是影响创业质量的关键因素，通过最小二乘估计推导出社会支持、指导等心理社会因素对创业质量的影响程度：第一，社会支持与企业家创业素质呈正相关，即社会支持度越高，企业家创业素质越优，创业质量越高；第二，工作经验的时长与创业质量没有明显关系；第三，对创业者进行指导可以提升创业家素质，提高创业质量。

四、小结

综合分析大学生创业质量的影响因素表明，创业机会对大学生自主创业影响明显，机会型创业和创新型创业可以使创业模式更有成功的可能，也更有可持续发展性；创业资源研究发现，资金、场地、法律支持、各项政策与高校的教育资源等都会对创业质量产生积极影响，但影响程度与机制的研究明显不足；创业者的研究集中在创业者特质对创业意愿的影响，同时创业者创业兴趣、初次创业时间、创业胜任力等对创业成功有影响；也有研究发现，工作经验的时长与创业质量没有明显关系，创业团队对创业质量有影响，但创业团队的组成及动力对创业质量产生影响的研究不多，且内在运作机制并不清晰。根据蒂蒙斯创业三因素理论，创业活动是三个因素相互配合的动态平衡系统，三个因素之间如何进行互动影响创业质量的机制还需要更进一步研究，本书拟通过对大学生自主创业者的案例研究与访谈进行补充。

---

① SCHMITT-RODERMUND E. Pathways to successful entrepreneurship: parenting, personality, early entrepreneurial competence, and interests [J]. Journal of Vocational Behavior, 2004, 65: 498-518.

第三章

北京市高校大学生创业质量现状及影响因素分析

基于之前的创业理论和文献研究，本书通过三个不同的实证研究及一个案例研究对大学生创业质量现状及影响因素进行探讨。

第一节 大学生创业质量问卷调查

针对大学生创业质量，笔者在 2020 年开展了大学生创业质量调查问卷，问卷对象为大学生创业发起人、合伙人及大学生创业参与者，创业时间为在校创业或毕业 3.5 年内创业。通过微信群随机发放问卷。问卷一共分为三个部分，第一部分是人口学信息，第二部分是企业基本资料与评估指标情况，第三部分是开放问题。调查问卷只针对以上三类对象，10 天时间共收回有效问卷 61 份，虽然问卷数量不多，但具有小样本代表性特点，以下为数据的呈现与分析。

一、人口学特征

样本数据中，男生创业者与女生创业者的比例分别为 42.62% 和 57.38%；双一流高校创业者占比为 73.77%；在校期间，成绩排名在专业前 50% 的创业者占 80%，有 4.92% 的创业者成绩排名在专业后 25%；目前创业状态为发起人的占 37.7%，创业合伙人的占 11.48%，参与创业的占 50.82%；本科在读占 72.13%，已毕业占 22.95%；大一创业占 14.75%，大二创业占 34.43%；毕业当年选择自主创业的占 29.51，还有 6.56% 被调查者选择在高中阶段开始创业；在创业类型中，文化娱乐创业占 36.07%，教育创业与科技型创业各占 18.03%；生源所在地为省会城市的占到 47.54%，为乡镇农村的占到 11.48%；在校期间从没担任过任何职务的被调查者占 11.28%，其余的被调查者都有在学校承担过各类职务的经历；家庭经济状况中特别贫困的占到 36.07%，小康的占到 22.95%，富裕的占到 8.2%；13.1% 的被调查者为连续创业，其余都为首次创业；73.77% 的创业持续时间为一年之内，8.2% 的公司运营时间为 3.5 年以上。

二、描述性统计

大学生创业者的创业动机比较多样，准备创业的朋友带动（18.03%）、可以获得更高的收入（18.03%）、个人理想就是成为创业者（16.39%）及有好的项目激发（13.11%）是大学生选择自主创业的四个主要原因。具体调查结果见图 3-1。

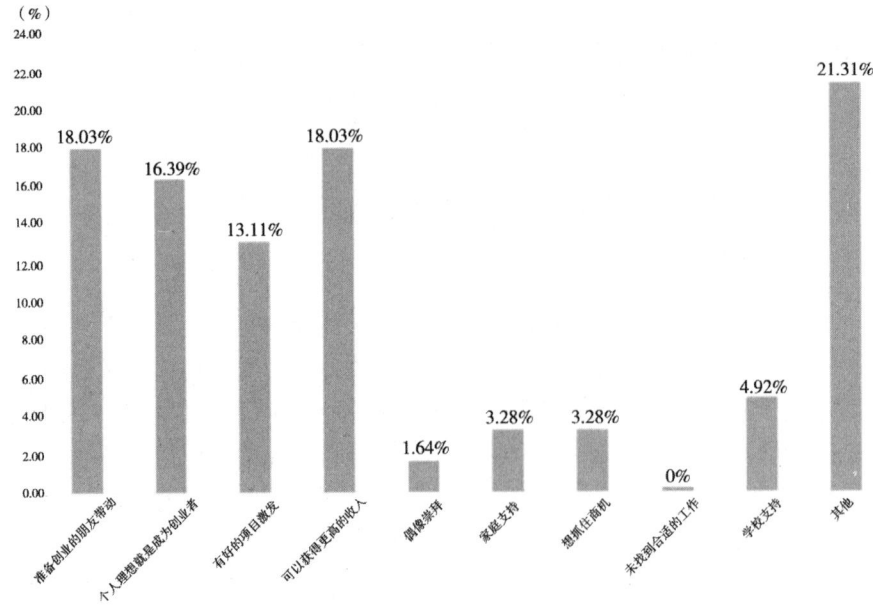

图 3-1　创业动机

创业资金来源及渠道也比较多样，44.26% 的被调查者资金来自创业者个人积蓄，31.15% 的资金来自其他渠道，资金来自银行贷款的只有 1.64%，11.48% 的资金来自合伙人提供，9.84% 的资金来自父母投资，向亲朋借钱的占 1.64%，在其他的部分里包括创业投资来自天使轮投资或 A 轮投资。具体结果见图3-2。

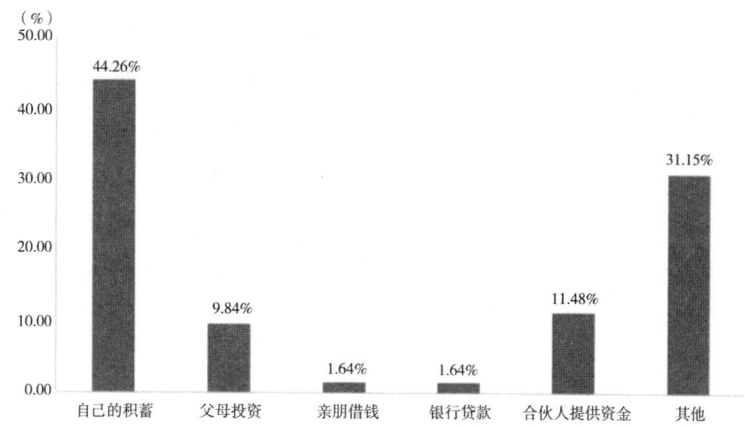

图 3-2 创业资金来源及渠道

在对创业公司创新能力评估方面,39.34%的创业者认为公司的服务创新能力很好,排在第一位;其次是战略创新能力,高于管理创新能力与制度创新能力。具体结果见图 3-3。

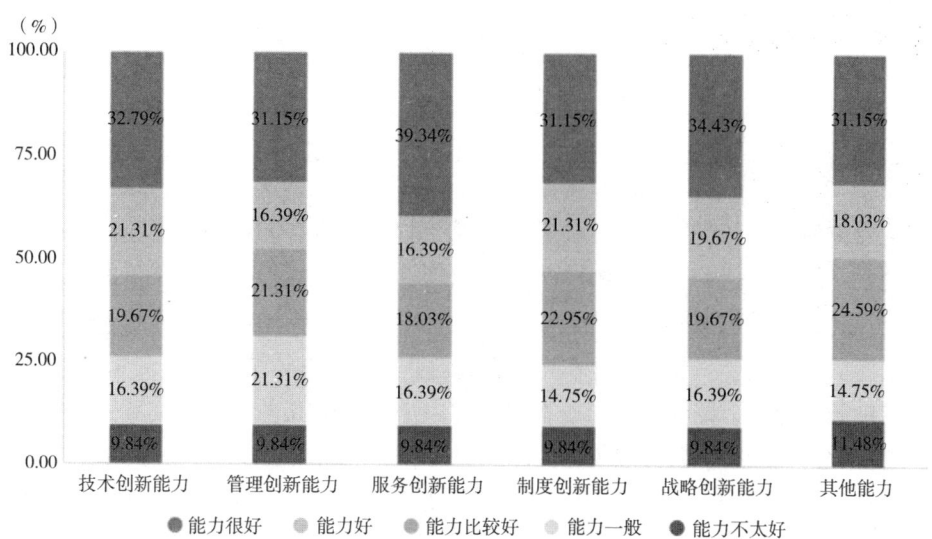

图 3-3 创业公司创新能力评估

在对创业最佳时间的调查上,45.90%的被调查者认为在校期间是最佳创业时间,27.87%的被调查者认为最佳时间是工作 3 年后、14.75%的被调查者认为最佳创业时间在工作 1~3 年,只有 11.48%的被调查者认为毕业当年创业为最佳创业时间。

被调查者对自己创业满意度打分平均分为 6.69 分,其中,19.67%的人打出

满分 10 分，21.31% 的人打出 8 分，打出 8 分及以上的被调查者占到样本的
50%，总体来看，一半的被调查者对自己的创业结果很满意，甚至有近 1/5 的受
访者对自己创业达到 10 分的满意度。具体结果见表 3-1。

表 3-1 你对自己创业满意度评价打分（1~10 分）

满意度分值	计数（人次）	比例（%）
4	0	0
2	1	1.64
3	2	3.28
6	5	8.20
9	6	9.84
5	7	11.48
7	7	11.48
1	8	13.11
10	12	19.67
8	13	21.31
本题有效填写人次	61	

当被问及"影响创业质量的各项因素"时，约 56% 的被调查者认为特别影
响创业质量的是创新能力，约 54% 的被调查者认为特别影响创业质量的是资金
状况，约 51% 的被调查者认为创业者个人特质特别影响创业质量，约 49% 的被
调查者认为技术壁垒和团队合作特别影响创业质量，具体结果见图 3-4。

被调查者对学校提供的创业教育形式中满意度最高的是创业实践，占样本
的 50.82%；其次是创业师资，占 49.18%；特别不满意的是创业基金，占
11.48%（见图 3-5）。73.77% 的被调查者认为最好的高校创业教育形式是企业
实习实践，49.18% 的被调查者认为是创业园实训，26.23% 的被调查者认为最好
的形式是专家和创业者创业讲座（见图 3-6）。

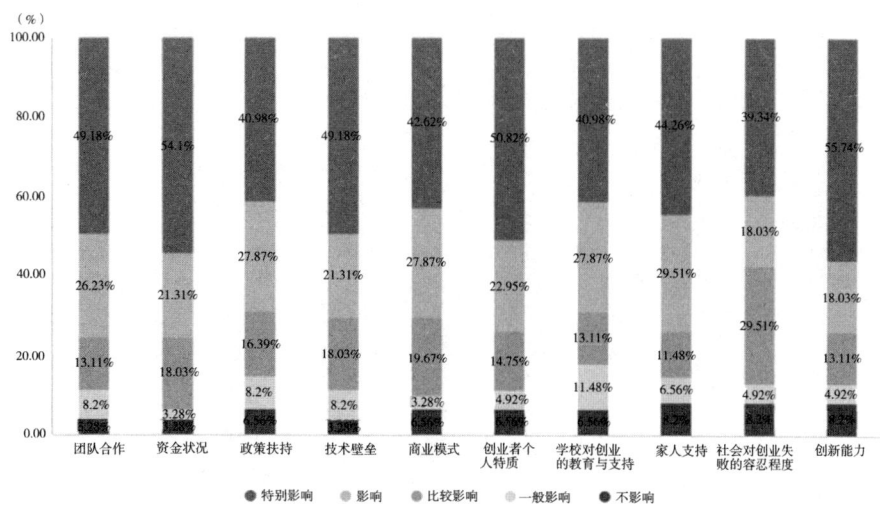

图 3-4　影响创业质量的各项因素的评分

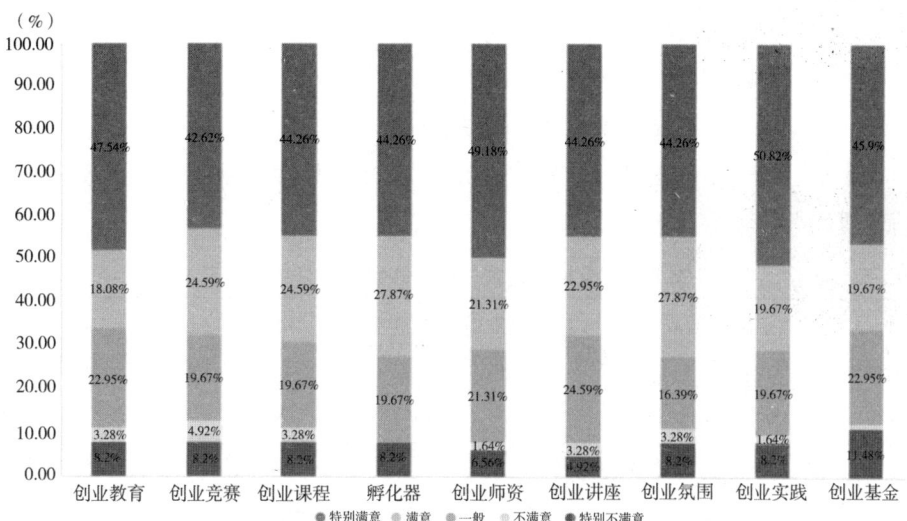

图 3-5　对学校提供的创业教育形式的满意程度

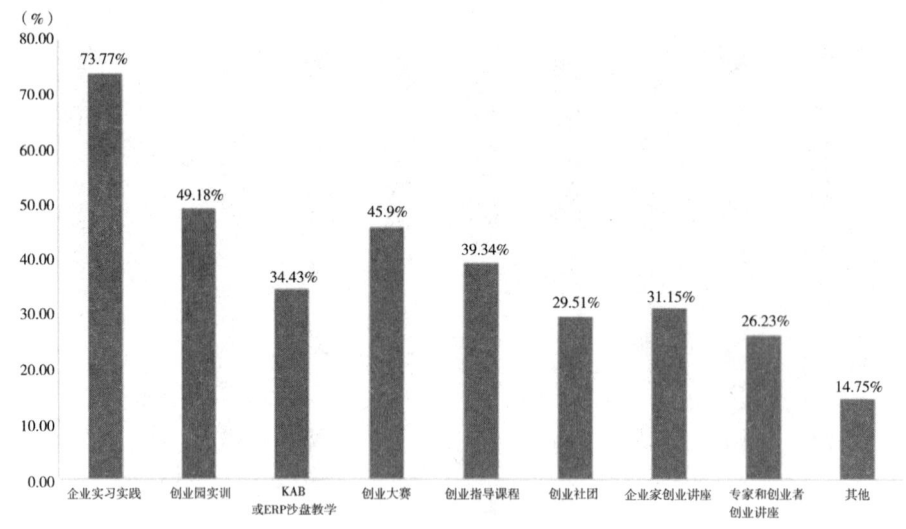

图 3-6　最好的高校创业教育形式

三、交叉分析

（一）性别与目前创业状态的交叉分析

选取性别作为自变量，目前创业状态作为因变量，对两者进行交叉分析，结果如表 3-2 所示。

表 3-2　性别与目前创业状态的交叉分析结果

X/Y	大学生创业发起人		创业合伙人		创业参与者		小计（人次）
	人数（人次）	占比（%）	人数（人次）	占比（%）	人数（人次）	占比（%）	
男	11	42.31	5	19.23	10	38.46	26
女	12	34.29	2	5.71	21	60.00	35

从表 3-2 和图 3-7 可以看到，此次调查，大学生自主创业发起人中男生所占的百分比（42.31%）大于女生所占的百分比（34.29%），女生创业参与者的比例（60.00%）大于男生此项所占比例（38.46%），男生的创业合伙人身份比例（19.23%）大于女生的创业合伙人身份比例（5.71%）。据此推断，男生通常更易作为发起人与合伙人参与创业，女生相比来说更易作为创业参与者参加创业。

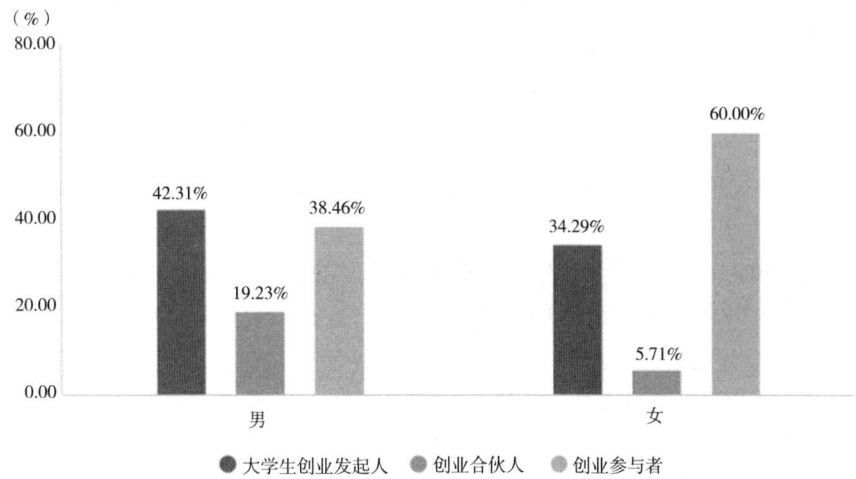

图3-7 性别与目前创业状态的交叉分析

（二）性别和家庭经济情况（年收入）与目前创业状态的交叉分析

选取性别和家庭经济情况（年收入）作为自变量，目前创业状态作为因变量，分析性别和家庭经济情况不同时创业状态的变化，如图3-8所示。

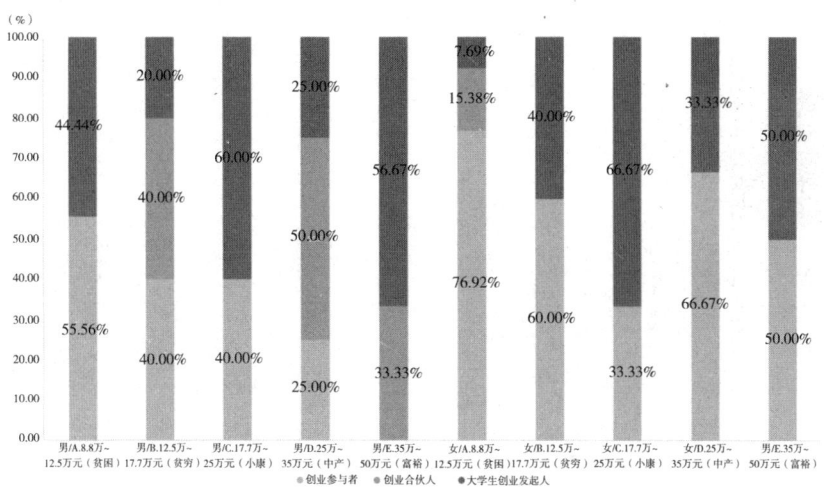

图3-8 性别和家庭经济情况（年收入）与目前创业状态的交叉分析

由图3-8可以看到，男生家庭经济情况（年收入）处于35万~50万元（富裕）时会以创业发起人和创业合伙人身份开展创业，不会以创业参与者身份开展创业；家庭经济情况（年收入）处于8.8万~12.5万元（贫困）时会以创业参与者和创业发起人身份开展创业，不会以创业合伙人身份开展创业；而对女生来讲，家庭经济情况（年收入）处于 35 万~50 万元时以创业发起人和创业参与者的身份进行创业占比相同，不会以创业合伙人身份开展创业；而她们会在家庭经济情况（年收入）处于 8.8 万~12.5 万元时以创业合伙人和创业发起人的身份参与创业，但比例较低，76.92% 的比例为参与者身份开展创业。总体来讲，男女生参与创业情况在家庭经济情况方面有相同也有差异。男生在家庭经济富裕、女生在家庭经济小康的情况下会更多地以创业发起人身份参与创业；其次是男生在家庭经济情况小康、女生在家庭经济富裕的情况下会更多地以创业发起人身份参与创业，说明创业与家庭经济情况有很大的相关性，中产家庭情况下以创业发起人身份参与创业的比例不高，说明创业也许在创业者眼里有马太效应，是家庭经济较好情况下的一种选择。

（三）性别与创业动机的交叉分析

选取性别作为自变量，创业动机作为因变量进行交叉分析，结果如图 3-9 所示。

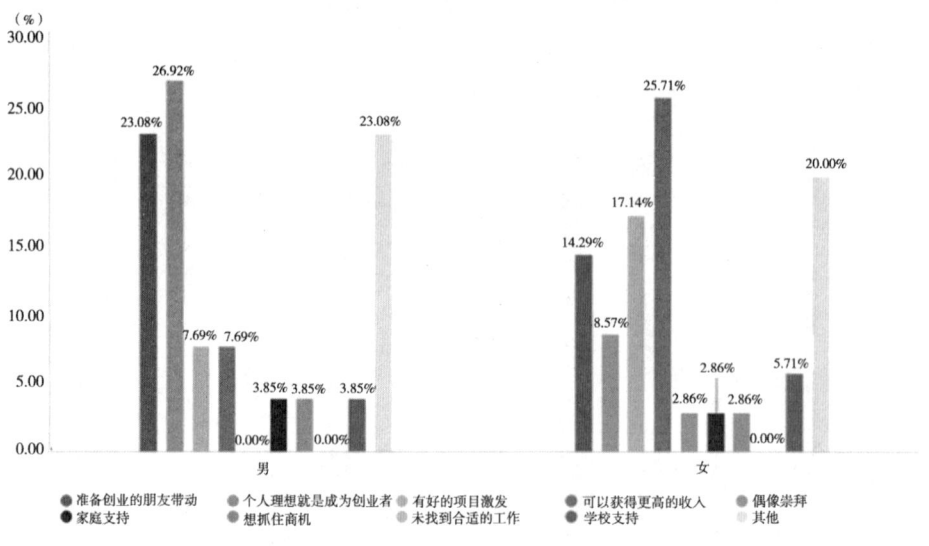

图 3-9　性别与创业动机的交叉分析

由图 3-9 可知，男生中创业动机排在前三位的分别是"个人理想就是成为创业者""其他""准备创业的朋友带动"；女生的创业动机排在第一位的是"可以获得更高的收入"，其次分别是"其他""有好的项目激发"和"准备创业的朋友带动"等。两者都不存在因未找到合适工作而创业的情况，两者最大的不同是男生将个人理想排在创业动机第一位，而女生会将可以获得更高收入排在第一位。

（四）性别和家庭经济情况（年收入）与创业动机的交叉分析

选取性别和家庭经济情况（年收入）作为自变量，创业动机作为因变量进行交叉分析，结果如图 3-10 所示。

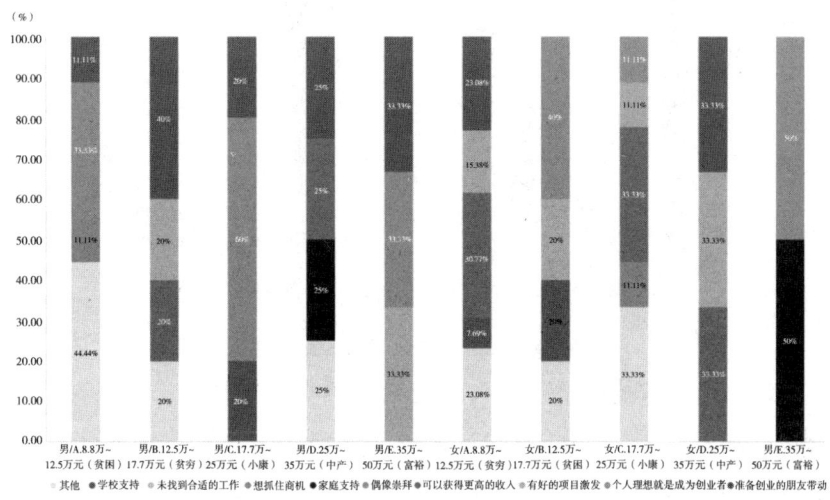

图 3-10　性别和家庭经济情况（年收入）与创业动机的交叉分析

由图 3-10 可知，男生在家庭经济富裕的情况下会因"准备创业的朋友带动""个人理想就是成为创业者""有好的项目激发"动机而创业，只有在年收入在 17.7 万~25 万元（小康）时创业的最大动机是"个人理想就是成为创业者"，男生不会因为偶像崇拜而产生创业动机。女生在家庭经济富裕的情况下存在"家庭支持"和"偶像崇拜"两种创业动机，在家庭经济情况为小康时创业动机比较多样。女生在家庭经济情况贫穷时，"个人理想就是成为创业者"的动机要比其他经济情况下的动机更强烈，由此也可以看出，男生在小康、女生在贫穷的经济情况下成为创业者的动机会更强烈。

（五）性别与资金来源的交叉分析

选取性别作为自变量，资金来源作为因变量进行交叉分析，结果如图 3-11 所示。

从图 3-11 了解到，男生与女生大部分的创业资金来源都是"自己的积蓄"和"其他"，同时男生还存在 19.23% 的被调查者选择"合伙人提供资金"，而女生排在第三位的则是"父母投资"。由此可见，男生和女生的资金来源大部分一样，都是自己的积蓄，男生中的父母投资少于女生。

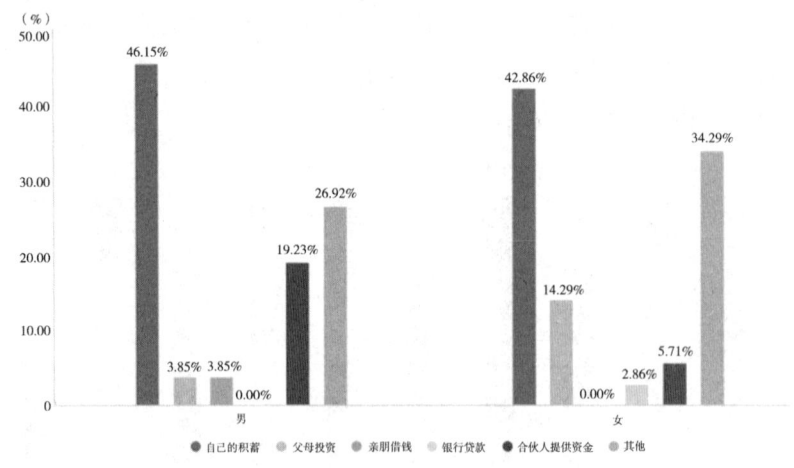

图 3-11 性别与资金来源的交叉分析

（六）性别和家庭经济情况与资金来源的交叉分析

选取性别和家庭经济情况作为自变量，资金来源作为因变量进行交叉分析，结果如图 3-12 所示。

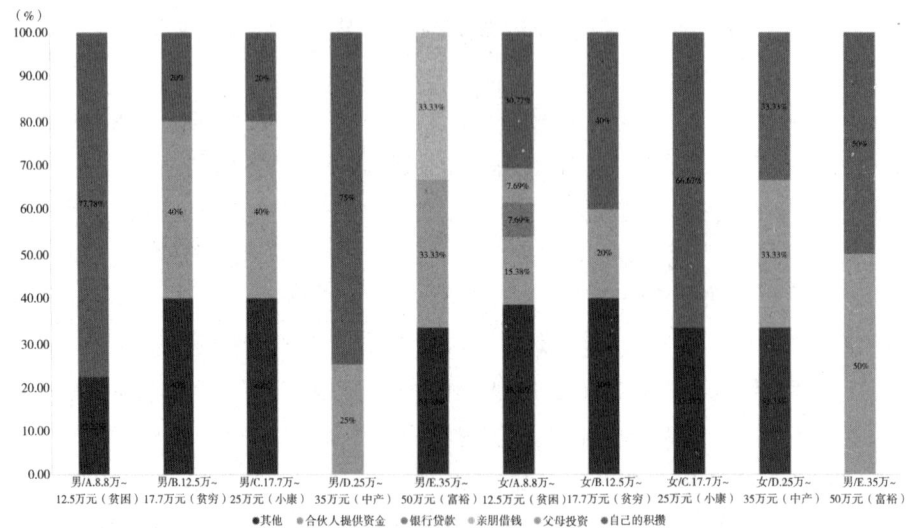

图 3-12 性别和家庭经济情况与资金来源的交叉分析

从图 3-12 中我们可以看出男生在家庭经济收入 35 万~50 万元（富裕）时，会通过向"亲朋借钱""合伙人提供资金"及"其他"的方式获得创业资金，而在家庭年收入为 8.8 万~12.5 万元（贫困）时创业资金来源为"自己的积蓄"和"其他"两种。女生在家庭经济收入 35 万~50 万元时通过"自己的积蓄"和"父母投资"两种方式获得资金来源，在家庭年收入为 8.8 万~12.5 万元时选择资金来源比较多样。在家庭经济情况介于上述两者之间时存在多种不同的资金来源，但总体来讲，男生和女生在不同的家庭经济情况下的创业资金来源有很大的差异。

（七）生源所在地与创业类型之间的交叉分析

选取生源所在地作为自变量，创业类型作为因变量进行交叉分析，结果如图 3-13 所示。

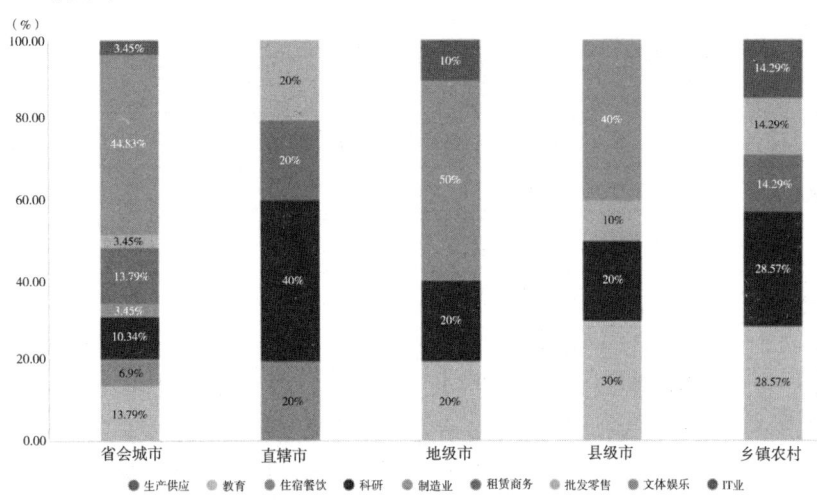

图 3-13　生源所在地与创业类型之间的交叉分析

从图 3-13 中我们可以看出，生源所在地与创业类型中，生源所在地为省会城市的被调查对象，文体娱乐创业类型所占的比例最大，而生源所在地为乡镇农村中没有文体娱乐的创业类型，我们也可以看出生源所在地与创业类型之间没有非常必要的联系，不同生源所在地的创业类型种类繁多。

四、回归分析

该回归分析目的是验证大学生创业与家庭收入情况的关系：是否存在家庭经济状况对大学生创业行为有正向影响，即家庭经济情况越好，学生越有创业可能。

选取家庭经济情况（年收入）作为自变量，目前创业状态作为因变量进行线性回归分析，结果如表 3-3 所示。

表 3-3　家庭经济情况（年收入）与目前创业状态的分析结果

线性回归分析结果—简化格式	值	VIF
常数	2.526 （10.029**）	—
家庭经济情况（年收入）	−0.196 （−2.145*）	1.000
R^2	0.087	
调整 R^2	0.068	
F 值	$F(1, 48) = 4.602, P = 0.037^*$	
因变量（Y）：目前创业状态		
$D-W$ 值：1.711		

从表 3-3 可知，将家庭经济情况（年收入）作为自变量，将目前创业状态作为因变量进行线性回归分析，模型 R^2 为 0.087，意味着在 0.05 显著水平下，家庭经济情况（年收入）对创业状态产生显著负向影响，即家庭经济水平越高，大学生创业的可能性越小，大学生自主创业有可能是因为家庭经济情况不好。

五、小结

性别对创业身份选择有影响。相比女生，男生更易以创业发起人与合伙人身份进行创业，女生更易以参与者身份创业；在家庭经济状况富裕或贫困时，男生更易作为发起人和合伙人创业，女生更易以发起人和参与者身份创业。这个结果表明，男生更易主动创业，而女生则更愿意以参与者身份创业；在创业动机方面，男生会将个人理想排在创业动机第一位，女生则首先会因为获得高收入而选择创业；家庭收入低时，男生比女生更有冒险性；男生与女生资金来源大致相同，在家庭经济富裕时，男生会通过向亲朋借钱或合伙人提供资金获得创业资金，而女生则会通过自己的积蓄和父母投资获得创业资金；生源所在地与创业类型之间没有非常显著的关系；通过回归分析，发现家庭经济情况越不好，大学生自主创业的可能性越大。

第二节 北京市大学生自主创业情况问卷分析

一、背景介绍

这部分的调查数据来自由北京市教委牵头，北京市高校毕业生就业指导中心组织开展的北京地区高校毕业生就业创业状况问卷调查。其问卷向全市毕业生中发放，目的是建立北京市大学生就业创业的长效机制，了解高校毕业生就业创业的动态变化情况，从而更有针对性地做好大学生就业创业服务指导工作，促进大学生就业创业高质量发展。本书利用相关创业数据了解北京市大学生创业数量与质量状况，分析影响大学生自主创业质量的相关原因，在此基础上提出相应对策。对高校毕业生创业数据进行追踪调查有利于更好地了解大学生创业动机、资源利用情况及相应的创业政策扶持效果，并可以根据调查数据做好大学生创业数量与质量的预测分析。

二、历年数据描述性分析

第一，北京市高校大学生就业状况调查工作始于 2011 年，问卷在保证一定稳定性的基础上，根据现实情况每年进行相应调整，如 2020 年的数据增加了疫情对大学生创业情况的影响，本书也运用此数据了解受到疫情影响的经济环境对创业质量的影响。本聚焦大学生创业开展数据分析，并根据 2019 年与 2020 年数据，做更细致、更具体分析，尤其重点考察大学生自主创业质量情况。

第二，2011 年的调查问卷结果显示，全体调查样本中有 1.7% 的毕业生选择自主创业。创业原因分别是："个人理想就是成为创业者"（72.2%）、"有好的创业项目"（66.7%）、"收入好"（59.4%）、"受他人邀请创业"（45.4%）、"未找到合适的工作"（36.6%）。在创业中遇到的主要困难，分别是"创业政策的扶持力度不够""创业团队不成熟""缺少足够的创业资金"等。

第三，2016 年的调查样本量为 45271 份，占当年毕业生总数的 20%，其中选择自主创业的样本总数为 703 人，占调查总数的 1.55%，排在前三位的创业行业依次为文化、体育和娱乐业（18.0%），教育（13.8%）和批发零售（12.0%）。参加自主创业的本科、硕士和博士毕业生中，排在前三位的学科门类依次为：艺术学（28.7%）、工学（19.5%）、管理学（17.6%）。选择自主创业的被调查者中，64%的人选择在北京地区创业，36%的人选择到京外地区创业。毕业生参与创业教育及服务活动的比例为，专科毕业生占25.9%，本科毕业生占56.5%，硕士毕业生占15.7%，博士毕业生占1.8%，说明相比本科生与专科生，硕士与博士生参与创业教育及服务活动的积极性不高。

第四，2017年北京市共有85所普通高校的毕业生参加了调查，样本量为43842个，约占当年毕业生总数的19%。2017年北京地区高校毕业生就业信息库的数据表明，选择自主创业的毕业生共计1425人，占毕业生总数的0.62%。其中，男生819人，占57.47%；女生606人，占42.53%。调查数据显示，选择自主创业的毕业生中，本科毕业生占的比例最高，为60.63%，硕士毕业生占27.79%，博士毕业生占2.18%。排在前三位的学科门类依次为：艺术学（29.43%）、管理学（22.46%）、工学（21.22%）。54.04%的毕业生选择在北京创业，45.96%的毕业生选择到京外地区创业。排在前三位的行业依次为：文化、体育和娱乐业（27.65%），批发和零售业（16.42%），信息传输、软件和信息技术服务业（12.21%）。毕业生参加各类创业教育及服务活动情况如下：参加创业课程的占到总数的30.71%，参加创业讲座的占37.83%，参加各类社团的比例为24.84%，参加创业计划大赛的比例为20.20%，参观创业企业的比例为22.33%，与创业者有交流的比例为27.21%，参与创业企业实习项目的只占19.19%。

第五，2018年北京市共有79所普通高校的毕业生参加了调查，样本量为42365个，占当年毕业生总数的19%。根据北京地区高校毕业生就业信息库的数据，选择自主创业的毕业生共1302人，占毕业生总数的0.58%。其中，男生760人，占创业毕业生总数的58.37%；女生542人，占创业毕业生总数的41.63%。其中，本科毕业生占创业毕业生总数的60.91%；硕士毕业生25人，占1.92%；博士毕业生24人，占1.84%。自主创业的本科及以上学历毕业生中，艺术学（27.93%）、工学（21.45%）和管理学（20.05%）学科排在前三位。56.34%的毕业生选择在京创业，43.63%的毕业生选择京外创业。排在前三位的行业依次为：文化、体育和娱乐业（25.81%），批发和零售业（17.67%），信息传输、软件和信息技术服务业（16.05%）。

第六，2019年北京市高校毕业生中共有1323人选择自主创业，占当年毕业生总数的0.59%。本科生占到64.35%，北京生源占到了35.80%，排在自主创业前三位的行业是教育业（21.70%）、文化、体育和娱乐业（21.10%），信息传输、软件和信息技术服务业（7.60%），在调查问卷中，毕业当年已创业与拟自主创业的学生人数为475人，占总调查样本数的0.90%。

表 3-4 2019 年北京市高校毕业生毕业去向

毕业去向		频率（人次）	百分比（%）	有效百分比（%）	累积百分比（%）
有效	签就业协议	16879	33.8	33.8	33.8
	签劳动合同	5256	10.5	10.5	44.3
	单位用人证明	3209	6.4	6.4	50.7
	志愿者（"三支一扶"，西部志愿者，村干部，对外汉语教师志愿者）	155	0.3	0.3	51.0
	自由职业（如不挂靠任何单位的演员、画家、作家等）	1596	3.2	3.2	54.2
	参军入伍	205	0.4	0.4	54.6
	求职中	4633	9.3	9.3	63.9
	自主创业	475	0.9	0.9	64.8
	国内升学	8809	17.6	17.6	82.4
	出国（境）留学/工作（2019 年 12 月 31 日前）	3267	6.5	6.5	89.0
	拟升学，不就业	2608	5.2	5.2	94.2
	拟出国（境），不就业	1120	2.2	2.2	96.4
	暂不就业	1795	3.6	3.6	100.0
总计	50007	100.0	100.0		
缺失	系统	1	0		
总计	50008	100.0			

资料来源：根据北京市教委调查数据整理（下同）。

自主创业群体中男生女生比例分别为 62.3% 与 37.7%，与总体情况相符，男生创业者的比例要大于女生自主创业者。

表 3-5 2019 年北京市高校毕业生自主创业性别情况

性别	频率（人次）	百分比（%）	有效百分比（%）	累积百分比（%）
男	296	62.3	62.3	62.3
女	179	37.7	37.7	100.0

续表

性别	频率（人次）	百分比（%）	有效百分比（%）	累积百分比（%）
总计	475	100.0	100.0	

从创业地点来看，选择留在北京创业的学生群体比例较大（66.1%），其次是到东部地区（18.5%），而选择到东北地区创业的比例最小（1.7%），说明大学生创业地点选择与各区域的经济发展水平紧密相关。

表3-6 2019年北京市高校毕业生创业地区情况表

	创业地区	频率（人次）	百分比（%）	有效百分比（%）	累积百分比（%）
有效	北京	314	66.1	66.5	66.5
	东部	88	18.5	18.6	85.2
	中部	20	4.2	4.2	89.4
	西部	42	8.8	8.9	98.3
	东北	8	1.7	1.7	100.0
	总计	472	99.3	100.0	
缺失	系统	3	0.6		
总计		475	100.0		

选择自主创业的原因这一题项中，各有28.2%的被调查者选择"有好的创业点子想实践"和"个人理想就是成为创业者"，"受他人邀请合伙创业"占到样本数的14.9%，12.4%的被调查者"期待有较高收入"而选择创业，"受到政策号召或环境影响"的只占到4.6%，"未找到合适的工作"的占4%。进一步对475个问卷回应者的创业所处状态进行分类，其中已经创业的为193人，占样本总数的40.6%，准备创业的学生占到样本总数的59.4%，在这两个不同类别中，"有好的创业点子想实践"分别占31.1%与26.2%，而"个人理想就是成为创业者"分别占29.5%与27.3%，"受他人邀请合伙创业"的比例分别为18.7%与12.4%，"期待有较高收入"的比例分别为9.3%与14.5%，而"未找到合适的工作"的比例分别为1.6%与5.7%，"受到政策号召与环境影响"分别占5.7%和3.9%，这种对比表明已创业群体会更理性与务实一些，受价值观影响创业要比准备创业群体高，受他人邀请合伙创业的要比准备创业群体多，相反，准备创业群体的创业动机受到就业压力影响而产生创业意愿，相比已创业群体高，他们选择"未找到合适的工作"而创业和"期待有较高收入"原因

比例要大于已创业群体。

表 3-7　2019 年北京市高校毕业生选择自主创业原因情况

选择自主创业原因	频率 （人次）	百分比 （%）	有效百分比 （%）	累积百分比 （%）
有好的创业点子想实践	134	28.2	28.2	28.2
个人理想就是成为创业者	134	28.2	28.2	56.4
受他人邀请合伙创业	71	14.9	14.9	71.4
受到政策号召或环境影响	22	4.6	4.6	76.0
期待有较高收入	59	12.4	12.4	88.4
未找到合适的工作	19	4.0	4.0	92.4
其他	36	7.6	7.6	100.0
总计	475	100.0	100.0	

表 3-8　2019 年北京市高校毕业生已经创业与准备创业原因比较

选择自主创业原因	已经创业		准备创业	
	频率 （人次）	百分比 （%）	频率 （人次）	百分比 （%）
有好的创业点子想实践	60	31.1	74	26.2
个人理想就是成为创业者	57	29.5	77	27.3
受他人邀请合伙创业	36	18.7	35	12.4
受到政策号召或环境影响	11	5.7	11	3.9
期待有较高收入	18	9.3	41	14.5
未找到合适的工作	3	1.6	16	5.7
其他	8	4.1	28	9.9
总计	193	100.0	282	100.0

　　问卷中，回答大学生自主创业过程中遇到的最难以解决的困难排在前三位的分别是："资金问题"（29.7%）、"市场推广问题"（22.3%）及"其他"（9.3%），之后是"缺乏指导"（8.2%）及"场地问题"（7.8%）。同样，对已经创业与准备创业两个创业状态做进一步分析与比较，可以看到已经创业群体在创业过程中遇到的最难以解决的困难排在前两位的是"市场推广问题"和

"资金问题",而"政策支持""管理问题"及"缺乏指导"则占比相同;准备创业群体则认为最难以解决的困难是"资金问题"与"市场推广问题",相比已经创业群体来说,准备创业群体认为"团队问题"与"缺乏指导"更是难以解决的问题。见表3-9、表3-10。

表3-9　2019年北京市高校毕业生创业过程中遇到的最难以解决的困难情况

最难以解决的困难	频率（人次）	百分比（%）	有效百分比（%）	累积百分比（%）
资金问题	141	29.7	29.7	29.7
场地问题	37	7.8	7.8	37.5
政策支持	28	5.9	5.9	43.4
管理问题	26	5.5	5.5	48.8
市场推广问题	106	22.3	22.3	71.2
产品雷同	8	1.7	1.7	72.8
缺乏指导	39	8.2	8.2	81.1
团队问题	31	6.5	6.5	87.6
家人反对	15	3.2	3.2	90.7
其他	44	9.3	9.3	100.0
总计	475	100.0	100.0	

表3-10　2019年北京市高校毕业生已经创业与准备创业遇到最难以解决的困难情况比较

最难以解决的困难	已经创业		准备创业	
	频率（人次）	百分比（%）	频率（%）	百分比（%）
资金问题	54	28.00	87	30.90
场地问题	12	6.20	25	8.90
政策支持	13	6.70	15	5.30
管理问题	13	6.70	13	4.60
市场推广问题	59	30.60	47	16.70
产品雷同	3	1.55	5	1.80
缺乏指导	13	6.70	26	9.20
团队问题	8	4.10	23	8.20

续表

最难以解决的困难	已经创业		准备创业	
	频率（人次）	百分比（%）	频率（%）	百分比（%）
家人反对	5	2.59	10	3.55
其他	13	6.70	31	11.00
总计	193	100.0	282	100.0

第七，2020 年参加调查的样本数共计 60 所高校 52029 人，已创业与具有创业意愿的学生共计 320 人，占调查样本数的 0.6%，这一比例相比 2019 年的 0.9%有明显的下降趋势。在自主创业的群体中，男生占 64.4%，女生占 35.6%；本科生占 55.9%，硕士研究生占 31.6%，博士研究生占 1.3%，相比 2019 年，本科生的自主创业比例有所下降，研究生的自主创业比例有提高；双一流高校占 56.3%，非双一流高校占 43.7%；北京生源占 25.0%，比 2019 年的 35.8%有大幅锐减，说明当年北京学生的创业意愿与创业行为直接减少；排名前三位的学科是管理学（24.4%）、艺术类（24.1%）与工学（15.6%），管理学的排名从 2019 年排在第三位升到第一位，有可能是管理学的就业受到疫情与经济下行压力影响，导致学生选择创业，从积极的角度来说，也可能是管理学的学生知识更综合，其能力更有利于开展创业。2020 年北京市高校毕业生毕业去向情况见表 3-11。

表 3-11　2020 年北京市高校毕业生毕业去向情况

毕业去向	频率（人次）	百分比（%）	有效百分比（%）	累积百分比（%）
签就业协议	14679	28.2	28.2	28.2
签劳动合同	4712	9.1	9.1	37.3
单位用人证明	2669	5.1	5.1	42.4
基层服务项目（"三支一扶"，西部志愿者，村干部，教师特设岗位计划等）	111	0.2	0.2	42.6

毕业去向	频率（人次）	百分比（%）	有效百分比（%）	累积百分比（%）
自由职业（如不挂靠任何单位的作家、翻译、网店店主、代购等）	1654	3.2	3.2	45.8
参军入伍	273	0.5	0.5	46.3
求职中（含拟参加公招考试等）	9116	17.5	17.5	63.8
自主创业（含准备毕业后立即创业）	320	0.6	0.6	64.5
国内升学	9353	18.0	18.0	82.4
出国（境）留学/工作	3152	6.1	6.1	88.5
拟升学，不就业	3244	6.2	6.2	94.7
拟出国（境），不就业	767	1.5	1.5	96.2
暂不就业	1979	3.8	3.8	100.0
总计	52029	100.0	100.0	

2020年受访者对自主创业的原因总结如下："个人理想就是成为创业者"（26.9%）、"有好的创业点子想实践"（23.4%）、"受他人邀请合伙创业"（20.6%）、"期待有较高收入"（12.8%）、"未找到合适的工作"（9.1%），而"受到政策号召或环境影响"的只占到1.6%，可以看到受价值观驱使的创业动机比例较2019年有所降低，"受他人邀请合伙创业"的比例比2019年有所升高，"未找到合适的工作"决定创业比例比2019年提高了5个百分点，而"受到政策号召或环境影响"的比例比2019年明显降低，说明大学生创业选择并不是仅仅看政策的积极面，更多的是体验与感觉大的环境氛围。相比2019年，2020年的创业动机有向生存型创业增加的趋势，创业动机更倾向于找到一份工作，而不是基于自己的兴趣与意愿。320个自主创业样本中，已经创业群体146人，占45.6%；准备创业群体174人，占54.4%。对比两者之间的差异，已经创业群体中"个人理想就是成为创业者"的比例要远远高于准备创业者，"受他人邀请合伙创业"的比例也远高于准备创业者，而准备创业群体中的"未找到合适的工作"而选择创业的比例要远远高于已经创业群体，而且也高于2019年

数据。可以初步预测，2020 年准备创业群体中很大比例的来访者是因为工作压力而选择创业，对创业质量来说是一种很大的影响。具体数据见表 3-12、表 3-13。

表 3-12 2020 年北京市高校毕业生选择自主创业原因情况

选择自主创业原因	频率（人次）	百分比（%）	有效百分比（%）	累积百分比（%）
有好的创业点子想实践	75	23.4	23.4	23.4
个人理想就是成为创业者	86	26.9	26.9	50.3
受他人邀请合伙创业	66	20.6	20.6	70.9
受到政策号召或环境影响	5	1.6	1.6	72.5
期待有较高收入	41	12.8	12.8	85.3
未找到合适的工作	29	9.1	9.1	94.4
其他	18	5.6	5.6	100.0
总计	320	100.0	100.0	

表 3-13 2020 年北京市高校毕业生已经创业与准备创业创业原因比较

选择自主创业原因	已经创业		准备创业	
	频率（人次）	百分比（%）	频率（%）	百分比（%）
有好的创业点子想实践	27	18.5	48	27.6
个人理想就是成为创业者	49	33.6	37	21.3
受他人邀请合伙创业	42	28.8	24	13.8
受到政策号召或环境影响	4	2.7	1	0.6
期待有较高收入	18	12.3	23	13.2
未找到合适的工作	3	2.1	26	14.9
其他	3	2.1	15	8.6
总计	146	100.0	174	100.0

2020 年的调查中，认为在创业过程中遇到最难以解决的问题排序依次是资

金问题（34.1%）、市场推广问题（17.5%）、其他（9.1%）、场地问题
（8.8%）以及缺乏指导（8.4%），排序与2019年相似，但比例上有所不同，
2020年中认为创业受资金限制的比例比2019年提高了5%，说明2020年大学生
想创业却更加囿于资金限制。市场推广问题比例比2019年低，或者是创业者对
此问题预期难度降低，或者是市场疲软，创业者也只能接受现实。对比已经创
业者与准备创业者，发现已经创业者遇到资金问题的比例比准备创业者的高出
近8个百分点，而准备创业者遇到的政策支持与缺乏指导问题比已经创业群体
的比例要高，见表3-14、表3-15。数据表明2020年准备创业者比已经创业者
更需要了解相关政策及在此基础上开展相关的创业指导。高校可以在这两个方
面加大工作力度。

表3-14 2020年北京市高校毕业生在创业过程中遇到的最难以解决的问题情况

最难以解决的问题	频率（人次）	百分比（%）	有效百分比（%）	累积百分比（%）
资金问题	109	34.1	34.1	34.1
场地问题	28	8.8	8.8	42.8
政策支持	15	4.7	4.7	47.5
管理问题	16	5.0	5.0	52.5
市场推广问题	56	17.5	17.5	70.0
产品雷同	9	2.8	2.8	72.8
缺乏指导	27	8.4	8.4	81.3
团队问题	18	5.6	5.6	86.9
家人反对	13	4.1	4.1	90.9
其他	29	9.1	9.1	100.0
总计	320	100.0	100.0	

表3-15 2020年北京市高校毕业生已经创业与准备创业在创业过程中
遇到的最难以解决问题比较

最难以解决的问题	已经创业		准备创业	
	频率（人次）	百分比（%）	频率（人次）	百分比（%）
资金问题	56	38.4	53	30.5
场地问题	14	9.6	14	8.0

续表

最难以解决的问题	已经创业		准备创业	
	频率 （人次）	百分比 （%）	频率 （人次）	百分比 （%）
政策支持	3	2.1	12	6.9
管理问题	10	6.8	6	3.4
市场推广问题	30	20.5	26	14.9
产品雷同	1	0.7	8	4.6
缺乏指导	7	4.8	20	11.5
团队问题	9	6.2	9	5.2
家人反对	4	2.7	9	5.2
其他	12	8.2	17	9.8
总计	146	100.0	174	100.0

疫情防控期间，有22.2%的受访者对国家出台的促进高校毕业生就业创业政策措施"较为了解"，40.3%的受访者回答"了解一些"，还有37.2%的受访者"知道有，具体不清楚"或"完全不了解"，说明大学生创业者在创业准备阶段的政策了解情况并不完善。见表3-16。

表3-16　2020年北京市高校毕业生对疫情防控期间国家出台政策的了解程度情况

了解程度	频率 （人次）	百分比 （%）	有效百分比 （%）	累积百分比 （%）
较为了解	71	22.2	22.2	22.2
了解一些	129	40.3	40.3	62.5
知道有，具体不清楚	88	27.5	27.5	90.0
完全不了解	31	9.7	9.7	99.7
很了解	1	0.3	0.3	100.0
总计	320	100.0	100.0	

第三节 北京市高校大学生创业质量
现状及影响因素分析

一、2019年北京市高校大学生创业质量状况及影响因素

（一）2019年北京市高校大学生创业质量状况

从2019年开始，问卷中对创业结果有三个衡量指标，分别是"所在创业团队收入状况""所在创业团队已经经营时间""有员工数量情况"，如果以高质量创业团队能够存活时间更长、盈利及能为社会带来价值——解决更多的就业岗位为创业结果衡量指标，则这三个指标可以作为大学生自主创业质量的代理变量。

现对2019年北京高校大学生自主创业的质量情况做描述统计如下。1. 对"所在创业团队已经经营时间"进行回应的被调查者共186人，占已创业群体总数的39.2%，其中"≤0.5"的占回应样本的39.8%，"0.5~1"的占23.1%，"1~2"的占21.0%，">2"的占16.1%，从统计结果来看，大部分的创业经营时间都在两年以下，一年以下的占62.9%。也就是说，62.9%的学生是在大三年级下半学期开始创业，其中近40%的是在大四年级的下半学期或毕业时开始创业，有16.1%的学生在大二年级之前已经开始创业。2. "有员工数量情况"的回应人数为191人，占已创业群体总数的40.2%，有1~2人的占样本数的13.6%，3~4人的占到21.5%，5~10人的占到41.9%，10人以上的占到23.0%，有5人以上团队的占到样本数的64.9%。3. 对"目前，你所在的创业团队收入状况"有回应的被调查者共193人，回答亏损的24人，占应答者的12.4%，收支平衡的占到34.2%，稍有盈余的占41.5%，盈利较大的占11.9%，总体来看，在回应的群体中，收支盈余情况中仍有12.4%的群体处于亏损情况，这个数据或者可以解释这部分大学生创业质量不高，营利性差，或者也可能因为创业时间较短，还处于未盈利期。具体数据见表3-17、表3-18、表3-19。

表 3-17 2019 年北京市高校毕业生所在创业团队已经经营时间情况

	经营时间（年）	频率（人次）	百分比（%）	有效百分比（%）	累积百分比（%）
有效	≤0.5	74	15.6	39.8	39.8
	0.5~1	43	9.1	23.1	62.9
	1~2	39	8.2	21.0	83.9
	>2	30	6.3	16.1	100.0
	总计	186	39.2	100.0	
缺失	系统	289	60.8		
总计		475	100.0		

表 3-18 2019 年北京市高校毕业生已创业团队有员工数量情况

	员工数量（人次）	频率（人次）	百分比（%）	有效百分比（%）	累积百分比（%）
有效	1~2	26	5.5	13.6	13.6
	3~4	41	8.6	21.5	35.1
	5~10	80	16.8	41.9	77.0
	>10	44	9.3	23.0	100.0
	总计	191	40.2	100.0	
缺失	系统	284	59.8		
总计		475	100.0		

表 3-19 2019 年北京市高校毕业生所在创业团队收入状况

	收入状况	频率（人次）	百分比（%）	有效百分比（%）	累积百分比（%）
有效	亏损	24	5.1	12.4	12.4
	收支平衡	66	13.9	34.2	46.6
	稍有盈余	80	16.8	41.5	88.1
	盈利较大	23	4.8	11.9	100.0
	总计	193	40.6	100.0	
缺失	系统	282	59.4		
总计		475	100.0		

（二）2019 年北京市高校大学生创业质量状况及影响因素

以"所在创业团队已经经营时间""有员工数量情况""所在创业团队收入状况"等创业结果作为创业质量指标，可以看到这三者之间有很大的相关性，在 0.01 显著水平上，"所在创业团队已经经营时间"与"有员工数量情况"相关系数为 0.333，与"所在创业团队收入状况"之间相关系数为 0.309，"有员工数量情况"与"所在创业团队收入状况"之间的相关系数为 0.313，说明"所在创业团队已经经营时间""所在创业团队收入状况"与"有员工数量情况"三者之间呈中度相关关系，这三个指标都可作为量化的创业质量结果指标。

"所在创业团队已经经营时间"与"是否参加学校就业教育及服务"呈负相关关系，在 0.01 显著水平上，相关系数达到 -0.198，这一数据可以解释在校期间参加学校就业教育与服务并不会增加创业团队经营时间，相反对创业结果质量形成负面影响，这可能是由于学生对创业情况了解得越多，在创业中会因恐惧担心等负性心理行为更加保守，也可以解释为教育系统在提供优质就业创业教育与服务方面还不能满足有创业意愿学生的需求。

在引入这三个创业质量指标后，加入"创业者对自己能力满足实际工作要求的程度""是否参加学校提供的就业教育及服务""对学校就业教育及服务的满意程度""是否参加学校提供的创业教育及服务""对学校提供的创业教育及服务的满意程度"等指标，可以看到"创业者对自己能力满足实际工作要求的程度"与"是否参加学校提供的就业教育及服务""对学校就业教育及服务的满意程度""是否参加学校提供的创业教育及服务""对学校提供的创业教育的满意程度"等在 0.01 显著水平上，全都呈正相关关系，相关系数分别为 0.191、0.810、0.198、0.778，即"创业者对自己能力满足实际工作要求的程度"与学校提供的就业与创业相关，对接受就业创业教育满意度越高，对自己的能力效能感越强，或者反向，但分析 2019 年数据发现，能力效能感与创业质量并没有直接的相关性，也就是说，大学生认为自己具有创业能力与创业质量并不相关，或者也可能是创业能力效能感需要通过其他中介变量对创业质量产生影响。也就是说，虽然大学生创业者接受就业与创业教育及服务，认为自己的能力满足创业，但能力与创业质量不相关，或者也可能是创业能力效能感需要通过其他中介变量对创业质量产生影响。

"是否参加学校提供的就业教育及服务"与"是否参加学校提供的创业教育及服务"呈正相关关系，相关系数为 0.578，而"对学校就业教育及服务的满意程度"与"对学校提供的创业教育及服务的满意程度"之间相关系数为 0.957，相关水平极高，也可能是被调查对象会对这两者有一致性认同，在有自主创业意向的个体眼里，接受创业教育及服务也可能就是接受就业教育及服务，两者并没有很明显的区分，见表3-20。

表3-20　2019年北京市高校毕业生创业质量数据相关分析

		经营时间	员工数量	收入状况	能力状况	就业教育参与	就业教育满意	创业教育参与	创业教育满意
经营时间	皮尔逊相关性	1	0.333**	0.309**	-0.138	-0.198**	-0.350	-0.092	-0.365
	Sig.（双尾）		0.000	0.000	0.055	0.006	0.086	0.203	0.056
	个案数	193	193	193	193	193	25	193	28
员工数量	皮尔逊相关性	0.333**	1	0.313**	-0.086	-0.090	-0.230	-0.099	-0.058
	Sig.（双尾）	0.000		0.000	0.232	0.214	0.270	0.171	0.768
	个案数	193	193	193	193	193	25	193	28
收入状况	皮尔逊相关性	0.309**	0.313**	1.000	0.047	0.121	-0.066	0.020	-0.016
	Sig.（双尾）	0.000	0.000		0.514	0.093	0.754	0.786	0.936
	个案数	193	193	193	193	193	25	193	28
能力状况	皮尔逊相关性	-0.138	-0.086	0.047	1.000	0.191**	0.810**	0.198**	0.778**
	Sig.（双尾）	0.055	0.232	0.514		0.000	0.000	0.000	0.000
	个案数	193	193	193	475	475	76	475	65
就业教育参与	皮尔逊相关性	-0.198**	-0.090	0.121	0.191**	1.000	0.[b]	0.578**	-0.005
	Sig.（双尾）	0.006	0.214	0.093	0.000		0.000	0.000	0.967
	个案数	193	193	193	475	475	76	475	65
就业教育满意	皮尔逊相关性	-0.350	-0.230	-0.066	0.810**	0.[b]	1.000	0.217	0.957**
	Sig.（双尾）	0.086	0.270	0.754	0.000			0.059	0.000
	个案数	25	25	25	76	76	76	76	44
创业教育参与	皮尔逊相关性	-0.092	-0.099	0.020	0.198**	0.578**	0.217	1.000	.[b]
	Sig.（双尾）	0.203	0.171	0.786	0.000	0.000	0.059		0.000
	个案数	193	193	193	475	475	76	475	65
创业教育满意	皮尔逊相关性	-0.365	-0.058	-0.016	0.778**	-0.005	0.957**	.[b]	1.000
	Sig.（双尾）	0.056	0.768	0.936	0.000	0.967	0.000	0.000	
	个案数	28	28	28	65	65	44	65	65

注:**表示在 0.01 级别（双尾），相关性显著；b 表示由于至少有一个变量为常量，因此无法进行计算。

二、2020 年北京市高校大学生创业质量状况及影响因素

（一）2020 年北京市高校大学生创业质量数据描述统计

根据 2020 年北京市高校大学生创业质量调查问卷，对创业质量数据描述性统计如下：在 320 个创业样本中，对"所在创业团队已经经营时间"进行回应的有 141 个，占样本总数的 44.1%。其中"≤0.5"的占 39%，与 2019 年的比例相近；"0.5~1"的占 33.3%，比 2019 年多出 10.2 个百分点；"1~2"的占 13.5%，少于 2019 年 7.5 个百分点；">2"的占 14.2%，略少于 2019 年。由此可见大多数的创业者经营时间都不长，处于创业的起步阶段。2020 年，在大三、大四阶段创业的比 2019 年高出 10.2 个百分点，据此可以推测，在毕业前选择创业的比例比 2019 年有所增加，说明 2020 年受疫情影响，创业成为缓解就业压力的手段。见表 3-21。

在"有员工数量情况"选项中，138 个样本对此题进行了回应，占已创业样本数的 43.1%，其中有员工数量"5~10"占到 138 个有效样本量的 39.9%，"3~4"占到 22.5%，"1~2"占到 21.0%，">10"占到 16.7%。5 人以上员工数量所占比例为 56.6%，小于 2019 年的 64.9%，由此可见，2020 年北京高校大学生创业规模较小，创业企业员工数量不多，相比 2019 年，5 人以上员工数量的大学生创业企业比例减少。见表 3-22。

在"所在创业团队经营收入状况"选项中，138 个样本对此题进行了回应，占样本数的 43.1%，其中做到"收支平衡"的占 36.2%，"稍有盈余"的占 35.5%，处于"亏损"的占 21.0%，"盈利较大"的占 7.2%。从收入的角度来看，大部分创业团队都无法在创业中获利较大，近五分之一的创业团队还仍旧处于亏损状况。"稍有盈余"与"盈利较大"之和的比例要比 2019 年少了 10.7 个百分点，而处于"亏损"状况的比 2019 年多了 8.6 个百分点。见表 3-23。

（二）2020 年北京高校大学生创业质量影响因素分析

在 320 个创业样本中，将近一半的被调查者（49.1%）提及疫情对创业影响"大"，认为影响"不大"的占 10.6%，认为"没有影响"的占 2.2%，近半数的被调查者认为受疫情影响严重。在疫情与创业质量指标相关性研究中发现，创业企业招收员工数量与疫情呈显著的负相关关系，说明疫情对企业招收更多的员工产生影响。见表 3-24、表 3-25。

表 3-21　2020 年北京市高校毕业生所在创业团队已经经营时间情况

	经营时间（年）	频率（人次）	百分比（%）	有效百分比（%）	累积百分比（%）
有效	≤0.5	55	17.2	39.0	39.0
	0.5~1	47	14.7	33.3	72.3
	1~2	19	5.9	13.5	85.8
	>2	20	6.3	14.2	100.0
	总计	141	44.1	100.0	
缺失	系统	179	55.9		
总计		320	100.0		

表 3-22　2020 年北京市高校毕业生所在创业团队有员工数量情况

	员工数量（人）	频率（人次）	百分比（%）	有效百分比（%）	累积百分比（%）
有效	1~2	29	9.0	21.0	21.0
	3~4	31	9.7	22.5	43.5
	5~10	55	17.2	39.9	83.3
	>10	23	7.2	16.7	100.0
	总计	138	43.1	100.0	
缺失	系统	182	56.9		
总计		320	100.0		

表 3-23　2020 年北京市高校毕业生所在创业团队收入状况

	收入状况	频率（人次）	百分比（%）	有效百分比（%）	累积百分比（%）
有效	亏损	29	9.1	21.0	21.0
	收支平衡	50	15.6	36.2	57.2
	稍有盈余	49	15.3	35.5	92.8
	盈利较大	10	3.1	7.2	100.0
	总计	138	43.1	100.0	
缺失	系统	182	56.9		
总计		320	100.0		

表 3-24 2020 年北京市大学生创业者认为受疫情影响情况

疫情对创业影响	频率 （人次）	百分比 （%）	有效百分比 （%）	累积百分比 （%）
不确定	11	3.4	3.4	3.4
没有影响	7	2.2	2.2	5.6
不大	34	10.6	10.6	16.3
一般	111	34.7	34.7	50.9
大	157	49.1	49.1	100.0
总计	320	100.0	100.0	

表 3-25 2020 年北京市大学生创业质量受疫情影响相关情况

相关性		经营时长	员工数量	收入状况	疫情影响
经营时长	皮尔逊相关性	1.000	0.316＊＊	0.264＊＊	0.028
	Sig.（双尾）		0.000	0.002	0.745
	个案数	141	133	133	141
员工数量	皮尔逊相关性	0.316＊＊	1.000	0.217＊	-0.241＊＊
	Sig.（双尾）	0.000		0.011	0.004
	个案数	133	138	138	138
收入状况	皮尔逊相关性	0.264＊＊	0.217＊	1.000	-0.151
	Sig.（双尾）	0.002	0.011		0.077
	个案数	133	138	138	138
疫情影响	皮尔逊相关性	0.028	-0.241＊＊	-0.151	1.000
	Sig.（双尾）	0.745	0.004	0.077	
	个案数	141	138	138	146

注：＊＊表示在 0.01 级别（双尾），相关性显著；＊表示在 0.05 级别（双尾），相关性显著。

2020 年以"所在创业团队已经经营时间""有员工数量情况""所在创业团队收入状况"等创业结果作为创业的质量指标，可以看到这三者之间的相关性仍旧很显著。在 0.01 显著水平上，"所在创业团队已经经营时间"与"有员工数量情况"相关系数为 0.316，与"所在创业团队收入状况"之间相关系数为 0.264；"有员工数量情况"与"所在创业团队收入状况"之间的相关系数为

0.217。2020 年，"所在创业团队收入状况"与"创业者对自己能力满足实际工作要求的程度"呈正相关关系，0.01 显著水平上相关系数为 0.233，表明创业者对自己能力满足实际工作程度的正向评估会改善团队的收入状况，创业者相信个人能力会对创业质量有积极影响。

进一步细化"创业者对自己能力满足实际工作要求的程度"中的每项能力与"所在创业团队收入状况"的相关关系可知，学习能力、专业知识、专业技能、创新能力、沟通表达、组织与管理能力、执行能力、自我管理能力、职业适应能力及职业规划能力与"所在创业团队收入状况"在 0.01 显著水平上呈正相关关系，而"通识性知识与技能""动手操作能力"与创业团队的营收情况无相关关系，进一步开展回归分析，却发现结果不显著，这可能与各能力变量之间的概念不能相互独立而清晰地界定有关，也可能与样本量不够大有关。

而"创业者对自己能力满足实际工作要求的程度"与"是否参加学校提供的就业教育及服务""对学校就业教育及服务的满意程度""对学校提供的创业教育及服务的满意程度"等指标全部在 0.01 的显著水平上呈正相关关系，相关系数分别为 0.254、0.636、0.745，这也说明高校里的就业创业教育与培训措施对培养大学生的创业能力产生明显作用，而这个作用的发挥要通过大学生自主创业者对自己的能力满足工作需要程度的效能感决定，即大学生的创业能力自我效能感在创业教育与创业质量之间起到中介调节作用。

表 3-26　2020 年北京市大学生创业质量与其他变量相关情况

变量		经营时间	员工数量	收入状况	能力状况	就业教育参与	就业教育满意	创业教育参与	创业教育满意
经营时间	皮尔逊相关性	1.000	0.316＊＊	0.264＊＊	-0.005	-0.094	-0.145	-0.100	-0.085
	Sig.（双尾）		0.000	0.002	0.951	0.283	0.530	0.256	0.684
	个案数	141	133	133	131	131	21	131	25
员工数量	皮尔逊相关性	0.316＊＊	1.000	0.217＊	-0.163	-0.103	-0.052	-0.143	-0.271
	Sig.（双尾）	0.000		0.011	0.057	0.234	0.822	0.097	0.190
	个案数	133	138	138	136	136	21	136	25
收入状况	皮尔逊相关性	0.264＊＊	0.217＊	1.000	0.233＊＊	-0.080	-0.142	-0.101	0.050
	Sig.（双尾）	0.002	0.011		0.006	0.353	0.540	0.240	0.811
	个案数	133	138	138	136	136	21	136	25

变量		经营时间	员工数量	收入状况	能力状况	就业教育参与	就业教育满意	创业教育参与	创业教育满意
能力状况	皮尔逊相关性	-0.005	-0.163	0.233**	1.000	0.254**	0.636**	0.096	0.745**
	Sig.（双尾）	0.951	0.057	0.006		0.000	0.000	0.095	0.000
	个案数	131	136	136	304	304	62	304	53
就业教育参与	皮尔逊相关性	-0.094	-0.103	-0.080	0.254**	1.000	0.c	0.594**	0.183
	Sig.（双尾）	0.283	0.234	0.353	0.000		0.000	0.000	0.190
	个案数	131	136	136	304	304	62	304	53
就业教育满意	皮尔逊相关性	-0.145	-0.052	-0.142	0.636**	0.c	1.000	-0.045	0.961**
	Sig.（双尾）	0.530	0.822	0.540	0.000	0.000		0.730	0.000
	个案数	21	21	21	62	62	62	62	38
创业教育参与	皮尔逊相关性	-0.100	-0.143	-0.101	0.096	0.594**	-0.045	1.000	0.c
	Sig.（双尾）	0.256	0.097	0.240	0.095	0.000	0.730		0.000
	个案数	131	136	136	304	304	62	304	53
创业教育满意	皮尔逊相关性	-0.085	-0.271	0.050	0.745**	0.183	0.961**	0.c	1.000
	Sig.（双尾）	0.684	0.190	0.811	0.000	0.190	0.000	0.000	
	个案数	25	25	25	53	53	38	53	53

注：** 表示在 0.01 级别（双尾），相关性显著；* 表示在 0.05 级别（双尾），相关性显著；c 表示由于至少有一个变量为常量，因此无法进行计算。

三、小结

通过对北京市历年高校大学生自主创业数据的分析与比较，可以从纵向与横向两个维度对北京市高校大学生创业质量有更清晰的了解。北京市高校大学生创业动机中超过一半以上的同学是基于价值观创业，即"个人理想就是成为创业者"，或者是"有好的创业点子想实践"，也有很大一部分受到同学影响开展创业的，从而说明校园环境中朋辈影响要大于政策影响，大学生自主创业更易影响与拉动周围同学一起创业。在进一步的相关分析中也发现，不同的创业动机与企业经营时间之间有显著的相关关系，说明大学生创业目标越明确、清晰，越有可能克服困难，企业经营时间更长。但也要看到 2020 年受就业形势影响而被迫通过创业就业的人数明显增加，他们不是主要因为个人兴趣与渴望而是因为就业压力被迫创业的创业动机极易因创业中的困难与风险而难以为继，相比那些对创业充满渴望，坚定选择而且有韧性能坚持的创业者来说，他们失败的概率会更高。

针对目前"创业过程中遇到的最难以解决的困难"这一问题，2019年被调查者排序依次是资金问题、市场推广问题与其他，之后是缺乏指导，而2020年资金困难的比例比2019年多出5个百分点。对已经开展创业实践与准备开展创业的群体来说，这个问题的回答有很大的差异，准备创业群体需要创业指导的比例要远远高于已经开展创业实践的群体。

对比2019年的数据，2020年大学生自主创业因经济形势及疫情影响而在质量方面有所下降。第一，创业人数比例在降低；第二，在创业团队经营时间维度，经营时间短的比例高于2019年，说明2020年大学生创业在大四时开始的比例增多，比2019年高出10.2个百分点；第三，在有员工数量方面，企业拥有1~2个员工数量在增加，而10人以上员工数量的创业团队在明显减少；第四，在团队收入情况方面，2019年企业处于亏损状态的比例为12.4%，而2020年这一数据为21.0%，说明2020年企业处于亏损的比例要远远高于2019年。从两年的三个创业质量的数据比较情况来看，2020年的创业质量要远远低于2019年，尤其在后续的相关分析中发现，员工数量指标与疫情影响在0.01显著水平上呈负相关，与在创业中遇到的困难有相关性，更加从循证角度表明大学生自主创业情况受经济形势影响明显，创业企业的成长性受到疫情的影响很大。

从创业质量数据预测大学生创业者特质情况来看，大学生创业者自我效能感与团队具有员工数量有相关性，对自己的能力的确信程度越高，团队招收员工数量可能就越多，也验证了大学生创业能力对创业质量有影响，但这种影响是通过大学生创业者的自我效能感产生作用。

第四节 大学生创业成功影响因素问卷分析

为更详细了解大学生对创业成功的理解及各因素对大学生自主创业的影响，根据北京外国语大学祝军博士设计的大学生自主创业者创业情况调查问卷及收集到的数据，对本课题的研究做更深层次分析，进一步验证研究结果的有效性。问卷共包括13道题，从创业者的动机、资源、创业者个人特质及创业选择的影响因素等方面对北京市大学生自主创业群体进行问卷调查，随机发放，收回有效问卷共计112份。

一、描述性统计情况

被调查对象中男生占 72.3%，女生占 27.3%；大学本科学历占 56.3%，硕士研究生学历占 22.3%，博士研究生学历占 7.1%，大专学历占 14.3%；在最后学历的学科门类中，管理学、工学各占 16.96%，教育学占 16.07%，经济学占 14.29%，其他学科门类占比较小。

被调查对象中，有 55.36% 的被调查者选择"先工作一段时间后开始创业"，33.04% 的被调查者选择在校期间创业，毕业后直接创业的占 8.04%，所占比例较小。这与本书第一部分的调查问卷结果相互印证，说明毕业当年直接创业并不是大学生首选创业的最佳时间，大学生自主创业需要时间、精力与资源的积累，更需要激情与渴望，才能促进创业成功，而毕业当年的创业或许是因为不得不面对就业的压力而做出的选择，推动创业的要素受到影响，阻碍了大学生自主创业的意愿与行动，也影响创业质量，见图 3-14。

关于创业资金来源，49.11% 的被调查者选择"自有资金"，14.29% 的被调查者选择"亲朋好友资助"，来自"银行贷款"与"风险投资"的各占 11.61%，"私人借款"占 10.71%，"政府资金支持"的只占到 0.9%，所占比例极低，见图 3-15。

目前，自主创业活动所遇到的最大障碍依次排序为"创业资金不足"（22.3%）、"社会关系缺乏"（21.4%）、"缺乏好的创业项目"（20.5%），"缺乏专门的创业教育"与"缺乏工作经验"各占 14.3%，虽然创业资金不足仍旧是创业活动中遇到的最大困难，但其他资源也成为创业者关注的重点，由此可见，创业者对创业活动的认知更加全面，不只是从资金方面找原因，更可能看到在创业到一定阶段后，其他的资源困难占的比重会更大，也更为突出，见表 3-27。

涉及创业成功的重要条件问题的选项依次是创业团队（48.2%）、商业机会（39.3%）、资金保障（33.9%）、个人能力（22.3%）、专业知识和技术（15.2%）、政策支持（11.6%）、工作经验（7.1%）和其他（1.9%）。这与蒂蒙斯创业活动的理论有很强的现实一致性，创业者更注重的是团队、商业机会与资源。

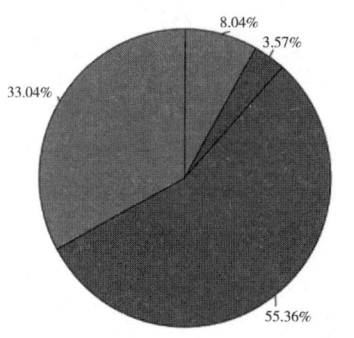

图 3-14 开始自主创业时间情况

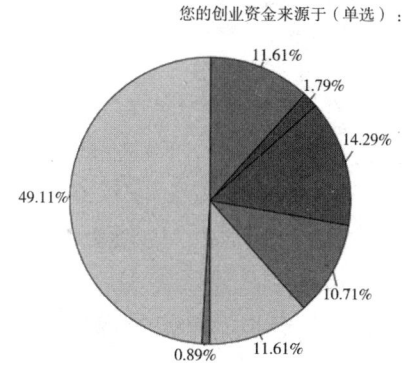

图 3-15 自主创业资金来源情况

表 3-27 目前自主创业活动所遇到的最大障碍

所遇到的最大障碍	频率（人次）	百分比（%）	有效百分比（%）	累积百分比（%）
社会关系缺乏	24	21.4	21.4	21.4
缺乏好的创业项目	23	20.5	20.5	42.0
创业资金不足	25	22.3	22.3	64.3
缺乏专门的创业教育	16	14.3	14.3	78.6
缺乏工作经验	16	14.3	14.3	92.9
其他	8	7.1	7.1	100.0
合计	112	100.0	100.0	

被调查者的最后学历的学科门类集中在管理学、工学、教育学和经济学；

在目前的创业活动类型属于哪一类别的选项中，排在第一位的是"创立实体公司开展商业活动"（53.6%），第二位的是"通过投资的方式，参与创业活动"（24.1%），还有13.4%的比例选择"无固定营业场所，兼职提供技术服务并取酬"，见表3-28；被调查者中目前创业领域排在前三位的分别是教育（27.7%），信息传输、计算机服务、软件业（12.5%），金融业（12.5%）以及批发零售（11.6%），见图3-16、图3-17，表3-28。

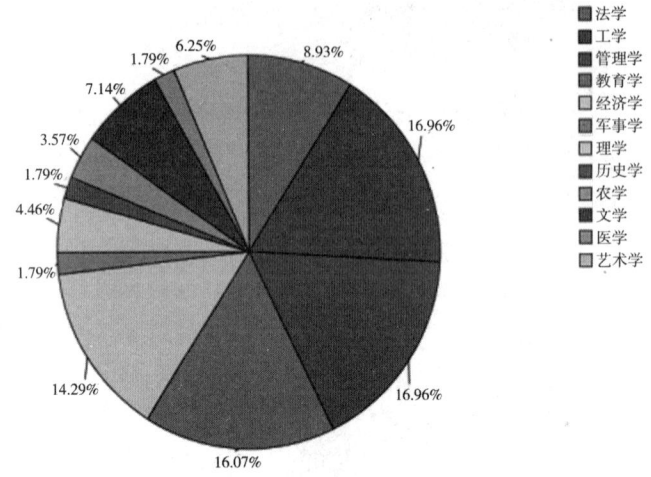

图3-16　被调查者最后学历的学科门类情况

表3-28　目前创业活动类型形式情况

目前创业活动类型形式	频率（人次）	百分比（%）	有效百分比（%）	累积百分比（%）
租赁商铺开展销售	7	6.3	6.3	6.3
加盟微商线上销售商品	3	2.7	2.7	8.9
创立实体公司开展商业活动	60	53.6	53.6	62.5
无固定营业场所，兼职提供技术服务并取酬	15	13.4	13.4	75.9
通过投资的方式，参与创业活动	27	24.1	24.1	100.0
合计	112	100.0	100.0	

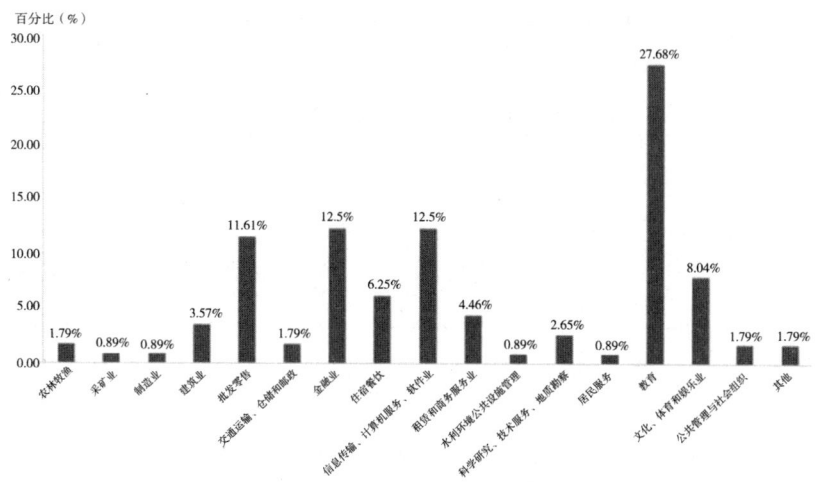

图3-17　自主创业的创业领域情况

二、交叉性选项的结果及分析

当对不同的开始创业时间与创业成功的重要条件进行交叉分析时，发现"在校期间创业"阶段，"资金保障"（37.8%）这一条件被排在了"创业团队"（59.5%）之后"商业机会"（27.0%）之前，由此可见，大学生在校期间初创企业时，认同"创业团队"是创业成功的重要条件，对资金的需求高于对商业机会的需求；在"毕业后直接创业"阶段，认为创业成功的重要条件是"商业机会"（55.6%），比例远高于其他不同阶段，也可能是毕业生创业群体对创业准备程度不够，又没有大学时创业经验积累，面对毕业在即要开展的创业心态上更焦虑，渴望找到适合自己的商业机会；而在"先工作一段时间后开始创业"阶段，认为"创业团队"与"商业机会"同等最重要（45.2%），除其他条件外认为"政策支持""工作经验"是最不重要的，各只占9.7%，说明工作一个阶段再创业群体已经在资源准备方面有了一定的基础，会通过自身从外界寻求帮助，而"毕业后直接创业"群体对"政策支持"（22.2%）抱有更大的期待，其次是"在校期间创业"群体对"政策支持"的期待更大，见表3-29。

当对"创业资金来源"与"创业成功重要条件"做交叉分析时，个人"自有资金"类型的被调查者会将"创业团队""商业机会"及"资金保障"排在创业成功的前三项；而"风险投资"类型排在前三位的是"创业团队""商业机会"及"个人能力"与"专业知识和技术"；创业资金来自"私人借款"类型的将"创业团队"及"个人能力"排在前列，由此可见，个人"自有资金"的被调查者的选项与蒂蒙斯的理论模式中的三要素相符合，而"风险投资"的被调查者更能意识到投资人投的是团队与个人的能力及专业性,他们认为这些是创业成功的重要条件,见表3-30。

表3-29 自主创业时间与创业成功重要条件交叉

自主创业时间			Q3 创业成功重要条件[a]								总计
			资金保障	政策支持	工作经验	商业机会	个人能力	专业知识和技术	创业团队	其他	
Q1 您是从什么时候开始自主创业的?	先工作一段时间后开始创业	计数（人次）	20	6	6	28	11	11	28	1	62
		占Q1百分比（%）	32.3	9.7	9.7	45.2	17.7	17.7	45.2	1.6	
		占Q3百分比（%）	52.6	46.2	75.0	63.6	44.0	64.7	51.9	50.0	
	毕业后直接创业	计数（人次）	2	2	0	5	2	2	2	0	9
		占Q1百分比（%）	22.2	22.2	0.0	55.6	22.2	22.2	22.2	0.0	
		占Q3百分比（%）	5.3	15.4	0.0	11.4	8.0	11.8	3.7	0.0	
	在校期间创业	计数（人次）	14	5	2	10	10	4	22	1	37
		占Q1百分比（%）	37.8	13.5	5.4	27.0	27.0	10.8	59.5	2.7	
		占Q3百分比（%）	36.8	38.5	25.0	22.7	40.0	23.5	40.7	50.0	
	其他	计数（人次）	2	0	0	1	2	0	2	0	4
		占Q1百分比（%）	50.0	0.0	0.0	25.0	50.0	0.0	50.0	0.0	
		占Q3百分比（%）	5.3	0.0	0.0	2.3	8.0	0.0	3.7	0.0	
总计		计数（人次）	38	13	8	44	25	17	54	2	112

当对"性别"和"创业成功重要条件"做交叉分析时,可以看出男性、女

性在创业成功重要条件的选项上有一些差异，男性会将"创业团队"（53.1%）、"商业机会"（40.7%）及"资金保障"（32.1%）排在前三位，而女性排在前三位的是"资金保障"（38.7%）、"商业机会"（35.5%）及"创业团队"（35.5%），见表3-31。

当对"最高学历"与"创业成功重要条件"做交叉分析时，可以看到"本科生"与"硕士研究生"认为创业成功的三个条件是"创业团队""商业机会"及"资金保障"；而"博士研究生"将"商业机会""资金保障"及"个人能力"排在前三位。这也可能是因为"博士研究生"会选择与高科技相结合的产学研项目，其成功原因要更多地依赖于科学水平与技术领先性，创业前期对团队的要求并不是最主要的，见表3-32。

当对"最后学历的学科门类"与"创业成功重要条件"做交叉分析时，可以看到创业人数较多的最后学历的学科依次为工学、管理学、教育学、经济学，以这四个学科进行分析，可以看到其中也有一些细微的差异，如教育学认为"创业成功重要条件"选项靠前排序是创业团队（55.6%）和资金保障（38.9%），而管理学的靠前排序是商业机会（57.9%）与创业团队（47.4%），工学的靠前排序是商业机会（47.4%）、创业团队（42.1%）及资金保障（36.8%），而经济学的靠前排序是资金保障（50.0%）及创业团队（43.8%），见表3-33。"创业活动类型"与"创业领域"和"创业成功重要条件"交叉分析见表3-34、表3-35。

三、大学生自主创业者对创业教育反馈

理想创业课程内容选项中，排在前面的分别是"创业团队建设"（21.8%）、"创业商机搜寻"（18.5%）、"创业风险识别"（17.5%）及"商业模式分析"（16.1%），说明大学生自主创业者认识到这几项对创业成功的重要意义及在现实创业中的欠缺，渴望通过创业课程学习有所补充，但现实是前三项内容不都是通过课程可以学会的，而是需要创业者在创业实践中不断去感知、去经历与去体验的。性别在创业课程的倾向性上略有不同，女生更倾向于把"创业风险识别"放在"创业商机搜寻"项目之前。硕士研究生学历也倾向于把"创业风险识别"排在其他选项之前。这说明学历为本科的男生可能更敢于冒险，而心思细腻的女生与掌握更多专业知识的硕士研究生对创业风险可能会更敏感，对风险的担心会更多，而男生、本科生则在创业中面对不确定性更容易做出创业决定。

表 3-30 创业资金来源与创业成功重要条件交叉制表情况

创业资金来源		创业成功重要条件[a]								总计
		资金保障	政策支持	工作经验	商业机会	个人能力	专业知识和技术	创业团队	其他	
自有资金	计数（人次）	18	6	5	25	12	4	26	2	55
	占 Q2 的百分比（%）	32.7	10.9	9.1	45.5	21.8	7.3	47.3	3.6	
	占 Q3 的百分比（%）	47.4	46.2	62.5	56.8	48.0	23.5	48.1	100.0	
私人借款	计数（人次）	2	1	2	4	5	3	5	0	12
	占 Q2 的百分比（%）	16.7	8.3	16.7	33.3	41.7	25.0	41.7	0	
	占 Q3 的百分比（%）	5.3	7.7	25.0	9.1	20.0	17.6	9.3	0	
银行贷款	计数（人次）	7	3	0	4	2	3	4	0	13
	占 Q2 的百分比（%）	53.8	23.1	0	30.8	15.4	23.1	30.8	0	
	占 Q3 的百分比（%）	18.4	23.1	0	9.1	8.0	17.6	7.4	0	
亲朋好友资助	计数（人次）	8	3	0	6	3	2	9	0	16
	占 Q2 的百分比（%）	50.0	18.8	0	37.5	18.8	12.5	56.3	0	
	占 Q3 的百分比（%）	21.1	23.1	0	13.6	12.0	11.8	16.7	0	
风险投资	计数（人次）	2	0	1	4	3	3	9	0	13
	占 Q2 的百分比（%）	15.4	0	7.7	30.8	23.1	23.1	69.2	0	
	占 Q3 的百分比（%）	5.3	0	12.5	9.1	12.0	17.6	16.7	0	
政府资金支持	计数（人次）	1	0	0	0	0	1	0	0	1
	占 Q2 的百分比（%）	100.0	0	0	0	0	100	0	0	
	占 Q3 的百分比（%）	2.6	0	0	0	0	5.9	0	0	
其他	计数（人次）	0	0	0	1	0	1	1	0	2
	占 Q2 的百分比（%）	0	0	0	50.0	0	50	50.0	0	
	占 Q3 的百分比（%）	0	0	0	2.3	0	5.9	1.9	0	
总计	计数（人次）	38	13	8	44	25	17	54	2	112

表 3-31　性别与创业成功重要条件交叉情况

性别		创业成功重要条件[a]								总计
		资金保障	政策支持	工作经验	商业机会	个人能力	专业知识和技术	创业团队	其他	
男	计数（人次）	26	9	6	33	17	12	43	1	81
	占 Q7 百分比（%）	32.1	11.1	7.4	40.7	21.0	14.8	53.1	1.2	
	占 Q3 百分比（%）	68.4	69.2	75.0	75.0	68.0	70.6	79.6	50.0	
女	计数（人次）	12	4	2	11	8	5	11	1	31
	占 Q7 百分比（%）	38.7	12.9	6.5	35.5	25.8	16.1	35.5	3.2	
	占 Q3 百分比（%）	31.6	30.8	25.0	25.0	32.0	29.4	20.4	50.0	
总计	计数（人次）	38	13	8	44	25	17	54	2	112

表 3-32　最高学历与创业成功重要条件交叉制表情况

最高学历		创业成功重要条件[a]								总计
		资金保障	政策支持	工作经验	商业机会	个人能力	专业知识和技术	创业团队	其他	
博士研究生	计数（人次）	3	0	0	5	3	1	2	0	8
	占 Q8 百分比（%）	37.5	0	0	62.5	37.5	12.5	25.0	0	
	占 Q3 百分比（%）	7.9	0	0	11.4	12.0	5.9	3.7	0	
硕士研究生	计数（人次）	8	7	2	9	5	2	14	1	25
	占 Q8 百分比（%）	32.0	28.0	8.0	36.0	20.0	8.0	56.0	4.0	
	占 Q3 百分比（%）	21.1	53.8	25.0	20.5	20.0	11.8	25.9	50.0	
本科生	计数（人次）	23	4	6	24	14	11	30	0	63
	占 Q8 百分比（%）	36.5	6.3	9.5	38.1	22.2	17.5	47.6	0	
	占 Q3 百分比（%）	60.5	30.8	75.0	54.5	56.0	64.7	55.6	0	
专科及以下	计数（人次）	4	2	0	6	3	3	8	1	16
	占 Q8 百分比（%）	25.0	12.5	0	37.5	18.8	18.8	50.0	6.3	
	占 Q3 百分比（%）	10.5	15.4	0	13.6	12.0	17.6	14.8	50.0	
总计	计数	38	13	8	44	25	17	54	2	112

表 3-33　最后学历的学科门类与创业成功重要条件交叉情况

最后学历的学科门类		创业成功重要条件[a]								总计
		资金保障	政策支持	工作经验	商业机会	个人能力	专业知识和技术	创业团队	其他	
经济学	计数（人次）	8	1	2	4	4	4	7	0	16
	占 Q9 百分比（%）	50.0	6.3	12.5	25.0	25.0	25.0	43.8	0	
	占 Q3 百分比（%）	21.1	7.7	25.0	9.1	16.0	23.5	13.0	0	
法学	计数（人次）	2	1	0	5	2	2	6	1	10
	占 Q9 百分比（%）	20.0	10.0	0	50.0	20.0	20.0	60.0	10.0	
	占 Q3 百分比（%）	5.3	7.7	0	11.4	8.0	11.8	11.1	50.0	
教育学	计数（人次）	7	1	3	5	5	2	10	0	18
	占 Q9 百分比（%）	38.9	5.6	16.7	27.8	27.8	11.1	55.6	0	
	占 Q3 百分比（%）	18.4	7.7	37.5	11.4	20.0	11.8	18.5	0	
文学	计数	1	2	0	4	3	2	3	1	8
	占 Q9 百分比（%）	12.5	25.0	0	50.0	37.5	25.0	37.5	12.5	
	占 Q3 百分比（%）	2.6	15.4	0	9.1	12.0	11.8	5.6	50.0	
历史学	计数（人次）	1	0	0	0	1	0	2	0	2
	占 Q9 百分比（%）	50.0	0	0	0	50.0	0	100.0	0	
	占 Q3 百分比（%）	2.6	0	0	0	4.0	0	3.7	0	
管理学	计数（人次）	5	3	0	11	6	0	9	0	19
	占 Q9 百分比（%）	26.3	15.8	0	57.9	31.6	0	47.4	0	
	占 Q3 百分比（%）	13.2	23.1	0	25.0	24.0	0	16.7	0	
工学	计数	7	4	2	9	2	3	8	0	19
	占 Q9 百分比（%）	36.8	21.1	10.5	47.4	10.5	15.8	42.1	0	
	占 Q3 百分比（%）	18.4	30.8	25.0	20.5	8.0	17.6	14.8	0	
农学	计数（人次）	2	0	0	1	1	0	2	0	4
	占 Q9 百分比（%）	50.0	0	0	25.0	25.0	0	50.0	0	
	占 Q3 百分比（%）	5.3	0	0	2.3	4.0	0	3.7	0	

最后学历的学科门类		创业成功重要条件[a]								总计
		资金保障	政策支持	工作经验	商业机会	个人能力	专业知识和技术	创业团队	其他	
医学	计数（人次）	2	0	0	0	0	0	1	0	2
	占 Q9 百分比（%）	100.0	0	0	0	0	0	50.0	0	
	占 Q3 百分比（%）	5.3	0	0	0	0	0	1.9	0	
军事学	计数（人次）	0	0	1	0	0	0	2	0	2
	占 Q9 百分比（%）	0	0	50.0	0	0	0	100.0	0	
	占 Q3 百分比（%）	0	0	12.5	0	0	0	3.7	0	
理学	计数（人次）	1	1	0	2	0	1	3	0	5
	占 Q9 百分比（%）	20.0	20.0	0	40.0	0	20.0	60.0	0	
	占 Q3 百分比（%）	2.6	7.7	0	4.5	0	5.9	5.6	0	
艺术学	计数（人次）	2	0	0	3	1	3	1	0	7
	占 Q9 百分比（%）	28.6	0	0	42.9	14.3	42.9	14.3	0	
	占 Q3 百分比（%）	5.3	0	0	6.8	4.0	17.6	1.9	0	
总计	计数（人次）	38	13	8	44	25	17	54	2	112

表 3-34 创业活动类型与创业成功重要条件交叉情况

创业活动类型		创业成功重要条件[a]								总计
		资金保障	政策支持	工作经验	商业机会	个人能力	专业知识和技术	创业团队	其他	
通过投资的方式，参与创业活动	计数（人次）	9	4	1	14	4	4	10	0	27
	占 Q10 百分比（%）	33.3	14.8	3.7	51.9	14.8	14.8	37.0	0	
	占 Q3 百分比（%）	23.7	30.8	12.5	31.8	16.0	23.5	18.5	0	

创业活动类型		创业成功重要条件[a]								总计
		资金保障	政策支持	工作经验	商业机会	个人能力	专业知识和技术	创业团队	其他	
创立实体公司开展商业活动	计数（人次）	18	5	4	19	18	9	34	2	60
	占Q10百分比（%）	30.0	8.3	6.7	31.7	30.0	15.0	56.7	3.3	
	占Q3百分比（%）	47.4	38.5	50.0	43.2	72.0	52.9	63.0	100.0	
加盟微商线上销售商品	计数（人次）	2	2	0	0	2	0	0	0	3
	占Q10百分比（%）	66.7	66.7	0	0	66.7	0	0	0	
	占Q3百分比（%）	5.3	15.4	0	0	8.0	0	0	0	
租赁商铺开展销售	计数（人次）	3	0	2	3	1	2	1	0	7
	占Q10百分比（%）	42.9	0	28.6	42.9	14.3	28.6	14.3	0	
	占Q3百分比（%）	7.9	0	25.0	6.8	4.0	11.8	1.9	0	
无固定营业场所，兼职提供技术服务并取酬	计数（人次）	6	2	1	8	0	2	9	0	15
	占Q10百分比（%）	40.0	13.3	6.7	53.3	0	13.3	60.0	0	
	占Q3百分比（%）	15.8	15.4	12.5	18.2	0	11.8	16.7	0	
总计	计数（人次）	38	13	8	44	25	17	54	2	112

表 3-35 创业领域与创业成功重要条件交叉情况

创业领域		创业成功重要条件[a]								总计
		资金保障	政策支持	工作经验	商业机会	个人能力	专业知识和技术	创业团队	其他	
农林牧渔	计数（人次）	1	1	0	1	0	1	0	0	2
	占 Q1 百分比（%）	50.0	50.0	0	50.0	0	50.0	0	0	
	占 Q3 百分比（%）	2.6	7.7	0	2.3	0	5.9	0	0	
	占总计百分比（%）	0.9	0.9	0	0.9	0	0.9	0	0	1.8
采矿业	计数（人次）	1	0	0	0	0	0	0	0	1
	占 Q1 百分比（%）	100.0	0	0	0	0	0	0	0	
	占 Q3 百分比（%）	2.6	0	0	0	0	0	0	0	
	占总计百分比（%）	0.9	0	0	0	0	0	0	0	0.9
制造业	计数（人次）	0	0	0	1	1	0	0	0	1
	占 Q1 百分比（%）	0	0	0	100.0	100.0	0	0	0	
	占 Q3 百分比（%）	0	0	0	2.3	4.0	0	0	0	
	占总计百分比（%）	0	0	0	0.9	0.9	0	0	0	0.9
建筑业	计数（人次）	1	1	0	1	0	1	2	0	4
	占 Q1 百分比（%）	25.0	25.0	0	25.0	0	25.0	50.0	0	
	占 Q3 百分比（%）	2.6	7.7	0	2.3	0	5.9	3.7	0	
	占总计百分比（%）	0.9	0.9	0	0.9	0	0.9	1.8	0	3.6
批发零售	计数（人次）	6	3	1	4	4	1	4	0	13
	占 Q1 百分比（%）	46.2	23.1	7.7	30.8	30.8	7.7	30.8	0	
	占 Q3 百分比（%）	15.8	23.1	12.5	9.1	16.0	5.9	7.4	0	
	占总计百分比（%）	5.4	2.7	0.9	3.6	3.6	0.9	3.6	0	11.6
交通运输、仓储和邮政	计数（人次）	0	1	0	1	0	0	1	0	2
	占 Q1 百分比（%）	0	50.0	0	50.0	0	0	50.0	0	
	占 Q3 百分比（%）	0	7.7	0	2.3	0	0	1.9	0	
	占总计百分比（%）	0	0.9	0	0.9	0	0	0.9	0	1.8

续表

创业领域		创业成功重要条件[a]								总计
		资金保障	政策支持	工作经验	商业机会	个人能力	专业知识和技术	创业团队	其他	
金融业	计数（人次）	4	1	2	4	5	2	6	0	14
	占 Q1 百分比（%）	28.6	7.1	14.3	28.6	35.7	14.3	42.9	0	
	占 Q3 百分比（%）	10.5	7.7	25.0	9.1	20.0	11.8	11.1	0	
	占总计百分比（%）	3.6	0.9	1.8	3.6	4.5	1.8	5.4	0	12.5
住宿餐饮	计数（人次）	4	1	0	4	0	1	1	0	7
	占 Q1 百分比（%）	57.1	14.3	0	57.1	0	14.3	14.3	0	
	占 Q3 百分比（%）	10.5	7.7	0	9.1	0	5.9	1.9	0	
	占总计百分比（%）	3.6	0.9	0	3.6	0	0.9	0.9	0	6.3
信息传输、计算机服务、软件业	计数（人次）	6	1	1	6	1	5	7	0	14
	占 Q1 百分比（%）	42.9	7.1	7.1	42.9	7.1	35.7	50.0	0	
	占 Q3 百分比（%）	15.8	7.7	12.5	13.6	4.0	29.4	13.0	0	
	占总计百分比（%）	5.4	0.9	0.9	5.4	0.9	4.5	6.3	0	12.5
租赁和商务服务业	计数（人次）	0	1	0	2	1	1	4	0	5
	占 Q1 百分比（%）	0	20.0	0	40.0	20.0	20.0	80.0	0	
	占 Q3 百分比（%）	0	7.7	0	4.5	4.0	5.9	7.4	0	
	占总计百分比（%）	0	0.9	0	1.8	0.9	0.9	3.6	0	4.5
科学研究、技术服务、地质勘查	计数（人次）	0	0	1	0	1	0	3	1	3
	占 Q1 百分比（%）	0	0	33.3	0	33.3	0	100.0	33.3	
	占 Q3 百分比（%）	0	0	12.5	0	4.0	0	5.6	50.0	
	占总计百分比（%）	0	0	0.9	0	0.9	0	2.7	0.9	2.7
水利环境公共设施管理	计数（人次）	0	0	0	1	0	0	0	0	1
	占 Q1 百分比（%）	0	0	0	100.0	0	0	0	0	
	占 Q3 百分比（%）	0	0	0	2.3	0	0	0	0	
	占总计百分比（%）	0	0	0	0.9	0	0	0	0	0.9

续表

创业领域		创业成功重要条件[a]								总计
		资金保障	政策支持	工作经验	商业机会	个人能力	专业知识和技术	创业团队	其他	
居民服务	计数（人次）	0	0	0	1	1	0	0	0	1
	占Q1百分比（%）	0	0	0	100.0	100.0	0	0	0	
	占Q3百分比（%）	0	0	0	2.3	4.0	0	0	0	
	占总计百分比（%）	0	0	0	0.9	0.9	0	0	0	0.9
教育	计数（人次）	13	2	2	12	8	3	17	1	31
	占Q1百分比（%）	41.9	6.5	6.5	38.7	25.8	9.7	54.8	3.2	
	占Q3百分比（%）	34.2	15.4	25.0	27.3	32.0	17.6	31.5	50.0	
	占总计百分比（%）	11.6	1.8	1.8	10.7	7.1	2.7	15.2	0.9	27.7
文化、体育和娱乐业	计数（人次）	0	0	1	4	2	2	7	0	9
	占Q1百分比（%）	0	0	11.1	44.4	22.2	22.2	77.8	0	
	占Q3百分比（%）	0	0	12.5	9.1	8.0	11.8	13.0	0	
	占总计百分比（%）	0	0	0.9	3.6	1.8	1.8	6.3	0.0	8.0
公共管理与社会组织	计数（人次）	2	1	0	1	0	0	0	0	2
	占Q1百分比（%）	100.0	50.0	0	50.0	0	0	0	0	
	占Q3百分比（%）	5.3	7.7	0	2.3	0	0	0	0	
	占总计百分比（%）	1.8	0.9	0	0.9	0	0	0	0	1.8
其他	计数（人次）	0	0	0	1	1	0	2	0	2
	占Q1百分比（%）	0	0	0	50.0	50.0	0	100.0	0	
	占Q3百分比（%）	0	0	0	2.3	4.0	0	3.7	0	
	占总计百分比（%）	0	0	0	0.9	0.9	0	1.8	0	1.8
总计	计数（人次）	38	13	8	44	25	17	54	2	112
	占总计百分比（%）	33.9	11.6	7.1	39.3	22.3	15.2	48.2	1.8	100.0

表3-36 理想创业教育课程情况

理想创业教育课程频率		响应		个案百分比（%）
		N	百分比（%）	
理想创业教育课程[a]	创业风险识别	37	17.5	33.0
	创业商机搜寻	39	18.5	34.8
	创业团队建设	46	21.8	41.1
	公司财务管理	12	5.7	10.7
	商业模式分析	34	16.1	30.4
	创业实训活动	21	10.0	18.8
	创业资源管理	19	9.0	17.0
	其他	3	1.4	2.7
总计		211	100.0	188.5

表3-37 性别与理想创业教育课程的交叉情况

性别		理想创业教育课程[a]								总计
		创业风险识别	创业商机搜寻	创业团队建设	公司财务管理	商业模式分析	创业实训活动	创业资源管理	其他	
男	计数（人次）	23	31	32	10	23	15	16	3	81
	占Q7百分比（%）	28.4	38.3	39.5	12.3	28.4	18.5	19.8	3.7	
	占Q4百分比（%）	62.2	79.5	69.6	83.3	67.6	71.4	84.2	100.0	
	占总计百分比（%）	20.5	27.7	28.6	8.9	20.5	13.4	14.3	2.7	72.3
女	计数（人次）	14	8	14	2	11	6	3	0	31
	占Q7百分比（%）	45.2	25.8	45.2	6.5	35.5	19.4	9.7	0	
	占Q4百分比（%）	37.8	20.5	30.4	16.7	32.4	28.6	15.8	0	
	占总计百分比（%）	12.5	7.1	12.5	1.8	9.8	5.4	2.7	0	27.7
总计	计数（人次）	37	39	46	12	34	21	19	3	112
	占总计百分比（%）	33.0	34.8	41.1	10.7	30.4	18.8	17.0	2.7	100.0

表 3-38 最高学历与理想创业教育课程交叉情况

最高学历		理想创业教育课程[a]								总计
		创业风险识别	创业商机搜寻	创业团队建设	公司财务管理	商业模式分析	创业实训活动	创业资源管理	其他	
博士研究生	计数（人次）	1	4	2	1	1	3	3	1	8
	占 Q8 百分比（%）	12.5	50.0	25.0	12.5	12.5	37.5	37.5	12.5	
	占 Q4 百分比（%）	2.7	10.3	4.3	8.3	2.9	14.3	15.8	33.3	
	占总计百分比（%）	0.9	3.6	1.8	0.9	0.9	2.7	2.7	0.9	7.1
硕士研究生	计数（人次）	14	8	11	4	6	2	2	0	25
	占 Q8 百分比（%）	56.0	32.0	44.0	16.0	24.0	8.0	8.0	0	
	占 Q4 百分比（%）	37.8	20.5	23.9	33.3	17.6	9.5	10.5	0	
	占总计百分比（%）	12.5	7.1	9.8	3.6	5.4	1.8	1.8	0	22.3
本科生	计数（人次）	17	21	26	7	21	13	13	2	63
	占 Q8 百分比（%）	27.0	33.3	41.3	11.1	33.3	20.6	20.6	3.2	
	占 Q4 百分比（%）	45.9	53.8	56.5	58.3	61.9	61.9	68.4	66.7	
	占总计百分比（%）	15.2	18.8	23.2	6.3	18.8	11.6	11.6	1.8	56.3
专科及以下	计数（人次）	5	6	7	0	6	3	1	0	16
	占 Q8 百分比（%）	31.3	37.5	43.8	0	37.5	18.8	6.3	0	
	占 Q4 百分比（%）	13.5	15.4	15.2	0	17.6	14.3	5.3	0	
	占总计百分比（%）	4.5	5.4	6.3	0	5.4	2.7	0.9	0	14.3
总计	计数（人次）	37	39	46	12	34	21	19	3	112
	占总计百分比（%）	33.0	34.8	41.1	10.7	30.4	18.8	17.0	2.7	100.0

四、家庭社会经济资本及个人选项对创业选择的影响分析

将父母亲的职业类型、受教育水平、家庭人均收入、家庭社会关系对创业选择影响做描述性统计，把"比较同意""同意"与"非常同意"选项相加超过 50% 的认为有显著影响，可以看到，"家庭人均收入"对被调查者创业选择有显著影响，"家庭社会关系"会对大学生自主创业选择有显著影响，父母亲的学历与职业对被调查者创业选择影响不大。将个人在校期间的学习成绩、个人的学历水平、个人担任学生干部的经历、个人的社会实践经历、个人的工作价值观、学校的创业教育对创业选择影响进行分析，可以看到个人的工作价值观对

自主创业选择影响最大，其次是个人的社会实践经历，接着是个人担任学生干部的经历，而个人的学历水平、个人在校期间的学习成绩对学生创业选择影响不大。问卷中尤其注意的一点是，创业教育对学生创业选择影响并不突出与明显，第一方面，可能是创业更多的是个人的选择，而不是通过教育影响的，创业者自带创业基因；第二方面，也可能是创业者会在创业过程中一直通过学习促进自我教育、自我成长并不被认为是一种特别的需要；第三方面，还可能是目前高校等教育机构在优质创业教育的供给上还不能满足创业者的要求。

表 3-39　父亲职业类型与创业选择关系

父亲职业类型对创业选择具有影响	频率（人次）	百分比（%）	有效百分比（%）	累积百分比（%）
非常不同意	29	25.9	25.9	25.9
不同意	6	5.4	5.4	31.3
比较不同意	13	11.6	11.6	42.9
一般	24	21.4	21.4	64.3
比较同意	16	14.3	14.3	78.6
同意	9	8.0	8.0	86.6
非常同意	15	13.4	13.4	100.0
合计	112	100.0	100.0	

表 3-40　家庭人均收入与创业选择关系

家庭人均收入对创业选择具有影响	频率（人次）	百分比（%）	有效百分比（%）	累积百分比（%）
非常不同意	17	15.2	15.2	15.2
不同意	9	8.0	8.0	23.2
比较不同意	6	5.3	5.3	28.5
一般	21	18.8	18.8	47.3
比较同意	21	18.8	18.8	66.1
同意	15	13.4	13.4	79.5
非常同意	23	20.5	20.5	100.0
合计	112	100.0	100.0	

表 3-41 母亲职业类型与创业选择关系

母亲职业类型对创业选择具有影响	频率（人次）	百分比（%）	有效百分比（%）	累积百分比（%）
非常不同意	30	26.8	26.8	26.8
不同意	4	3.6	3.6	30.4
比较不同意	13	11.6	11.6	42.0
一般	20	17.9	17.9	59.9
比较同意	23	20.5	20.5	80.4
同意	10	8.9	8.9	89.3
非常同意	12	10.7	10.7	100.0
合计	112	100.0	100.0	

表 3-42 家庭社会关系与创业选择关系

家庭社会关系对创业选择具有影响	频率（人次）	百分比（%）	有效百分比（%）	累积百分比（%）
非常不同意	18	16.1	16.1	16.1
不同意	5	4.5	4.5	20.6
比较不同意	6	5.3	5.3	25.9
一般	24	21.4	21.4	47.3
比较同意	19	17.0	17.0	64.3
同意	17	15.2	15.2	79.5
非常同意	23	20.5	20.5	100.0
合计	112	100.0	100.0	

表 3-43 父亲受教育水平与创业选择关系

父亲受教育水平对创业选择具有影响	频率（人次）	百分比（%）	有效百分比（%）	累积百分比（%）
非常不同意	31	27.7	27.7	27.7
不同意	7	6.3	6.3	34.0
比较不同意	12	10.7	10.7	44.7
一般	25	22.3	22.3	67.0
比较同意	14	12.5	12.5	79.5

续表

父亲受教育水平对创业选择具有影响	频率（人次）	百分比（%）	有效百分比（%）	累积百分比（%）
同意	13	11.6	11.6	91.1
非常同意	10	8.9	8.9	100.0
合计	112	100.0	100.0	

表3-44　母亲职业类型与创业选择关系

母亲职业类型对创业选择具有影响	频率（人次）	百分比（%）	有效百分比（%）	累积百分比（%）
非常不同意	30	26.8	26.8	26.8
不同意	8	7.2	7.2	34.0
比较不同意	14	12.5	12.5	46.5
一般	25	22.3	22.3	68.8
比较同意	15	13.4	13.4	82.2
同意	11	9.8	9.8	92.0
非常同意	9	8.0	8.0	100.0
合计	112	100.0	100.0	

表3-45　个人在校期间的学习成绩与创业选择关系

个人在校期间的学习成绩对创业选择具有影响	频率（人次）	百分比（%）	有效百分比（%）	累积百分比（%）
非常不同意	23	20.5	20.5	20.5
不同意	13	11.6	11.6	32.1
比较不同意	15	13.4	13.4	45.5
一般	21	18.8	18.8	64.3
比较同意	21	18.8	18.8	83.1
同意	10	8.9	8.9	92.0
非常同意	9	8.0	8.0	100.0
合计	112	100.0	100.0	

表 3-46 个人的学历水平与创业选择关系

个人的学历水平对创业选择具有影响	频率(人次)	百分比(%)	有效百分比(%)	累积百分比(%)
非常不同意	16	14.3	14.3	14.3
不同意	6	5.3	5.3	19.6
比较不同意	13	11.6	11.6	31.2
一般	23	20.5	20.5	51.7
比较同意	20	17.9	17.9	69.6
同意	20	17.9	17.9	87.5
非常同意	14	12.5	12.5	100.0
合计	112	100.0	100.0	

表 3-47 个人担任学生干部的经历与创业选择关系

个人担任学生干部的经历对创业选择具有影响	频率(人次)	百分比(%)	有效百分比(%)	累积百分比(%)
非常不同意	21	18.8	18.8	18.8
不同意	6	5.3	5.3	24.1
比较不同意	8	7.1	7.1	31.2
一般	16	14.3	14.3	45.5
比较同意	24	21.4	21.4	66.9
同意	19	17.0	17.0	83.9
非常同意	18	16.1	16.1	100.0
合计	112	100.0	100.0	

表 3-48 个人的社会实践经历与创业选择关系

个人的社会实践经历对创业选择具有影响	频率(人次)	百分比(%)	有效百分比(%)	累积百分比(%)
非常不同意	8	7.1	7.1	7.1
比较不同意	5	4.5	4.5	11.6
一般	10	8.9	8.9	20.5
比较同意	20	17.9	17.9	38.4
同意	34	30.4	30.4	68.8

续表

个人的社会实践经历对创业选择具有影响	频率（人次）	百分比（%）	有效百分比（%）	累积百分比（%）
非常同意	35	31.2	31.2	100.0
合计	112	100.0	100.0	

表3-49　个人的工作价值观与创业选择关系

个人的工作价值观对创业选择具有影响	频率（人次）	百分比（%）	有效百分比（%）	累积百分比（%）
非常不同意	4	3.6	3.6	3.6
不同意	1	0.9	0.9	4.5
比较不同意	3	2.7	2.7	7.2
一般	9	8.0	8.0	15.2
比较同意	17	15.2	15.2	30.4
同意	28	25.0	25.0	55.4
非常同意	50	44.6	44.6	100.0
合计	112	100.0	100.0	

表3-50　学校的创业教育与创业选择关系

学校的创业教育对创业选择具有影响	频率（人次）	百分比（%）	有效百分比（%）	累积百分比（%）
非常不同意	18	16.1	16.1	16.1
不同意	9	8.0	8.0	24.1
比较不同意	14	12.5	12.5	36.6
一般	17	15.2	15.2	51.8
比较同意	27	24.1	24.1	75.9
同意	15	13.4	13.4	89.3
非常同意	12	10.7	10.7	100.0
合计	112	100.0	100.0	

第五节　高校及教育管理部门支持大学生自主创业实践

一、学校层次的大学生的创业特点

开展创新创业教育、培养大学生的创新创业能力，通过课程、社团活动、科技创新园孵化器、创新创业大赛等促进大学生创业实践，为学生提供场地、资金、辅导等支持是各所高校在促进大学生创新创业实践中常采取的举措，这些举措在提高大学生创业数量与质量中发挥着重要作用。如根据北京大学近 4 年自主创业学生数量的统计，2018—2021 年大学生自主创业数量分别为 41 人、50 人、42 人、61 人。2019 年，北京大学校本部毕业生自主创业人数为 50 人。其中本科生 10 人，硕士研究生 34 人，博士研究生 6 人；理工科毕业生占 40%，人文社科毕业生占 60%。创业的领域主要为信息传输、软件和信息技术服务业，科学研究和技术服务业以及公共管理、社会保障和社会组织等。在北京创业的毕业生约占总人数的 40%，其余毕业生多选择回省创业，华东、华南地区人数相对较多。北京大学通过北大创业平台、优秀校友及北大创业园等对大学生创业提供软件与硬件的支持，创业类型集中在科技创新类与知识密集型，创业质量较高。

北京邮电大学 2021 年有 10 名毕业生自主创业，创业领域集中在互联网和文化创意领域，北京邮电大学在创业大赛中一直取得优异成绩，只有 10 名毕业生自主创业的创业数量也可以反映疫情对大学生自主创业的抑制作用。

不同学校大学生自主创业活动与高校层次、定位、人才培养规格与特色紧密相连。现对一所以培养应用型人才为主的北京市普通本科高校的创业基本情况描述如下。

2019 年该校共有 16 名本科毕业生毕业去向为自主创业，占毕业生总数的 1.08%。创业者的专业主要集中在电子商务，占创业者总数的 30%。在北京地区创业的 13 人，占创业者总数的 81.25%，批发零售业 6 人，占创业者总数的 37.5%，信息传输、软件和信息技术服务业 2 人，占 12.5%。

2020 年，该校共有 22 名本科毕业生，13 人选择在北京地区创业，占 59%。创业行业类型为农、林、牧、渔业 13 人，占 59%，教育行业 2 人，占 9%，批发零售业 3 人，占 13.6%；文化娱乐业 2 人，占 9%；信息传输、软件和信息技术服务业 1 人。

2021 年，该校共有 13 名本科毕业生毕业去向为自主创业，占毕业生总数的 0.88%。5 人选择在北京地区创业，在北京地区创业比例呈现连年递减趋势。其中除 1 人从事教育咨询的教育类创业，1 人从事商贸有限公司经营，1 人从事网络传媒工作室为主的信息传输、软件和信息技术服务业外，其余全部为淘宝店铺的电商。

2022 年，该校共有 38 名毕业生毕业去向为自主创业，占毕业生总数的 2.5%，淘宝店铺的电商占据很大的比例。从数量上看，创业者人数有所增加，但质量上不高。

从几所高校的大学生自主创业数据分析及比较来看，北京市高校毕业生自主创业具有如下特点。一是不论什么层次的学校，自主创业仍旧是少部分学生的选择，所占比例在毕业生群体中数量极少。二是尽管受疫情影响，一些学校自主创业的统计数据并未比疫情前下降，相反有所增加，这与全国总创业人数比例上升的趋势一致，如智研咨询统计的数据表明，2021 届毕业生毕业去向为自主创业的学生比例为 3.67%，2022 届的比例为 4.25%，这个数据一方面反映出积极的创业政策与创业教育可能对大学生产生了积极影响；另一方面表明可能因经济与疫情对大学生就业市场的负向影响大学生被迫将创业作为就业选择，创业动机更多的是基于生存型。三是尽管创业人数没有锐减，但创业行业类型的选择表明大学生自主创业活动质量还有待提高，电商经营等成为大多数创业选择的类型，实体创业所占的比例极少，能体现科技创新的创业更少，与实现创业教育中的"专创融合""创教融合"的目标还有很大的差距。四是高校创业教育的成果聚焦于学生对创业竞赛项目与各项创业活动的广泛参与，如北京邮电大学 2021 年有 430 余支团队，3000 余名师生报名参加第七届中国国际"互联网+"大学生创新创业大赛，在全国总决赛中，获得了 2 金、2 银、6 铜的好成绩，这与该所大学长期以来重视创新创业工作，在启发学生创新创业意识、培养学生创新创业素养、提升学生创新创业能力方面所做的努力是分不开的，促进了大学生自主创业活动的开展，更重要的是在学校形成了创新创业的良好氛围。

二、北京市教委在支持大学生自主创业方面的举措

北京市政府在 2015 年颁布实施"北京高校高质量就业创业计划"，给予大学生自主创业者一系列的鼓励与支持。这一计划启动后，相继在市教委层次上实行了一系列鼓励与扶持大学生创业的相关措施。在硬件支持方面，2015 年建立了北京高校大学生创业园，以此为契机，构建"一街三园"及北京高校大学

生创业园孵化体系，市级孵化体系包括"中关村大学生创业一条街"以及位于良乡高教园、中关村软件园和北京高校大学生就业创业大厦的3个市级大学生创业园，在此基础上，市教委支持各校自主开展大学生创业园行动，并将25所高校创业园认定为高校分园，积极吸纳优秀创业团队加入园区，在园区中的创业企业不仅可以得到创业创优免费的场地支持，还可享受由市教委组织且邀请的专业机构来对园区企业进行创业咨询、辅导、培训、融资等全方位创业方面的专业服务，同时，创业园区有专人管理功能化生活服务区建设，为大学生创业者之间信息交流分享、情感相互支撑创造了良好空间，为大学生高质量自主创业提供了政策与环境支持。

2022年，北京市政府颁布《北京市支持高校毕业生就业创业若干措施》，支持措施包括：在融资上，加强大学生创业板、北京市科技创新基金组织子基金对接大学生创业项目，落实创业担保贷款及贴息政策，给予一次性创业补贴等资金支持；在场地上，将大学生创业园最长免费服务年限由2年延长至3年，明确政府投资开发的孵化基地等创业载体，安排30%左右的场地免费提供给高校毕业生；在激励机制上，鼓励高校综合运用允许休学创业、创业成果计入学分、参赛获奖推优推免等政策予以支持；同时，启动面向毕业年度内北京地区高校毕业生保障性租赁住房试点工作。①

北京市政府还明确对创业失败的高校学生给予就业创业帮扶，推行创业市场主体开办"一网通办"。打造"政府+高校+园区+市场"全链条创业服务模式。发挥中关村国家自主创新示范区资源优势，为优秀高校毕业生创业项目提供加速孵化服务，引导支持经营性人力资源服务机构参与高校毕业生就业服务。

通过优惠政策，大学生自主创业从总量上取得了一定的成果，根据北京市教委公布的"十三五"以来创业政策的成果来看，市教委的三个创业园的孵化成效显著，同时"互联网+"创业大赛、创青春、创业北京等各类国际国内的创业大赛成果显著，也产生了一些高新技术企业，全市25所高校分园孵化了753支团队，成员数量达到4706人。其中，157支团队完成工商注册，注册资金合计2.8亿元；完成社会融资2.24亿元；注册商标及申请专利合计509项；2020年度营业额2.35亿元。这种对优质创业项目积极扶持的政策与措施对区域大学生创业质量提高起到了促进作用。

---

① "政策包"助力毕业生就业创业《北京市支持高校毕业生就业创业若干措施》出台 [EB/OL]. 网易网，2022-06-24.

第六节 大学生自主创业质量研究小结

本节主要内容是通过调查问卷方式，围绕大学生自主创业质量主题开展大学生自主创业质量现状研究，并在多份问卷相互印证的基础上，分析影响大学生自主创业质量的主要因素。在此基础上提出以下结论。

第一，大学生自主创业动机差异较大。排在前面的依次是"个人理想就是成为创业者""有好的项目激发""准备创业的朋友带动"。近一半的被调查者都认同最好的创业时间是大学阶段，这个阶段的创业者认为创业团队是影响创业成功的首要因素，其次才是创业机会与创业资源，由此看到，大学生创业者中朋辈影响的作用是一个主要的因素，因此，高校通过开展创业教育与培训，形成创业创新的环境，会激发学生之间互相影响，相互带动，容易促成创业团队的组成，寻找与探索创业机会，有利于创业的形成。

第二，大学生自主创业数量逐年下降。数据显示，2017—2019 年北京市大学生自主创业比例分别为 0.62%、0.58% 和 0.589%，即使这样，相比四川省 2018—2020 届高校毕业生自主创业的 0.27%、0.33%、0.33% 的情况来看，仍旧算是较高的比例，但分布并不均衡。根据《北京邮电大学 2021 届毕业生就业质量年度报告》的数据，6897 名毕业生中仅有 10 名同学选择自主创业，说明各校大学生自主创业的比例仍旧还有可以提升的空间。

第三，大学生创业企业规模较小。以"大学生创业者的经营收入""持续时间"及"员工数量"三个指标对北京市 2019 年与 2020 年大学生创业质量进行评估发现，大学生创业团队员工数量偏少，带动岗位就业能力有限，经营时间较短，大多数创业者在毕业当年才开始创业，存活时间大多在一年左右，2020年的三个质量指标相比于 2019 年有所下滑，说明大学生创业质量受疫情与经济形势下行影响严重。从创业的类型来看大学生创业质量，大学生创业类型中高科技型创业比例不大，生存需要驱动的创业比例有所增加。

第四，创业政策与创业教育对鼓励与支持大学生创业有效性方面还待加强。大学生在创业动机上并不会因政策的号召或影响而采取创业行为，认为创业政策是创业成功条件的比例也非常小；大学生自主创业者参与创业教育活动的比例仍相对较低，对学校提供的创业类课程与活动的满意度不高，说明优质创业教育项目的供给还不能满足学生的需要，创业政策的效果还未能充分展现出来。这与目前创业政策对大学生创业者大力扶持不相匹配。教育行政部门在创业教育、创业大赛、创业园建设上的投入不可谓不大，如国家开放大学对获得第七届中国国际"互联网+"大学生创新创业大赛金奖的5个团队分别奖励200万元，取得国赛银奖的8个团队分别奖励100万元，取得国赛铜奖的16个团队分别奖励50万元，说明教育部门大力支持与鼓励大学生自主创业。但现实结果并不乐观，据大创辅导专家介绍，有一些项目通过反复参赛，获得相关奖励，但最后项目并不实现产化，有些项目参赛不是为了真正地创业，而是为了在竞赛中获奖，从而取得奖金或保研等利益，在项目中产生造假等行为，致使创业质量受到影响。

第五，从创业者个人成长的角度来看，大学生自主创业对学生个人成长及能力锻炼具有非常大的促进作用，有创业经历的同学对自己更自信，视野也更开阔，他们说，"创业不成功再去就业，一定会更胜任工作岗位"。还有一些大学生创业者将自己所学专业的最新科研成果量化生产，造福社会，带来经济效益与社会效益。如北京工业大学王志举，在读研究生期间，积极参加导师的科研项目及企业的实践项目，后带着研究成果参加第七届中国国际"互联网+"创新创业大赛并获得金奖，在各项政策支持下于2021年9月注册成立北京格镭信息科技有限公司。公司聚焦三维重建领域，研发生产双旋轴激光扫描仪，在激光视觉融合重建领域不断探索关键技术的突破，提供与核心产品配套的技术服务，并且根据客户的不同需求定制个性化的设备，以适应现代三维激光扫描仪的应用需求，打破国外公司的垄断，服务全球客户。公司还入围了中国科协2021"科创中国"先进技术榜单（装备制造领域），2022年成功获得《中关村高新技术企业》认证证书。这样的创业榜样对大学生群体具有示范引领作用，有利于促使大学生在创业中将国家需要与个人发展有机结合起来，促进大学生创业者树立家国使命感和投身于科技报国的创业实践中。

第六，从创业质量的影响因素来看，大学生创业者的创业能力自我效能感对创业者的经营收入、员工数量及盈利情况有一定的影响，而创业者创业能力自我效能感与其接受创业就业课程及对课程的满意度有非常大的关系。创业的影响因素中个人价值观、参与社会实践活动的经历与担任学生干部的经历对创业选择具有积极影响。在家庭社会经济条件中，家庭经济收入对创业有明显的影响，但影响是负向的，也就是说，家庭经济条件不好的学生可能更会选择创业，这是否会使很大一部分群体是基于生存型创业动机而选择创业还有待进一步研究。不同创业动机的企业持续经营时间存在显著性差异，创业质量的"具有员工数量"维度与创业中遇到困难选项有相关性，且差异显著，说明创业动机对创业质量有显著影响。因此，各利益相关主体要在帮助自主创业学生解决在创业过程中遇到的问题方面做出切实的扶持，才能真正提高大学生创业质量，这也会为后续开展大学生创业生态体系研究奠定基础。

在分析中发现，创业教育对大学生创业选择的影响并不大，可能是因为创业选择是学生职业选择的现实表现，并不受其他因素影响；也可能是因为学校的创业教育仍旧有很大的改进空间。在对创业成功影响因素的研究中发现，创业团队建设、创业机会搜寻与创业风险识别是大学生创业者认为重要的课程，这也要求高校创业教育改变基础知识的创业教育，而强化开设专项创业内容。

第七节　提升大学生自主创业质量对策与建议

一、加强大学生自主创业质量评估的研究与实践

要加强对大学生创新创业质量评价，明确大学生创业质量评估重点。评估中要重视评估目标、主体、内容，明确大学生创业质量与社会创业质量的评估有所相同，也有所不同，虽然创业的商业逻辑路径相同，但大学生创业者的身份、创业动机及创业者的环境与条件和社会创业者差异性强，必然导致两者的质量评估指标有所不同。对大学生创业者来说，创业质量评估指标体系中更注重一般外部环境，即国家政策、学校教育对其成长成才的培养与影响。创业的目的是通过创新引领创业，通过创业带动就业，因此对大学生创业的支持、鼓励更要体现出教育在大学生创新性与企业家精神的培养方面所发挥的作用。因此，政府及高校对大学生创业的评估要体现在大学生价值观的转变，个人知识、能力的增长上，而不是只考虑发表论文的数量、专利申请的数量，要更多地关注大学生创业项目落地的情况，盈利模式运行情况及解决就业岗位的情况，还要从长远的角度关注大学生创业给经济、社会、科技发展带来的长期影响与价值，当然，评价要建立合理的闭环考核，要对大学生创业质量情况进行可追踪的数据统计与研究。针对不同阶段创业来说，在校大学生创业质量要考察通过创业促进大学生能力得到提升，心态产生转变，视野变得更开阔，也能通过创业反哺学校、反哺教育，带动更多的学生参与到创新创业的实践中来。

二、明确并区分创新创业教育的重点

对大学生开展创新创业教育要深入分析鼓励与提倡大学生创业的初衷，对

大学生创业的鼓励与扶持是基于大学生创业有利于培养创新精神，提高大学生创业能力，同时带动大学生就业。从根本上看，培养创新精神与创业能力是有相同又有不同的指标，大学生创业是就业的一种形式，其内在逻辑更要尊重就业的规律与学生根据意愿、能力、价值观的选择。

创新和创业是两个不同的领域，两者之间既相互联系，又保持各自独立，创新是一种思想，是一种哲学，是对原有事物不断改进，完善其性能结构的过程，或者是根据现有的知识，创造出一个全新的东西。创新对所有人来说都是非常重要的。从人类社会发展的历史来说，技术创新，制度创新等总是处在不断地创新过程中，因此在大学生中进行创新意识及创新能力培养，既意义重大，又是一个长期的任务。创业是从就业的角度提出的概念，是就业的一种形式，要依据就业形势进行鼓励与支持。对大学生创业，要鼓励学生根据自己的兴趣和能力，根据社会需求与发展，建立一个新的企业，为社会提供服务。创业过程既需要企业家精神，也需要科学技术、资金、政策等各方面的支撑，对大部分人来说，大概率不能成为企业家，而是在整个社会结构体系里找到一个适合自己的位置，然后在这个特定位置上做出应有的贡献，所以我们不能把创业理解为让所有人都变成企业家，让所有人都有企业家精神，实践证明这也不可行。因为要创立一个企业，除了创始人个人素质外，还需要在对社会经济形势的总体把握中找寻的创业技术及技术、资金等支持。要满足这些条件，才能变成一个企业家。对社会来说，企业家毕竟是少数，大多数人都是在企业家体系里找到个人的工作位置，所以当我们对学生进行创业培训的时候，更多的是针对具有创业意愿与创业潜质的学生开展有针对性的实际的创业教育内容，对其他学生更多的是通过职业规划教育引导学生踏踏实实找到适合自己的位置，兢兢业业在岗位上工作，为社会做出应尽的贡献。

基于创业的复杂性及对能力的重视，创业教育应贯穿整个教育体系，即在小学、中学、职业教育、高等教育、成人教育层次提供不同的创业教育与培训。创业教育对不同的人群有不同的内容。对大学生创业者来说，链条的教育理念是我们经常看到的，学习怎么去发现机会，开发产品，实现社会价值，最后能获得收入盈利。以实用性为目的可以给学生讲关于如何创办企业，创办企业以后如何管理等。先进的创业教育理念应该引导未来的创业者注重角色的变化，通过创业教育培养大学生创业者理解利己和利他，个人和社会，责任和回报的关系，引导大学生创业者不做以纯粹追求利润最大化为目标的创始人或者经营者，而做能够造福社会的企业家。创业教育还需要培养学生多层次的能力和才干，不仅有创业对应的专业知识、能力和品格，也有对创新创业的理解以及重要的综合能力。

三、开拓创业人才培养渠道与途径

从大学生自主创业政策的角度来说，国家与地区在创新战略，创业经济，大众创业、万众创新的创业政策影响下，已经采取了积极行动，并已取得了一些成果，下一步需要采取更稳健与更系统的大学生创业教育和引导。可以借鉴不同国家对大学生创业引领的举措，结合中国大学生的实际情况，采取更有针对性、更有影响力、更具个性化、更允许多样性的尝试。比如，可以通过与企业界的合作，培养学生的创业实践能力。如在加强大学生创业者实践能力的培养上可以借鉴德国双轨制的培养方式，即高校与大型企业如西门子公司、奔驰公司等合作招生，学生上大学之前就已经成为合作企业员工，在大学里按照企业与大学共同制定的专业方向与课程体系进行学生培养，奠定学生的理论基础；在企业里由专门的企业导师进行各岗位的实践锻炼，培养学生的问题意识与独立自主性。学习方式是企业上班与课堂上学两种方式轮换交替学习，考核由企业与大学共同出题，学生的毕业设计与毕业论文是企业里的实际课题，这种创业课堂对培养学生的创业精神与创业能力发挥了极大的作用。加拿大滑铁卢大学也通过双元制方式培养学生的创业精神与创业能力。

四、构建大学生自主创业质量提升体系

第一，完善大学生校内创业实验室配置（综合通识实验室和场景实验室）和校外导师配置（参观导师创业企业、聆听导师创业案例分享，及时跟导师沟通自己的创业想法并得到指导等）。创业者务必贴近实战，有效学习。这样才能够有效且真实代入多种创业场景，探索完整的创业路径（含成功和失败的）以及感受创业带来的社会影响、个人家庭影响。大学生创业要具备客观理解创业结果的能力，创业"一将功成万骨枯"，艰辛和风险理解透了，可以帮助他们更扎实地修炼本领，提升自我能力，为未来工作或者再创业做好准备。

第二，完善大学生创业规划课。目前，高校大学生职业规划课已成为各校通识课，但较少的课时及受限的师资对创业意识与创新精神培养有限。高校可以平行作为职业规划课的延伸课开设创业规划课。目前，市场上大学生自主创业主要分为服务型创业和技术型创业，服务型创业的学生可以加强细分专业方向知识，包括行业概况、业务条线细节等知识学习；技术型创业者一般是技术类优秀本科生或者硕博学生，他们在校内由具有专业水平高的技术导师进行专

业指导,这类学生创业可以完善通识课程学习,强化为人处世,财务、战略、人资、采购、心理等知识。对有创业意向的学生可以匹配创业规划导师,加强配套的学习计划、规划、执行、反馈等。

第三,建立自主创业大学生的跟踪调查及后续成长扶持机制。创业永远是一项处于进程中的活动,注册成立公司只是狭义的创业,而企业后期的成长、发展更需要高校与社会各界的支持与指导。学校里的创业办公室等机构需要担当起自主创业公司与学校的桥梁的角色,要发挥自主创业公司在解决在校生实习、就业中的服务作用,也要协调相关专业老师对自主创业企业的技术指导,帮助企业更好地发展。要建立自主创业的数据追踪体系,完善自主创业公司的成长性指标数据库,通过大数据挖掘了解大学生高质量创业的成长规律,从政策上有针对性地开展支持与帮扶工作,有利于初创企业高质量发展,同时也为在校学生的创业指导提供案例教学,对有自主创业意向的学生产生更有体验性的借鉴意义,从长远来看,也为自主创业大学生反哺学校、回馈社会建立了有效机制。

第四,持续不懈开展大学生创业教育与实践。国家教育主管部门发挥了政策引领作用,各高校发挥了主力军作用,无论是创业教育教学的实践与改革,还是创业师资队伍的扩大与培养,创业教材的编写与完善,创业大赛的数量与水平等都对大学生创业意识与创业能力培养产生了积极促进作用。同时,大学生自主创业活动的成功离不开产教结合,离不开具有创业实战经验的企业家的指导。尽管高校的创业课堂、讲座、大赛、活动等也邀请一批企业家进驻,对提高大学生自主创业质量发挥了巨大作用,但从学生的调查数据可以看到,学生更认同到创业企业中进行实践学习,促进其创业想法的完善及创业实践路径的优化,加深和提高自身的创业体验及培养创业能力,因此如何加强与社会创业者的联系,通过各种制度设计让学生走出去,投入更多时间深入地参与创业企业实践是今后教育行政部门与高校在鼓励大学生自主创业中可以尝试的方向。同时,高校要坚持"创新引领创业,以创业带动就业"的理念,坚持不懈、长耕不辍地在培养学生创新、创业方面开拓新的思路与途径,促进高质量大学生自主创业的纵深发展。

第四章

大学生创业者机会识别与创业意愿的关系研究

在对大学生创业活动的研究中我们发现，创业机会识别是创业过程的核心要素之一，创业机会识别能力对大学生创业意愿有显著影响。这一部分研究以创业机会识别三维度模型为理论基础，通过调查问卷与质性访谈等研究方法，对大学生创业机会识别与创业意愿的互动机制做深入研究，明确创业机会识别对大学生创业意愿是否有显著影响及影响机制。研究结果表明，以创业能力识别、创业目标识别、创业压力识别三个维度为表征的大学生创业机会识别与大学生创业意愿呈显著相关，其中，创业目标识别与创业压力识别对创业意愿有促进作用，创业能力识别对创业意愿有抑制作用。在此基础上，本书提出以下建议：针对创业能力识别的抑制作用，加强大学生创业实践锻炼，鼓励大学生把个人目标与创业活动目标相结合；针对创业目标识别的促进作用，积极打造大学生创业孵化器；针对创业压力识别能力的促进作用，创设容错与试错的创业环境，推崇创业、鼓励冒险、允许失败。

第一节　研究背景与研究意义

一、研究背景

实现实体经济转型升级，促进"双创"是我国近年来的经济新常态，从"双创"战略提出后，大学生创业者的数量激增，也让一大批大学生对创业跃跃欲试。

创业机会识别是创业过程的核心要素之一，发现和开发创业机会是创业成功的关键要素。在理论研究中，林嵩等①已经开始认识到，机会识别是创业研究的核心问题。对于大学生的创业意愿是如何产生的这一问题，现有的研究表明，

---

① 林嵩，张帏，邱琼. 创业过程的研究评述及发展动向［J］. 南开管理评论，2004（3）：47-50.

大学生创业意愿与其创业机会识别、风险感知、自我效能有很大的关系。了解创业机会识别是提升创业意愿的重要环节，也是创业意愿的初始环节。

二、研究意义

在创业研究中，现行的关于创业意愿与创业机会识别能力的研究，大部分都是从调查社会创业者或者企业管理层角度进行的，从大学生创业者角度进行的研究相对较少。大学生是市场创新的活力和主要驱动力，本书将分析大学生创业者的创业案例和创业意愿，关注大学生创业市场的特殊性，以达到促进大学生高质量创新创业的目的。

在研究机会识别能力是否直接作用于大学生创业者的创业意愿时，该研究还可以细化对机会识别能力的影响因素，通过统计分析方法探究大学生创业者的机会识别能力究竟是如何影响大学生创业者的创业意愿的，最终总结促进创业意愿与创业行为的有效因素，识别优秀大学生创业者的特质，便于之后寻找并组建创业团队，培养创业大学生的企业家精神，达到构建良好创业生态的目的。

因此，对影响大学生创业者创业意愿的重要变量——创业机会识别的研究，在促进创业活动方面有着重要意义，有助于进一步丰富创业研究理论的内涵，验证相关理论模型在大学生创业领域的可行性，提高大学生创业成功率。

第二节 国内外研究现状

一、国内研究现状

学者普遍认同创业者是具有潜在的创业意愿，并进行创业活动的人这一概念界定①②，更进一步把创业意愿分为感知希求性和感知可行性两个维度③。

创业机会识别能力是创业研究领域中的重要议题，如何去发现和开发创业

---

① 范巍，王重鸣．创业意向维度结构的验证性因素分析 [J]．人类工效学，2006（1）：14-16．

② 刘万利．大学生创业者创业机会识别与创业意愿关系研究 [D]．成都：西南交通大学，2012．

③ 黄翠翠．创业者人格特质、创业警觉性与创业机会识别关系的实证研究 [D]．蚌埠：安徽财经大学，2016．

机会是创业实践领域中的重要环节，创业过程就是围绕着创业者创业机会识别、开发和利用的一系列过程，创业者进行真正创业的开始就是其对创业机会的发现①。因此，如何拨开市场经济环境的浓雾，发现真正的创业机会并创立新企业也就成为创业研究中的重要研究领域。

正是因为创业机会识别能力的重要性，创业机会识别能力的影响因素自然而然地也成了学术界关注的重点。当今学者也提出了很多不同的见解，有的研究提出影响机会识别能力的三大影响因素，创业警觉性、先验经验、社会资本会直接或者间接地影响创业者的创业意愿；也有学者提出创业机会识别能力可以分为两大类，机会的探索和利用，即双元理论的核心，创业经验与创业机会识别能力能够促进创业机会的识别，行业经验对两种机会识别能力均有积极影响②；最近的研究提供了一种更加动态化的视角，即一个企业家在不同的创业阶段所展现出来的创业识别能力的各个维度（机会识别、资源整合、动态适应）不尽相同，它们之间互相联系、作用、动态演进，不断推动创业行为持续发展③。

国内对这方面的研究大部分集中在创业者特质、创业者效能与机会识别的单维度方面，对这些维度与创业意愿和创业行为的互动机制，尤其是动态互动机制方面研究的深入度还有很大的上升空间，而且现有研究对社会创业的研究比较多，对大学生创业群体的研究很少。

二、国外研究现状

目前的研究创业领域中，对创业机会以及机会识别的定义还存在着分歧，这种分歧被分类为创业机会及机会识别的两个学派：以 Pumpkin、Hills 和 Shrader 为代表的行为学派和以 Venkatraman 为代表的奥地利学派。行为学派认为，机会是通过系统搜寻发现的，认为创业机会识别是创业者对相关的商业信息开展积极主动且详细地搜集、处理、甄选和识别的一个过程。④ Stevenson 和

---

① 方世建，秦正云. 创业过程中的企业家机会发现研究 [J]. 外国经济与管理，2006 (12)：18-24.

② 汤淑琴. 大学生创业者经验、双元机会识别与新企业绩效的关系研究 [D]. 长春：吉林大学，2015.

③ 刘辉. 过程视角创业能力识别及其作用机理：来自餐饮业的多案例分析 [J]. 技术经济与管理研究，2020 (8)：43-48.

④ SHAVER K G，SCOTT L R，et al. Person，Process，Choice：The Psychology of New Venture Creation [J]. Entrepreneurship Theory and Practice，1991，16 (2)：23-45.

Jarill Mossi 等学者认为机会识别是整合资源并创造价值的能力。① Sarasvathy 等人则把机会识别当作利用现有资源去更好地达到预定目标的一种可能性，同时假定创业机会是客观存在的，信息是完备的，并且机会发现的个体也是随机分布的，他们在获取信息的能量上不存在差别，并不是只有特定的创业者才能识别机会。②

奥地利学派认为机会不是客观存在的，机会是创造出来的，机会本身是未知的，是创业者的主动性创造出来的，他们也承认需要创业者通过识别偶然获得新信息来发现机会，但主要还是需要创业者去创造，机会是创业者创造出来的一个全新市场。③ 奥地利学派代表人物 Kirzner 则认为发现创业机会的途径有两条：一是意外收获，二是系统收集并获得。当然也有可能介于两者之间，它们之间并不是泾渭分明的。④

从对创业者概念的界定中同样也可以看出对于创业机会认知的差异，Bruyat 和 Julien 等人对创业者概念的认识更加倾向于"创业者是发现、利用机会、创造新价值的人"。⑤ 即使学界对于机会识别的定义仍有争议，但形成了如下共识：机会识别对创业决策起着至关重要作用。本书研究沿用行为学派的理论，认为创业机会识别是创业者个体有意识地系统搜集、处理并识别外界商业信息的过程，是个体创业者对其所感知到的商业信息卓越的处理能力。

创业意愿是创业行为的最好预测指标，是了解创业行为的中心点。Krieger 等人认为，只有具有相当创业意愿的潜在创业者才真正有可能从事创业活动。⑥因此，个体的创业意愿对个体的创业行为具有很强的预测效力。创业行为开展的可能性的大小取决于创业意愿的强度。一些研究者揭示了在创业过程中创业

①　SARASVATHY S D, DEW N, VENKATARAMAN S, et al. Three Views of Entreprenurial Opportunity［M］// ACS Z J, AUDRETSCH D B. Handbook of Entrepreneurship Research: An Interdisciplinary Survey and Introduction. Heidelberg: Springer-Verlag, 2003: 77-96.

②　SHOCK C L, PRIEM R L, et al. Venture Creation and the Enterprising Individual: A Review and Synthesis［J］. Journal of Management, 2003, 29（3）: 379-399.

③　VENKATARAMAN S. A General Theory of Entreprenurship: The Individual－Opportunity Nexus［J］. International Small Business Journal Researching Entrepreneurship, 2004（2）: 206-209.

④　KIRZNER I M. Entrepreneurial Discovery and the Competitive Market Process: An Austrian Approach［J］. Journal of Economic Literature, 1997, 35（1）: 60-85.

⑤　SHAVER K G, SCOTT L R, et al. Person, Process, Choice: The Psychology of New Venture Creation［J］. Entrepreneurship Theory and Practice, 1991, 16（2）: 23-45.

⑥　SHAVER K G, SCOTT L R, et al. Person, Process, Choice: The Psychology of New Venture Creation［J］. Entrepreneurship Theory and Practice, 1991, 16（2）: 23-45.

意愿所起的作用，"无论对于新创企业还是既有企业，企业家的创业意愿在企业利用商业机会进行扩张、实现技术进步和创造财富的过程中都起到了重要的作用"。①

这些论述解释了创业意愿对是否建立创业的预测，也解释了创业成功的预测。

三、文献评述

通过上述文献的梳理，可以看出创业研究者对创业机会与创业意愿的研究给予了很多关注，现有研究的争议也让我们看到这个研究问题的热点。国外学者对相关领域研究做出了很多探索，并取得很多成果，这些成果大多集中在机会识别、风险感知、人格特质这些维度与创业意愿的互动机制上，但对相关概念界定的争议也造成后续研究的不统一，但总体来看，可以形成共识的部分是，机会识别对创业行为具有预测性作用，这个过程中起效的因素在于创业者的目标、搜集信息的能力及抵御风险能力等，讨论与争议之处在于创业机会识别是直接对创业行动有影响还是通过中介作用起效。一些研究者认为创业机会识别能力强的人，其创业意愿也会很强烈，从而引发创业者的创业行为，而另一些研究者认为创业机会识别是一项能力，这项能力可能通过影响创业者的风险感知能力和创业效能感作用于创业者的创业意愿，从而引发创业者的创业行为。即使现有研究倾向于创业者的机会识别能力直接作用于创业意愿，但其内在作用机制在最新的研究中，尤其是在对大学生创业者的研究方面更是稀缺，对大学生创业者的机会识别能力如何，如何影响创业意愿等问题的研究意义重大。

第三节　研究过程

一、研究思路与方法

本书以行为学派的研究作为理论基础，假定大学生的创业意愿受其创业机会识别能力影响，参考成熟的创业机会识别能力和创业意愿量表，以具有创业意愿或者正在进行创业的大学生作为研究主要群体，探讨大学生创业者机会识

① LUMPKIN G T. Entrepreneurial Opportunity Recognition：A Creativity Based Model［R］. Annual Meeting of the Academy of Management，2001.

别能力与创业意愿的互动机制，验证大学生创业者机会识别能力对大学生创业行为具有显著影响，而且不同维度的作用会产生不同影响的假设。

（一）研究思路

本书从三个维度对大学生创业机会识别能力进行界定。

第一个维度是指大学生创业者对创业信息的一种发现和处理能力。当创业机会出现时，大学生创业者对自身所具有的优势、所在市场竞争优势能够正确判断评估，可以利用这些优势整合并高效配置资源，对后续的创业机会具有处理与驾驭的能力。

第二个维度是指大学生创业者利用现有资源，更好地实现既定目标的能力，即大学生创业者根据自身经历与所处环境，能够对自己熟知与把握的机会做出合理预期，并能够将其在实践中执行，最后实现目标的能力。

第三个维度是指大学生创业者对创业过程中的压力能够有效感知并承受的能力。大学生创业者在创业过程中要面临的精神压力、社会压力和经济压力等会对情绪产生影响，需要大学生创业者能够清晰地感知其情绪，并对这些情绪有命名、体验、表达与调整能力。

后文将这三个维度命名为创业能力识别、创业目标识别以及创业压力识别。[①] 本书模型如图 4-1 所示。

图 4-1　创业机会识别能力与创业意愿关系研究模型

其公式表征如下：

Y（创业意愿）$=A \times X_1$（创业能力识别）$+B \times X_2$（创业目标识别）$+C \times X_3$（创业压力识别）

其中 X_1，X_2，X_3 分别代表自变量 1——创业能力识别，自变量 2——创业目标识别，自变量 3——创业压力识别，Y 表示因变量——创业意愿。

使用 SPSS 统计软件和 Excel 作为统计分析的工具，对问卷数据进行描述分析、相关性分析和回归分析，最终得出研究结论。

（二）调查研究过程

开展问卷调查，问卷发放时间始于 2021 年 4 月初，结束于 2021 年 4 月 15 日，调查范围包括北京、武汉、重庆等地在读大学生，方法为随机调查，采用网络发放问卷、当面填写等方式。

共回收 258 份问卷，对存在多处选项没有回答的或者问卷的回答时间过短或者过长的等问卷进行筛选。最后，共回收有效问卷 240 份，问卷有效率为 93%。

被调查者的基本情况见表 4-1。从被调查者的性别看，男性女性所占比例大致相同；参加过创新创业课程学习的比例为 60.8%，有 39.2% 的学生没有参加过创新创业课程学习；受到校友创业经验影响的占到 59.2%，有过一次创业经历的人数为 22 人，占到总人数的 9.2%，有过两次及以上创业经历的人数占到了 8.3%，从无创业经历的人数占总人数的 82.5%；在创业的意向城市方面，40.8% 的人意向为一线城市，45.8% 的人为新一线城市，13.3% 的人意向城市为二线城市；从学历上看，本科及本科在读所占比例较多，其中 45.8% 的人为大学阶段的一、二年级，11.7% 的人为硕博研究生。

表 4-1 调查样本基本信息

性别	男	女		总计
	49.2%（118 人）	50.8%（122 人）		240 人
参加创新创业课程学习	有	无		总计
	60.8%（146 人）	39.2%（94 人）		240 人
校友创业经验有无产生过影响	有	无		总计
	59.2%（142 人）	40.8%（98 人）		240 人
有无创业经历	无创业经历	一次经历	两次及以上	总计
	82.5%（198 人）	9.2%（22 人）	8.3%（20 人）	240 人
计划创业的城市	一线城市	新一线城市	二线城市	总计
	40.8%（98 人）	45.8%（110 人）	13.3%（32 人）	240 人
年级	大一与大二	大三与大四及毕业生	硕博研究生	总计
	45.8%（110 人）	42.5%（102 人）	11.7%（28 人）	240 人

学科背景调查显示，样本中人数最多的是具有理工类学科背景的学生，他们的频数达到 110 人，所占比例为 45.83%，几乎占据了一半的人数，其次是工

学和管理学，频数均为 28 人，比例均为 11.67%，两者总计比重达到约 24%，再依次是经济学、理学、历史学，人数最少的是哲学相关门类，比例只有 0.83%，人数只有 2 人，如表 4-2 所示（图 4-2 是根据各个学科背景人数所占比例所构成的饼图）。

表 4-2　样本大学生的学科分布情况

学科	工学	管理学	经济学	理工类	理学	历史学	农学	文学	医学	哲学
频数（人次）	28	28	22	110	18	12	10	4	6	2
比例（%）	11.67	11.67	9.17	45.83	7.50	5.00	4.17	1.67	2.50	0.83

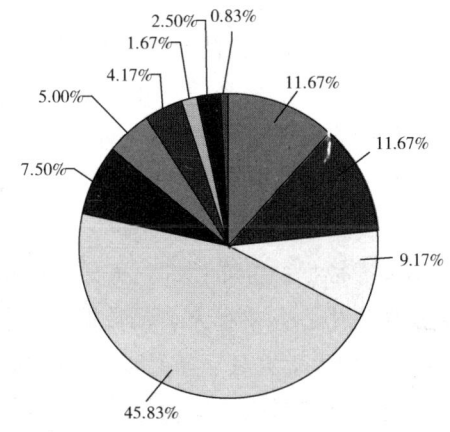

■工学 ■管理学 □经济学 ■理工类 ■理学 □历史学 ■农学 □文学 ■医学 ■哲学

图 4-2　调查样本中学科背景情况

调查问卷借鉴了刘万利①的调查量表中对于机会识别的部分问题，量化方式主要采用了李克特的五维量表，选项从"完全符合""比较符合""符合""比较不符合""完全不符合"按 5—1 分进行赋值。问卷的第一题到第五题，是针对大学生创业者的创业能力识别进行考察，为 A_1—A_5，A 对应了创业能力识别的维度；针对大学生创业者的创业目标识别进行考察的选项为 B_1—B_3，B 对应了创业目标识别的维度；针对大学生创业者的创业压力识别进行考察的选项为

---

① 刘万利．大学生创业者创业机会识别与创业意愿关系研究［D］．成都：西南交通大学，2012.

C_1—C_5，C 对应了创业压力识别的维度，D 项代表了大学生创业意愿的维度。由于每一种能力考察的题型内容具有完整性，所以在得分统计情况时，将用每个维度的所有题型的平均得分进行统计和计算方差。

针对平均得分来说，A 项（创业能力识别）得分最高，为 3.13，由此可见相对创业机会识别的三种能力来说，调查样本认为大学生创业能力识别维度的分数普遍较高，表明调查样本在喜欢用新的方式做事情、能在工作中发现需求、发现资源、对创业机会有良好的判断力及在生活中总能看到身边存在的创业机会等方面有确信程度，对这方面有较高的自信程度，这与"双创"背景下学生可以在学校学习创业课程、参加相关创业活动及社会对大学生创业实践的宣传有很大关系，学生更容易与有能力接触商业环境、了解商业运营方面的知识，同时他们在搜索、查找、甄选商业机会方面的能力也在增强。B 项（创业目标识别）与 C 项（创业压力识别）的得分情况相近，分别为 2.91 和 3.01，比起大学生对其创业能力识别维度来说要有明显差距，说明大学生在发现目标后采取行动能力以及面对创业压力时的机会识别要比创业能力识别方面差一些，但一旦目标确定，并且对风险感知有了把握后，创业者的意愿则有可能加强。D 项（创业意愿），得分为 2.81，略低于前三者，可以看出当代大学生仍保持着一定的创业意愿，但程度并不强。

众数和方差是用来表征数据的分布情况。方差主要描述整体数据的动荡情况，方差越小表示数据越集中，方差越大表示数据越分散。其中方差最大的为 D 项（创业意愿），说明当代大学生对于自主创业的想法是多样复杂的，有强烈创业意愿的人，同样也有不愿冒风险选择创业的同学。方差最小的两项是 B 项（创业目标识别）与 C 项（创业压力识别），分别为 0.87 与 0.86，相对而言，当代大学生的创业目标识别能力和创业压力识别能力较为均衡，发展差异并不是很大。对众数而言，A 项（创业能力识别）众数为 4.00，同样也验证了之前平均数部分的观点，当代大学生在搜索、查找、甄选商业机会方面的能力比较强，在该项得分表现很突出。B 项（创业目标识别）与 C 项（创业压力识别）的众数都为 3.00，整体水平居中。D 项（创业意愿）众数为 2.00，说明大多数学生对于创业还是持有一些保留态度，并不把创业作为首选，同样印证了平均数中 D 项平均值偏低的现状，详情见表 4-3。

表 4-3 因变量与自变量得分情况

变量	平均数	众数	方差
A	3.13	4.00	1.08
B	2.91	3.00	0.87
C	3.01	3.00	0.86
D	2.81	2.00	1.14

（三）信效度检验与相关性分析

用信效度的检验来测量本次问卷调查收集到的数据真实性以及数据质量，若信度与有效度检测不达标的项目，将给予剔除。

1. 信度检验

本书中对正式研究数据的信效度分析检验主要通过信效度检验方法进行，对创业机会识别能力当中的创业能力识别、创业目标识别及创业压力识别等变量进行信度分析。具体结果如表 4-4 所示，从该表上看正式研究数据测量条款的值均大于测量变量的 α 系数，均大于整体标准 α 系数，所以能够保留其测验条款，说明该测量量表符合信效度要求。

表 4-4 *KMO* 和巴特利特检验

KMO 取样适切性量数		0.844
巴特利特球形度检验	近似卡方	838.137
	自由度	105.000
	显著性	0.000

表 4-4 对创业机会识别能力的检验中，样本群体的 *KMO* 值为 0.844，其中显著性 0.000，远小于 0.01，说明通过了显著性检验，能够使用其效度检验数据。

根据表 4-5 的公因子方差检测结果，具体到了每一个单独的测验项，并且在表 4-6 中将公因子方差与其 *KMO* 检验进行对比，考虑到这个领域的特殊性，即作为一种抽象的能力不容易被测量捕捉，因此对 0.6 以上的公因子都能纳入进行考虑。除此之外，由于第 11 项——"我所创办的事业顺应潮流"，公因子方差为 0.381，与其他因子相差太远，效度检验不通过，其对于本研究的效度有待考量，因此剔除掉第 11 项，之后的研究不做考虑。

表 4-5　效度检验

序号	提取
A_1	0.890
A_2	0.681
A_3	0.668
A_4	0.696
A_5	0.722
A_5	0.650
B_1	0.696
B_2	0.704
B_3	0.742
C_1	0.620
C_2	0.745
C_3	0.381
C_4	0.731
C_5	0.657

2. 效度检验

表 4-6　可靠性统计

克隆巴赫 Alpha（标准参照系数）	项数（个）
0.780	5

从表 4-7 可以看出，关于问卷的测量条款中，删除后的 α 标准系数为 0.780，对照 12 个子选项 α 系数，发现大多集中在 0.742～0.912，因此大部分选项的信度测验都大于删除后 α 系数 0.780，因此能够用来作为之后的分析依据，

但是对于第 8 项 α 系数 0.019，与平均值偏差相对较大，在之后的分析研究当中，将这个分项删除。

表 4-7　信度检验表

序号	修正后的项与总计相关性	删除项后的克隆巴赫 Alpha
A_1	0.685	0.847
A_2	0.705	0.843
A_3	0.692	0.846
A_4	0.758	0.830
A_5	0.654	0.855
B_1	0.112	0.785
B_2	0.158	0.813
B_3	0.262	0.019
C_1	0.542	0.788
C_2	0.635	0.912
C_3	0.587	0.776
C_4	0.548	0.742

3. 相关性分析

在对理论模型验证之前，本书先对调查对象的三大识别性因素，即创业能力识别、创业目标识别及创业压力识别和创业意愿与创业行为进行相关性分析。

说明：通常情况下，极强相关性 $0.8<r<1$，强相关性 $0.6<r<0.8$，中等程度相关性 $0.4<r<0.6$，弱相关性 $0.2<r<0.4$，极弱相关或无相关性 $0<r<0.2$。

（1）创业能力识别维度分析

由表 4-8 可知，创业能力识别和大学生创业意愿的相关系数 $r=0.279$，具有一定相关性。

根据创业能力识别的定义，创业能力识别主要是指发现创业机会及能够处理与判断方面的能力。与大学生创业意愿同样具有一定的相关性，说明大学生的创业能力识别在一定程度上会影响大学生的创业意愿。

表4-8 相关性分析

序号	项目	D
A	皮尔逊相关性	0.493**
	显著性（双尾）	0.001
	个案数	240
B	皮尔逊相关性	0.673**
	显著性（单尾）	0.000
	个案数	240
C	皮尔逊相关性	0.279**
	显著性（单尾）	0.000
	个案数	240

注：** 表示在 0.01 级别（双尾），相关性显著。

（2）创业目标识别维度分析

根据 Kendall 等级相关，用来表示分类变量相关性的指标，适用于两个变量均为有序分类的变量，创业目标识别能力和创业意愿都是有序分类变量，根据表4-8可知，创业目标识别能力和创业意愿的相关系数 $r = 0.673$，存在强相关关系，值得关注。

以李克特量表的得分为基础，制作了不同创业目标识别能力强弱的创业意愿分布图，可以观察到图4-3的频数分布的趋势图拟合情况：学生的目标识别能力越强，创业意愿越强，当得分为8~10时，数量达到顶峰。最后趋势图的拟合 R^2 值为 0.653，与相关性系数 0.673 相接近，也可以得出创业目标识别能力与学生的创业意愿具有强相关关系的结论。

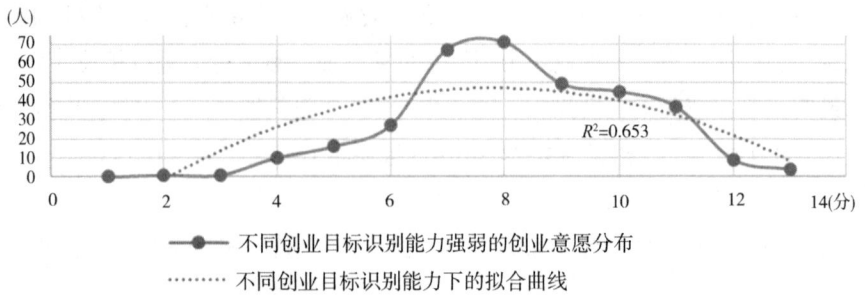

图4-3 不同创业目标识别能力强弱的创业意愿分布

（3）创业压力识别维度分析

根据表 4-9 的相关指标，自变量 $p=0.000$，显然小于显著性水平 0.01（双尾），即认为该模型系数也是显著的。由表 4-8 可知，创业压力识别和创业意愿行为的相关系数 $r=0.493$，具有中度相关性，可以解释为当一个学生的创业压力识别能力提高时，其创业意愿也会增强。

（四）回归分析

根据模型构建与相关性分析，本书构建了创业机会识别能力与创业意愿之间的公式。自变量是大学生机会识别能力的高低，其中包括创业能力识别、创业目标识别、创业压力识别。因变量是创业意愿。可以将其表示为：

Y（创业意愿）$= A \times X_1$（创业能力识别）$+ B \times X_2$（创业目标识别）$+ C \times X_3$（创业压力识别）

这部分旨在对创业意愿进行回归分析，回归可以用来描述解释变量和被解释变量的关系以及预测被解释变量的平均值，本书采用回归分析来建立简单的线性模型，实现了回归方程的设立。为了对创业行为进行深度剖析，以创业意愿为因变量，创业能力识别、创业目标识别、创业压力识别为自变量。具体过程是将 Excel 数据导入 SPSS 中，设置好指标值；点击分析，再点击回归分析，进行回归模型的建立。

由表 4-9 可知，调整后的 R^2 为 0.496，说明模型可以解释 49.6% 的变异量。R^2 为回归平方和与总离差平方和的比值，这一比例越大越好，模型越精确，回归效果越显著。R^2 介于 0 和 1 之间，越接近 1，回归拟合效果越好。德宾-沃森值为 1.940，通常情况下，此值为 1.5~2.5 是合理的，若在 2 左右，即认为通过 DW 检验，模型中不存在自相关性。该模型中 DW 指数为 1.940，因此不存在自相关性。

表 4-9　回归效果检测

模型	R	R^2	调整后 R^2	更改统计		德宾-沃森
				F 变化量	显著性 F 变化量	
1	0.719[a]	0.517	0.496	24.422	0.000	1.940

根据表 4-10，通过 F 检验得出 F 统计量为 24.422，显著性为 0，它的 p 值小于显著性水平所要求的 0.05，所以可以拒绝原假设，能够认为该模型整体显著。

表 4-10 显著性检测[a]

模型		平方和	自由度	均方	F	显著性
1	回归	70.228	5	14.046	24.422	0.000[b]
	残差	65.563	114	0.575		
	总计	135.792	119			

如果统计数据中的误差项服从正态分布的这一假定成立，则标准化残差的分布也服从正态分布。从表 4-11 和图 4-4 可以看出，除了少数个别的点外，所有的标准化残差都为-3 至 2，因此误差项服从正态分布的假定成立。

表 4-11 残差统计[a]

	最小值	最大值	平均值	标准偏差
预测值	1.480	5.280	3.190	0.760
残差	−1.958	1.764	0.000	0.752
标准预测值	−2.255	2.745	0.000	1.000
标准化残差	−2.588	2.331	0.000	0.994

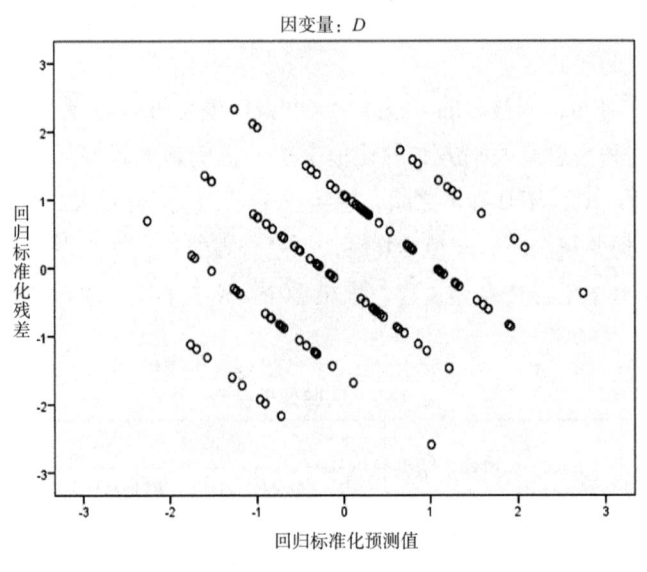

图 4-4 残差散点

由模型系数表 4-12 可知各变量的标准化系数和显著性，创业能力识别 A、

创业目标识别 B、创业压力识别 C 等自变量 p 值小于显著性水平 0.05，即认为该模型系数也是显著的，同时从系数来看，创业能力识别与创业意愿呈负相关关系，创业目标识别与创业压力识别和创业意愿呈正相关关系，所以在方程 Y （创业意愿）=$A×X_1$（创业能力识别）+$B×X_2$（创业目标识别）+$C×X_3$（创业压力识别）中，$A = -0.191$，$B = 0.651$，$C = 0.168$。最终已知的所有参数都代入其中的话，可以得到这样的一个方程：

$$Y = -0.521 - 0.191×X_1 + 0.651×X_2 + 0.168×X_3$$

表 4-12 回归方程系数表[a]

模型		未标准化系数		标准化系数	t	显著性	共线性统计	
		B	标准误差	$Beta$			容差	VIF
1	（常量）	-0.521	0.376		-1.387	0.168		
	A	-0.081	0.034	-0.191	-2.359	0.020	0.655	1.526
	B	0.334	0.044	0.651	7.529	0.000	0.566	1.768
	C	0.064	0.032	0.168	1.995	0.048	0.600	1.666

即创业目标识别能力、创业压力识别能力的评分越高，则 Y 值越高，表明这两项的识别能力越强，大学生的创业意愿越强；创业能力识别能力评分越低，大学生创业意愿越强。当大学生的创业目标识别能力、创业压力识别能力每上升 1 个百分点时，大学生创业意愿分别随之增加 65.1%、16.8%；当大学生的创业机会识别能力上升 1 个百分点时，大学生创业意愿有可能降低 19%。

第四节　研究结论

通过上述研究，创业机会识别能力与创业意愿关系模型结果具体见图 4-5。

图 4-5　创业机会识别能力与创业意愿关系研究模型结果

一、创业机会识别能力的促进作用

创业目标识别能力、创业压力识别能力具有促进作用，即创业目标识别、创业压力识别的评分越高，说明该两项的能力越强，则大学生创业意愿以及创业行为可能性分别随之增加。换而言之，如果该学生的执行能力以及发现既定目标之后的实践能力越强，他们创业的意愿就会越强。如果该学生面对压力的能力越强，能够灵活处理其各种风险和不确定性，他们的创业意愿与创业行动同样也会随之增强。创业目标识别能力对创业意愿的促进作用更显著，相关系数高达 65.1%，说明大学生创业者的目标识别能力越强，在发现市场机会之后采取行动的执行力越强，往往就具有更强的创业意愿。这也能够解释创业目标识别能力越高，越能够把握住当下的商业机会，享受到创业给他们带来的好处和红利，促使他们更加坚定创业的想法。

二、创业机会能力识别的抑制作用

创业机会能力识别对创业意愿具有抑制作用。创业能力识别的评分越高，大学生创业意愿反而会随之降低。创业能力识别主要是指发现创业机会并且能够处理并判断的能力。具体表现在大学生创业者对自身的相对竞争优势能够做到客观正确地评估。直觉上创业意愿会被解释为搜寻信息越多，对创业信息掌握越多的人越可能有创业意愿，但研究结果证明创业能力识别对创业意愿起抑制作用，即该能力的增加反而会降低大学生的创业意愿。通过调查时的一些个案访谈和资料查找，对这一结论可能的解释是：面对当今不够稳定的经济形势以及运行环境，收集越多信息，了解创业复杂过程的人可能会强化创业困难与风险认知，从而使他们对创业的态度更加的谨慎，随之创业意愿也会降低，他们可能选择风险小、回报快的岗位，增强职业选择中的稳定性与确定性，这个结论也从另一个角度解释 Kirzner 创业机会识别或者来自意外，或者是基于系统收集信息过程的激发，创业者的创业意愿可以具有冒险性、激情性、冲动性，如果了解困难与听从外部的意见、想得越多，越会抑制其创业意愿与创业行为。创业能力识别对创业机会的抑制作用也可能来自目前高校优质创业教育不足，不能满足大学生对创业的全面了解与实践体验，其风险预测过高，创业意愿降低。

第五节 促进大学生创业意愿的对策与建议

一、加强创业教育

创业机会识别能力与创业意愿有着紧密的联系，对创业机会识别能力的培养十分重要，创业机会识别能力可以通过一些优质的创业教育与培训来提高。在创业教育体系打造方面，除相关专业知识之外，更应该增加一些关于大学生创新创业实践方面的机会和锻炼，提高学生敢于实践，敢于冒险的能力，培养知行合一的实践观，鼓励大学生把个人目标与创业活动目标紧密结合。

但是，当前我国对于大学生的创新创业教育体系还存在着许多需要改进的地方，比如，创新创业教育普遍采用"一脉相承"的课程内容①，未结合当下社会背景和整体经济发展趋势对学生进行创业教育与提供创业实践，由于实际创业经验不够，再加上缺少实践的检验，高校毕业生在创业过程中缺乏相关知识及对市场预测和分析能力。因此，在之后的创业创新教育体系打造当中，同样也应该以创业创新的逻辑体系开展学业与实践。因为只有在创业实践中切身经历了各种锤炼，才能提高自己创业机会识别能力，从而面对创业过程中的各种挑战。

二、完善创业扶持政策

创业目标识别能力也是创业机会识别能力的一个重要组成部分。根据回归分析结论可得，创业目标识别能力对于创业者创业意愿仍然具有较强的促进作用。

从现有研究文献了解到，我国的创业扶持总体政策内容时效性不强、政策主体协作困难、高校推行力度不够。作为协作的主体，政府应该加强与社会各方的联系，倾听与了解各方在支持大学生创业过程中遇到的问题、困难与建议，针对政策制定过程中出现的新问题及时调整与优化，增强政策内容的系统性、时效性。从而为创业大学生提供更全面的、更有针对性的、系统化的、具体的政策支持和指导。

---

① 黄馨平，陈嘉倩. 后疫情时代大学生创业政策发展路径研究 [J]. 石家庄铁道大学学报（社会科学版），2021，15（1）：86-91.

在创业政策具体落实的实践领域，可以考虑进一步强化创业孵化器的作用。创业孵化器能够为具有创意创业者提供硬件、软件配套设施的支持与服务，满足创业者不同方面的需要，降低创业企业的风险和创业成本，当有创意火花迸发时，在孵化器的支持之下，创业者能牢牢把握机会，将原本简单抽象的创业构想最终变为切实可行的商业方案，提高创业的成活率和成功率。

三、创业氛围营造

在大学校园创业氛围营造方面，大学校园承担着成为文化思想的先锋地，主流意识高地的重要责任。在推行大学生创业教育方面，首要的是形成一种宽松、和谐、自由的创业氛围。高校可以鼓励各种创业尝试的行为，最终达到为学生营造一种自由且宽松的创业环境的目的。大学生创业者在这个环境中，勇于创业、敢于冒险、不惧失败，最主要的是在这种氛围中培养一种正确的创业观，即创业并不只是为了能够赚更多的钱，创业是一种自我选择的就业形式。

总之，该研究的结果不仅诠释了大学生创业者实施创业活动时的内在机理，而且还为制定宏观政策提供了理论建议。在经济迅猛发展的今天，无论从事企业管理工作还是实施创业，每个人都应该遵循创业的内在规律，把创业意愿与创业行为转变为先进生产力。

第六节　研究不足与展望

一、研究不足

当今学术界已经充分认识到创业机会识别研究在创业研究中的重要性，揭示创业机会识别在创业过程中如何发挥作用，有助于打造良好的孵化器生态，促进创业成功，但同时也要看到创业过程受很多动态因素影响，创业者做出创业决策是由多个因素共同作用形成，创业行为受多个变量影响，如学者研究发现，创业效能感在创业意愿与创业行为中是一个很重要的中介变量。同样，人格特质论也作为影响创业意愿的中介变量被多次验证。刘牧对创业者社会特质与创业意愿、创业能力之间的关系进行了挖掘。黄翠翠也提出了同样的观点，并认为外向性、开放性人格与创业者创业机会识别能力存在正相关关系①。在房丽华的研究中得出的结论是，对感知风险影响的忽略可能会导致创业活动的失败②，同样，温忠麟的研究也提出，创业者在创业时表现出更高的风险倾向。③

本书验证了创业机会识别变量与创业意愿在大学生创业者领域的关系，对中介变量相关内容未做研究。同时由于在理论基础与研究方法等方面还存在不足，研究的质量上还有很大提升的空间。同时，数据的处理方法不够全面，对数据挖掘不够深入，因为在样本中即使是同样学科背景的学生，受知识、能力、经验等影响所形成的创业意愿还会有很大的不同，所以在研究成果的借鉴意义上有待进一步考证。

二、研究展望

创业机会识别研究在创业研究中是一个重要领域，研究对象为大学生是该研究中的新拓展，为"大众创业，万众创新"时代大学生创业的研究与实践带来新的视角。希望此书能使高校不断完善创新创业课程，完善大学生创业者创业能力培养体系，将大学生资源转换为新时代社会经济可持续发展的强大助推力，涌现出一批能顺应新时代潮流的行业标杆；也期望未来研究中可以加入创业教育和校友经验等中介变量作用，取得更有价值、更有示范性的大学生创业研究成果，为创业服务的政策、教育、培训等体系提供指导与借鉴。

---

① 黄翠翠. 大学生创业者人格特质、创业警觉性与创业机会识别关系的实证研究［D］. 蚌埠：安徽财经大学，2016.

② 房丽华. 互联网思维与大学生创业机会识别之间的关联度［J］. 湖北经济学院学报（人文社会科学版），2017（11）：116-118.

③ 温忠麟，侯杰泰，张雷. 调节效应与中介效应的比较和应用［J］. 心理学报，2005，37（2）：268-274.

第五章

大学生创业质量评估指标体系构建的探讨

尽管可以借鉴的大学生创业质量体系研究文献不多，但创业活动实践对评估大学生自主创业质量的需求很多，从理论研究与实践探索两个层面，对大学生创业质量评估指标体系构建大致可以从研究者视角、政策审批者视角、创业投资人视角、中国国际大学生"互联网+"创新创业大赛视角、高校创业教育工作者视角及大学生创业者视角等方面进行总结梳理及比较研究。

第一节　研究者视角

黄建桥等人对大学生"互联网+"创业模式开展评价研究，通过创业者自身属性、创业动机、创业资源、创业团队及创业环境5个一级指标，25个二级指标构建了大学生创业质量评估指标体系。① 宋正刚等人从微观和宏观两个层次构建了4个维度12个一级指标的大学生创业质量评价体系。其中微观层次关注大学生创业者创业动机和创新能力。创业动机的性质与水平依据《全球创业观察报告》中提出生存型创业和机会型创业两种类型，认为机会型创业比生存型创业总体质量更好；创新能力评价根据分类为模仿型创业和创新型创业两种模式，认为创新型创业比模仿型创业质量更优。宏观层次包括创业教育与创业环境两个维度：创业教育维度包括创业知识与创业技能两个子维度，其内涵为大学生创业者若具有创业所需的创业知识和技能，则其创业成功率较高；创业环境维度包括政府激励与引导政策、宏观经济发展水平、融资信贷支持、高校创业支持、社会文化与商业氛围及社会网络支持6个一级指标。认为接受创业教育的大学生会更具备创业能力和资质条件，从而具有更高的创业质量，而了解创业政策并得到政策优惠和扶持的大学生创业者，其创业质量也会处于较高水平；受到公共服务支持，尤其是创业融资支持的大学生创业者，其创业的成功率更

---

① 黄建桥，黄炜，程钰，等．"互联网+"大学生创业模式的评价研究［J］．湖北农业科学，2017（1）：181-186.

高，影响力更强。在以上分析的基础上，该指标体系明确划分为创业动机、创新能力、创业教育以及创业环境 4 个维度，一级评价指标包括：生存型、机会型、创新型、模仿型、创业知识、创业技能、政府激励与引导政策、宏观经济发展水平、融资信贷支持、高校创业支持、社会文化与商业氛围、社会网络支持等。该指标体系构建以蒂蒙斯创业活动三要素理论为基础，将创业机会、创业者个人特质及资源部分系统整合入指标体系中，缺点是理论构建缺少结果指标，缺少现实检验，是否具有现实操作性还需更进一步验证，在指标细化和内涵解释及适用范围的限定条件上还需进一步加强。① 陆秋萍等人在此基础上以 CIPP 模型为理论基础，构建了对返乡创业大学生创业质量的评价体系。② CIPP 模型将背景评价、输入评价、过程评价、结果评价作为一级指标，并从这 4 个维度展开讨论，拟定 22 个二级指标开展创业质量评价。背景评价的指标包括区域环境、家庭环境、社会环境和学校环境；输入评价包括信息输入、资金输入、人力资源输入、技术输入、基础设施等；过程评价包括行业选择、机会识别、团队建设、企业融资、创新投入、渠道设计、风险应对和利益分配；结果评价包括财务成果、产品和服务、创新与成长性、社会效益、利益相关者等指标。该指标体系以评估理论为基础对创业质量的所有因素进行全面考量，指标体系具有科学性与综合性，但该研究更多的是从理论层次思考而构建的模型，未经过实践检验；同时，该指标体系还因未对创业进行分类，数据获取难度大，指标内涵解释有待进一步完善等导致该评估指标体系在实践中可操作性不强。薛瑞提出了总体创业质量和各维度质量的评估指标体系，总体创业质量包括生成与成长、创新、内部效益与外部效益 4 个维度③，因为客观财务数据难以获得，所以会以主观感知指标来替代。生成与成长维度以销售额增长率、员工人数增长率、团队成员离职率、感知的市场份额增长率及企业持续经营五年的可能性等指标来代表；创新维度以感知的产品或服务识别度、发明专利申请数、研究人员占从业人员比重、企业技术开发经费投入占总投资比重等指标来代表；内部效益维度以总投资年平均报酬率、创业者满意度、感知的员工满意度等指标来代表；外部效益以创造就业岗位数、企业平均纳税额、感知的顾客满意度等

① 宋正刚，张森. 大学生创业质量评价指标体系的初步构建［J］. 天津商务职业学院学报，2017（2）：52-56.
② 陆秋萍，王景莹，高梦洁，等. 基于 CIPP 模型的大学生返乡创业质量评估体系的构建与优化［J］. 广东青年研究，2022（2）：103-112.
③ 陆秋萍，王景莹，高梦洁，等. 基于 CIPP 模型的大学生返乡创业质量评估体系的构建与优化［J］. 广东青年研究，2022（2）：103-112.

指标来代表。这个指标体系中增加了从创业者本身的满意度来测量创业质量，是对之前创业质量评估体系的优化，但该指标体系中对高质量创业的界定不清晰，也与之前的评估指标一样，复杂度高，难度过大，操作性不强。

第二节　政策审批者视角

如前所述，"双创"战略对区域经济发展具有重要影响，各级政府也在采取积极的政策措施对高质量的初创企业进行扶持，也因此制定了相应的筛选标准。如某省的工商部门会邀请相关专家对高质量初创企业进行审核，审核的维度包括：创业的性质维度，包括企业成立的时间、注册地点、工商税收的情况、是不是政府扶持的科技型创业等指标，尤其关注的是成立少于三年的企业，因为其具备初创企业的特征，同时，不同注册地也表明其可享受的扶持政策不同；行业维度，这一维度用来衡量该企业是不是创新型创业企业，主要业务是否包括新一代信息技术、生物技术等指标；人才团队维度，包括创业者的综合能力、公司团队的综合实力等指标；销售收入维度，这一维度主要反映公司的运营情况；知识产权维度，这一维度反映企业科研技术创新能力；融资情况维度，用来表明企业有较好的投资前景；企业资质维度，主要考量企业是否获得如高新企业等认证，如果具有相应资质，则表明企业具有更高的质量。

这些指标强调初创企业的身份，重视企业是不是高新技术企业或具有良好发展前景等，从创业企业的行业特性、投资前景、团队、企业资质及财务指标等关键指标进行评估，从而对符合指标的优质项目进行政策扶持。

第三节　创业投资人视角

创投机构向属于科技型的高成长性创业企业提供股权资本，目的是在被投资企业发展成熟后，通过股权转让等方式获取中长期投资收益。在业界，投资人选择优质创业企业有不成文的判断标准，即"产品好不好，市场大不大，增长快不快，逻辑顺不顺，数据涨不涨，指标硬不硬，模式有没有，收钱行不行，老大强不强，团队齐不齐，融资多不多，价格低不低"等，主要从项目方向、产品和模式、团队等维度进行评估，如果是硬科技，还会重点考察技术领先性、试用情况、是否刚需、商业逻辑是否成立等。投资界也在尝试建立科学、系统、适用的指标体系，选出优质项目。从整体来看，创投机构评选指标中涉及要素主要集中于市场、团队、产品、商业模式、管理及政策多个方面，其中最为强调的因素包括管理团队、竞争优势、商业模式和增长潜力这 4 个指标。

也有学者根据投资人的关注点，结合大学生初创企业项目，设计投资人的专业化、科学化评审指标体系。研究认为，投资人会从创业者个人特质维度、企业初步运营状况中的财务属性维度及企业初步运营状况中的行业模式和行业属性三个维度对大学生自主创业质量进行评估。在个人特质维度，重点考察创业者个人性格属性、能力属性、专业属性、家庭背景及个人经历；在企业初步运营状况中的财务属性维度，重点考察创业企业的财务指标及可量化的数据，企业已有的投资规模、团队从业经历、核心人力资源等；在企业初步运营状况中的行业模式和行业属性维度，考察行业进入壁垒、未来市场增长性、技术的先进性等。

该研究优点是其评估群体都是大学生初创企业，是同质性群体，投资人从获利角度对创业项目进行评估，指标针对性强；缺点是指标繁杂、数据难以获得，对大学生创业与社会创业的不同特质不能进行有效区分，忽视大学生自主创业发展潜力及大学生创业对高等教育及社会价值的引领等作用，最后或者是以投资人的直觉，或者是以客观指标决定了投资决策，有可能会错失好项目。

第四节　高校创业教育工作者视角

高校创业教育工作者更关注创业对大学生个人成长的作用及对专业人才培养目标的达成度。相比之下，创业是否成功，企业挣了多少钱，在教育工作者的眼中比不上"大学生是否热爱自己的创业，价值观是否有所成长，能力是否得到锻炼，是否能带动其他同学创业，甚至是否未来能反哺学校"重要。许多从事大学生创业管理的教育工作者都认为，大学生创业的意义不能用首次创业的成败来评价，而应更注重创业实践对创业人才培养的价值，高等教育在服务创新型国家中的使命与责任。北京大学就业指导中心主任陈永利认为，"一个人的奋斗期很长，创业过程中能力增长，有了社会担当，甚至发现不足，都能为未来的成功奠定基础"，因此，陈永利认为，"如果硬要说学生创业成功的标准，我看有两个，一是学生企业运转正常；二是从学校教育的角度来说，只要学生在这个过程中学到知识有所收获，就是成功的"。①

第五节　"互联网+"创新创业大赛视角

中国国际"互联网+"大学生创新创业大赛（以下简称"互联网+"大赛）到 2022 年已举办了八届，成为深化创新创业教育改革的重要载体和平台，在前七届的比赛中直接或间接创造就业岗位 591 万个。通过大赛的评选，推出了一批科技含量高、市场潜力大、社会效益好的高质量项目，吸引了投资人的关注，也促成项目最终转化成创业，如笔者访谈的北京格镭信息科技有限公司、北京禾硕嘉果品产销专业合作社等都是在参加完创新创业大赛之后开始创业的。大赛通过分类评估的方式，对不同层次与不同阶段的创业项目设计不同的评估标准，如高教主赛道设立创意组和初创组、成长组，每个组都会有不同的评估指标，各个指标的权重也有所侧重，如对成长组的评审指标分为教育维度（20）、商业维度（30）、团队维度（20）、创新维度（20）、社会价值维度（10）共五个维度。"教育维度"是 2022 年第八届比赛中新增加的维度，而且将其列入首个维度，评审的内容共有 5 项，包括创业项目是否具有价值观、家国情怀、伦理规范及有利于培养创新创业精神；创新创业教育是否对创业者专业知识与商业知识的结合及素养和认知的塑造发挥作用；创业项目是否能展现出创新创业教育对创业者产生效力；创业项目是否能体现出团队解决复杂问题的认知与思维力；创业项目是否能体现出新工科、新医科、新农科及新文科建设方面的成果、是否体现出学校对项目培育、孵化的支持情况及在学科交叉及产学研协同创新、产教融合模式方面的重要作用等，这一维度更多的是评估大学生创新创业教育对创业产生的影响。"商业维度"考核点包括：创业团队在产业、市场定位及商业模式方面的表现；在经营绩效方面，尤其是财务性指标方面的表现；在经营管理方面的表现；企业在成长性方面的表现；在现金流及融资方面以及在促进经济发展方面的表现。"团队维度"的考核点包括：团队的组成原则、愿景及知识技能、经验，和外部支持网络等；组织架构、团队成员对企业的投入、团队沟通及与外部交流等。在"创新维度"方面考核重点为项目实现从创意到应用的过程、专业知识到解决市场需求、有市场回报、创新协同保持公司的竞争力。最后在"社会价值维度"考量的指标包括直接与间接的解决就业岗位的

---

① 大学生休学创业，敢于追梦 OR 年轻任性？［EB/OL］. 中国青年网，2019-03-09.

情况，以及对社会文明、生态文明及民生福祉的积极推动作用。

"互联网+"大赛指标体系的构建反映了教育部与各级政府、各高校通过大赛培养"双创"主力军，达到"以赛促学、以赛促教、以赛促创"目的。针对不同参赛组别设计差异化的指标体系，针对目标不同，对指标赋予不同的权重，通过指标可以明确大赛以人才培养为导向，以深化教育教学改革为手段，以最终学生的知识、能力及创业成果为检验，从而推动形成高质量的大学生就业创业的新局面。该指标体系经过实践检验也在不断完善与优化，对现实有很好的导向性作用，但这个指标中综合考量的要素多，既要评估创业过程，又要评估创业结果；既要综合考虑财务指标，又要评委对一些非财务指标进行打分，对评估要求很高，在实际操作过程中如果没有客观数据，只听参赛选手表述的话，会产生选手夸大自己的想法与成果，甚至是数据造假的情况。

第六节　不同评估视角下的指标构建述评

综合分析以上不同评估视角下对大学生自主创业质量评估指标体系的设计可以得到如下结论。

第一，不同利益主体基于不同的期待与需求，会从不同的视角对大学生创业质量开展评估，因此评估的指标体系差异较大，评估的方式与手段相差也很大，尽管评选出来的结果可以称为高质量创业，但实际上的内涵有非常大的不同。如"互联网+"大赛中注重创业项目的教育性目的，因此在指标中强调教育维度并赋予该维度 20 分的权重，同样，高校创业教育工作者及大学生创业者本人也重视知识、能力、经验及心态的成长，认为大学生创业的教育价值仅次于商业价值；而投资人与政策审批者对教育维度指标并不看重，他们的指标体系更强调项目的成长性与未来发展潜力，因此创投机构的评估指标尤其注重创业者管理能力、市场、优势及潜力等。

第二，现有的大学生创业质量评估指标体系的一个特点是比较全面、综合，尽可能包含所有创业活动要素，一个指标体系中既包括客观指标，又包括主观指标；既有过程性指标，也有结果性指标；既有量化指标，也有定性指标，从而体现出评估主体既强调创业结果，又强调创业过程；既强调创业营利性，也注重创业所带来的社会价值；既注重当下的绩效，也重视未来的成长潜力；既重视创始人的能力与特质，也强调团队的配合；既突出强调个别指标的重要性，也强调各指标之间的有机配合形成的质量表现；既注重人、技术、资金等财务性指标，也注重政策、社会文化、环境等非财务性指标。这固然能突出表明创业活动的全面性，但高质量并不意味着全要素。在实际评估过程中，指标项目过于繁杂，指标难以测量，操作性差，给评估实践带来非常大的挑战，降低评估效率，最后的结果要么是以主观判断为主，要么会平衡各指标选项，把各方面表现平均的项目评选出来作为高质量的创业项目。

第三，现有实践中创业质量评估主体具有创业利益主体多元化特征，但创业者对创业质量进行评估的研究相对较少，大学生创业者的评估质量和大学生的创业目标与不同阶段相结合少，对大学生自主创业质量的分类与分阶段开展评估实践的研究较少，如对有创业意愿与正在开展创业实践的大学生自主创业项目，科技类与服务类创业项目，在校大学生与毕业当年及毕业三年半内创业的创业项目，初次创业与连续创业项目等，都可以尝试进行分类、分阶段评估。

第四，大学生自主创业活动质量的追踪性研究仍旧空白。自实施"双创"政策以来，大学生自主创业者数量得到显著增加，经过了八年的发展，现在的研究与实践有必要在识别与培养高质量的大学生自主创业方面更进一步加强，从而促进优质大学生创业项目的产生与成功，也对促进创新型经济发展产生积极影响，而这部分需要通过构建大学生创业者数据库及对数据库的更新与维护来做研究基础，以数字化手段对大学生自主创业质量进行识别与追踪性评估。在创业成功与失败的典型案例中发现相关规律，从而预测哪些输入性指标对高质量创业产生影响，使纵向、海量的数据能有效转化成有用信息，更早地预测创业行为对创业结果的影响程度，使创业政策能根据评估结果进行有针对性的调整。

第七节　大学生创业质量评估指标体系构建

结合大学生创业质量评估理论研究与实践结果，笔者尝试在大学生创业质量评估指标体系的构建上开展一些探索。主要的研究工具为调查问卷与质性访谈两种方法。

一、专家角度的大学生创业质量评估指标体系构建

从专家角度设计与发放调查问卷，主要内容是了解大学生创业质量各指标的权重赋值。发放对象包括社会创业者、高校主管学生创业老师及投资人，该问卷包括 4 个维度，分别是创业者、创业活动、创业结果及创业生态，4 个维度

下是对指标内涵的解释，共收回有效问卷 37 份，从专家问卷的结果来看，4 个一级指标——创业者（包括团队）、创业活动（包括创业动机）、创业结果（包括财务指标）与创业生态（包括创业政策、创业教育、创业环境等）的均值分别为 36.40、23.80、21.90 及 17.95 分（满分为 100 分），各指标之间的肯德尔系数呈显著性特征，但系数不高，指标间的区分度还要加强。从专家的视角来看，大学生自主创业是以大学生为中心的创业活动，人是最重要的要素；第二个是创业活动，包括大学生如何识别与运用机会和资源等；第三个才是创业结果，包括盈利情况、解决就业岗位数量及创业持续的时间等；创业生态的指标权重明显最低。

二、创业者视角下的大学生创业质量评估指标体系构建分析

这部分通过质性访谈开展研究，访谈对象为 33 名大学生自主创业者，他们或者是在校时开展创业，或者是在毕业当年到三年半内开展创业；学历包括博士、硕士、本科与专科；创业地点有北京、吉林、江西等地区；创业行业包括高科技企业、教育机构、餐饮、健身等生活服务行业。访谈的内容集中在创业过程与经历、对大学生创业质量评估指标构建的思考、对创业经历的反思等。

（一）研究方法

本研究运用扎根理论，通过开放式编码、主轴式编码和选择性编码 3 个步骤来对资料进行质性分析，并通过理论饱和度检验来保证研究效度。按照三分之一的比例，本研究分别对访谈做了两次独立编码，在互不影响的情况下，独自对访谈记录文字稿进行研究分析，选取与研究内容密切相关的句子进行概念化，并对概念进行分类，进一步范畴化。最后，将各自的编码一一对照，找出两次独立编码相同和不同的编码内容，采纳相同的编码内容，将不同的编码进行深入思考阅读对比，在这一过程中会剔除出现频率少于 2 次无法进行范畴化的概念。

（二）研究过程

1. 开放式编码，提取概念和范畴

开放式编码指在研究之初将收集到的资料分解、比较、概念化和范畴化的过程，是一个根据一定原则将大量资料打散，赋予概念，然后再以新的方式重新组合起来的操作化过程，其目的是从搜集的原始资料中发现相同或相近的类型，同时对类型加以命名，以确定类型的概念和维度。开放式编码包含 3 个步骤：概念化，将原始评论中的内容提取，打散成独立的句子，并对这些句子提取编码要素，进而进行通俗化语言向精练化语言的转变，形成初步概念；概念分类，对概念进行优化、分析和筛选，把同一类属的概念聚集起来，分析词语间的联系，形成属于同一范畴的概念丛；范畴化，对概念丛进一步抽象并命名。利用vivo12.0的自由编码功能，将采集的访谈数据不带任何研究者的预设和偏见逐字逐句进行编码、打标签，从原始资料中产生初始概念、发现概念范畴。开放性编码的结果如表5-1所示。

对文本进行逐行逐句的开放式编码，通过这一过程可以确认和发展概念及其特征和维度。具体过程是将相似的事件和情况进行命名并对其归类以形成范畴，最后的结果是形成一份编码代码和范畴的清单。在本研究开放式编码过程中，共产生235条原始语句和235个概念，最后得到21个范畴，209个概念。

表5-1　开放性编码结果

访谈内容	开放性编码提取的范畴	频次（次）
第三，创新性。这一指标有理论参考价值，但在实践中去评价大学生创业质量很难，创新是具有颠覆性的，而颠覆性行业是"大佬"做的。在大学生创业实践中可以考察其创业项目与最新科技的衔接情况。	创新性	7
第三，创业领域的未来发展是否在变革期。	创业领域发展与变革	5
对于大学生创业，我的建议是大学生应该先想清楚自己创业真正的动机是什么，可以多去了解一些相关的资料，多去听学校里与创业相关的一些课程、讲座。如果这时还有创业的想法，那么应该尽早积累一些社会经验，或者去参与一些创业工作，不要盲目去创业，因为创业本身是一件不确定性比较大和风险比较高的事情，还是要多做一些准备，增加一些确定性。	创业认知与准备	17
从优势来看，第一，大学生创业者的创业有很扎实的专业基础；第二，大学生创业者有比较完整的、系统的创业知识体系作为支撑；第三，大学生的学习能力很强。	创业知识与能力积累	5

续表

访谈内容	开放性编码提取的范畴	频次（次）
决定创业时，我做了认真的准备，我先从自己拥有的资源入手，比如，我对哈密瓜的生产、销售、产量、质量很熟悉，我对北京周边有机农场也很熟悉，调研时发现同期同类市场没有相同的品类品牌，产品需求量很大，销售市场就从这部分打开。	创业资源与条件	9
因此，大学生创业首先应该评估风险，如果说去创业这件事情，对他们现在这个阶段不会产生很大的经济或生活上的影响，自己的基本生存问题可以解决，那么这样的创业决策会更从容与理性，同时失败率会降低很多。	风险评估	8
第一，资金，包括现金流和资金使用效率。	资金准备	14
我在北京从没吃到过有家乡味道的瓜，当我从家乡回来，把家乡的瓜带给同学品尝时，大家都赞不绝口，这让我一直思考，为什么在北京吃不到正宗的新疆哈密瓜呢？我可以做些什么，让更多的人吃到正宗的新疆哈密瓜呢？	服务他人	5
我觉得大学生创业是一个非常历练人的过程，即使创业没成功，但对你的成长作用一定是很大的。也许你不一定是一个成功的创业者，但是你肯定是一个很棒的就业者，因为创业过程会磨平你很多东西，你也会学到很多。当然，你也可以结合核心点，为将来种下创业的种子。等到未来时机成熟，或者有更完善的想法或者具备创业的条件，你就会有一次新创业机会与创业实践。	个人成长	34

访谈内容	开放性编码提取的范畴	频次（次）
创业中我们得到的政策的支持力度还是很大的，2016 年初创时，企业发展并不一帆风顺，一路上磕磕绊绊，充满挑战。学校给我们提供了创业的场地，但资金难关不容易过，因为当时研发产品、生产、包装，加上设备与物料采购等都需要资金，幸好我们遇到了创业最好的时机，政府与学校的各方面支持力度很大，得知我们遇到的困难后，长春市中小企业担保服务中心给我们贴息贷款 20 万元，短期内解决了产品研发前期资金投入问题。再加上我们与种植大户在前期建立了较高的信任度，他们允许我们采取先交钱后供货的方式，也缓解了资金紧张的问题，创业第一年，我们做到了收支平衡。	国家战略	13
从最初创业获得经济效益到现在的创业回馈社会，我的想法有了很大的改变，科技创业、助力"三农"是我不变的初心。同时我也用自己的创业回馈母校，我在学校设立吉农"鹅精英"奖学金，鼓励同学注重专业学习，建立了实习基地，提升同学服务社会的能力。与此同时，我自己也参与了吉林省很多地区的精准扶贫工作。	社会效益	6
五是要稳住心态，沉住气。要想做成事，需要的是细心、专注，但要做成一件大事，就需要远见、格局、心态、资源等多方面因素。就像创业，天时地利人和缺一不可，并且就算这么多因素全都具备，也未必能成功。因此，稳住心态，才能在坚持的过程中收获更多的价值。	心态稳定	4

续表

访谈内容	开放性编码提取的范畴	频次（次）
创业期间的财务大多由我负责，这和自身优势与家庭环境有关。我对数字比较敏感，高考数学考了 132 分；我曾用一个暑假对票、记账，做得很好、很详细；我大学的专业很综合，学过一定的会计知识，现金流量表、资产负债表、利润表都能看懂。在创业初期，我们公司是记流水账，然后找财务公司报账。创业深入后，我理解创始人不仅要能看懂财务，还要有能力对财务模式进行选择，我现在把资本股与运营股分开，目标是能够找到风投，得到资本的推动，这样会有更好、更快的发展。现在每家店都可以盈利，有的单店纯利120%以上，但我不想止步于当下。我负责市场，爱人负责人事，另外几人负责采购、市场拓展、会计与课程。	财务管理	2
在利益分配方面，我也在思考如何更科学地分配好利益这块蛋糕。从合作理念来说，既然创业，大家都是利益主体，彼此之间不再是同学、朋友关系，合作之前不能忌讳谈钱，谈分红，怎么明确怎么说，要把利益与决策权、分配方式、所占比例做进一步明确，同时要有专门的人员进行这部分的核算，做到公开透明，大家都认同后，各司其职，完成目标后再进行利益分配，但前提还是希望大家能多共同承担风险，达到阶段性目标后再分钱，没达到目标先不分钱或者减少分钱的比例。	利益分配	3
第三，创业者要具备带领团队的能力。	领导能力	4
现在他的创业项目以瑜伽教学与训练为主，产品包括基础的哈他瑜伽、流瑜伽、音乐瑜伽，也包括具有特色的空中瑜伽、高温瑜伽、单车、杠铃操、Zumba、国际舞蹈等。在短时间开设五家店的背后是不可忽视的奋斗与拼搏——创业初期曾经连续工作54个小时，每天工作16个小时、睡觉五六个小时，从没休过一天假，甚至连做梦都会梦到工作的场景，但同时他享受着破茧成蝶的创业过程，怀着一腔热血，体验着时刻产生的各种挑战与成就感。	品牌特色	2

续表

访谈内容	开放性编码提取的范畴	频次（次）
我觉得最核心的评估标准应该是：创业是否提供了好的产品或服务，帮多少人解决了多大的问题，带来了多大的价值或贡献，这点做好了，其他的就会随之而来。在具体的指标上，可以用下面的指标去评估：第一，在产品方面去评估该产品解决了多大的问题，有多少用户，"日活"是多少等；第二，在品牌方面可以衡量品牌知名度；第三，在收入方面可以看收入与净利润；第四，在就业方面，可以衡量公司员工数量，解决就业人数。	产品或服务	3
第四，要有老生常谈的成熟商业模式。	商业模式	20
目前，团队规模并不大，有一个会计，一个内勤兼出纳，我们没有业务员，我自己就是研发人员之一，像库管等其他员工都是临时人员，产品研发出来后我们就找比较稳定的企业给我们做代加工。我们自己不上生产线，只做轻资产型公司，但核心技术由自己提供。	团队组建	31
创业后，我发现自己尽管具有资源、产品质量等优势，但还有很多不足，对农业的认识还不够深入。农业的特点是周期长、利润薄、投资大，扎进来后发现大部分行业都具有这个特点，农业不适合个体，尤其是对大学生初创团队来说，会缺少资金、资源，对创业提出很大的挑战。	问题发现	5
创业 3 年，我们的年营收达到 2000 万元，每年销售煎饼 500 万套，影响 20000 人就业。	盈利状况	12

2. 主轴编码分析结果

本书采用主轴编码过程进行分析，即在对全部的原始访谈资料进行逐句逐行的抽取、分析和归纳后，得出的初始范畴将以一定的线索和关系（如相似关系、因果关系、先后关系等）通过聚类分析建立起范畴与范畴之间的更高维度的关联，从而获得由数个初始范畴组成的主范畴。在编码过程中，特别注意初始概念扎根的原始语境与背后意蕴，保证初始概念间关联的合理性。

本书利用 vivo 12 Plus 软件中可以对子集进行归纳和汇总的"树状节点"功

能对 21 个初始范畴进行连续的比较与归纳，最终共得到 3 个主范畴与 21 个范畴，见表 5-2。

表 5-2　大学生创业者视角下的创业质量指标体系

主范畴	范畴
价值观	国家战略
	个人成长
	服务他人
	社会效益
方法论	创新性
	创业认知与准备
	创业领域发展与变革
	创业知识与能力积累
	创业资源与条件
	风险评估
	资金准备
	心态稳定
执行层	财务管理
	利益分配
	领导能力
	品牌特色
	产品或服务
	商业模式
	团队组建
	问题发现
	盈利状况

三、创业者视角下的大学生创业质量评估指标体系构建思考

通过对问卷与访谈提纲的总结与整理，笔者提出对大学生创业质量评估指标体系构建思考。大学生创业质量评估可分为"三维度""两阶段"。三维度是指价值观维度、方法论维度及执行层维度。

价值观维度是基础，大学生初创企业与企业后期的成长与发展以价值观为

根本基础，成功的创业要与时代和国家的利益及发展方向相一致，要以提高与促进人民的生活品质为目标，要以自己热爱且矢志追求的决心为价值观。价值观驱动下的创业动机可以区分出创业是生存型、模仿型、机会型或是创新型创业，通过提问"创业初衷是为了获得收入还是为了解决实际应用场景痛点需求问题，还是为了公益"等问题了解大学生自主创业者的创业动机和价值观。

方法论维度是关键。在方法论维度要考量大学生对创业各阶段不同的任务是否有不同的理解与执行方案，所使用的工具与方法技巧等是否做好了认真的思考与充分的准备，实现目标的资源与条件是否具备，是经过认真思考后的创业，还是头脑发热的创业，是否准备了充足的资金，是否进行创业风险评估，是否做好创业知识与能力的储备，包括公司法学习、企业产品调研、商业模式、盈利模式、团队组建、风险意识、行业研究、宏观经济、产业调研、标杆学习、模式应用、现金流规划、战略定位、人力资源、产融互动等知识，沟通、执行、计划等能力是否有所积累等一系列方法的逻辑思考。

执行层维度是保证。在执行层维度可以分为产品、团队、财务、市场、盈利等各维度。这一维度可以问的问题包括：产品是如何选择的，是否有从创意到实验室理论数据，再到市场模拟数据，最后到产业应用数据的推测与演绎；团队如何搭建，是否对创业有共同的目标并做到优势互补；项目如何盈利，未来预期的盈利情况如何，客户市场如何维护等。

"两阶段"是指在校生创业阶段和毕业生毕业三年半内创业阶段。根据大学生创业阶段不同，可以采取不同的评估指标。在校生创业阶段，要在重视其学业的基础上强化创业的实践性，以及这种实践性对其成长的促进作用，因此评估指标可以包括三个维度，一是学业维度，二是创业维度，三是个人成长维度。学业维度的指标包括：职业规划目标，选修的课程，学业成绩，学科占用时间、自主学习时间。创业维度包括：创业实践开始时间、创业持续时间、个人（团队创始人及成员）学业、创业和生活等时间分配比例及理由，创业实践选题、理由及可行性，团队组建及理由，团队为项目做了哪些准备和储备（如是否参加各类创业大赛及取得的成绩），项目追踪，各类数据如收入、成本、市场占有率、客户基数、有效活跃客户数量等。个人成长维度包括：创业实践中的学习与反思，包括不同类型的反思、总结、解决方案、学习要点等。

对于毕业生毕业三年半内创业阶段，创业活动质量的评估应与社会创业质量评估保持一致，可以从以下几个问题了解创业活动质量：①创业是否有真正的市场需求，是否明确顾客群和顾客价值，需求是否有迫切性？是不是已经有人尝试了，但还没有真正成功？为什么？②创业采取什么战略？如何能创造一个市场，并占据领先地位？有哪些创新性和创造性，或者哪些与众不同之处？③创业团队如何组成，各自有什么优势？对创业的艰难和曲折有什么思想准备？如何获取和利用所需要的资源？

在两类创业评估中都要评估创业者与创业团队在准备、投入创业时花费的时间，因为从独自创立一个企业所遇到的挑战的可畏惧性角度来说，无论是自带创业基因还是足够的资金支持，都需要有充分的准备与相关资源的积累。在准备与积累中最重要的，一是价值观的准备，即创业者对创业充满不可阻挡的激情与渴望，甚至能把这份激情与渴望传递给并影响身边的人；二是在学习的基础上创业知识与能力的准备，是否对创业的相关知识有所学习，是否对创业中需要的沟通能力、应变能力、创新能力等已经有所掌握，只有具备自己对进入创业及相关创业领域的认知，才能开始制定战略；三是实战落地的能力，许多大学生创业者提出，只参加竞赛，不开展创业都不能算是真正地创业。

第六章

科技创业类大学生创业质量访谈

第一节 基于技术创新的创业是最佳选择——王志举
北京格镭信息科技有限公司董事长兼 CEO

简介

王志举，江苏徐州人，北京工业大学 2019 级电子与通信工程专业硕士研究生，曾担任北京工业大学机电学院第三十届学生会主席，第十六届校研究生会主席。在校期间参与了多项国家级重点科研项目，曾获五项国家级科技奖项，两项国家一等奖，研发产品入围中国科协 2021 "科创中国" 先导技术榜，获得第七届中国国际 "互联网+" 大赛国家金奖，第三届首都高校大学生创新创业大赛冠军，2021 年 9 月注册成立北京格镭信息科技有限公司，注册资金 200 万元，初创团队一共有 4 人。公司聚焦三维重建领域，研发生产双旋轴激光扫描仪，在激光视觉融合重建领域不断探索关键技术的突破，提供与核心产品配套的技术服务，并且根据客户的不同需求定制个性化的设备，以适应现代三维激光扫描仪的应用需求，打破国外公司的垄断，服务全球客户。公司估值数千万元，已获海贝资本第一笔融资 600 万元。

创业经历

创业梦想是在上大学期间产生的，在大学选课时有一个创新创业模块，我选修了这个模块的创业课。创业课算是我的创业启蒙。大三时我开始设计自己更长远的人生规划，把创业列为自己的意向目标，但我考虑实现这一目标的途径是要先读研究生，这个选择可以让自己在读书期间提高科研能力，借助学校的科研力量，利用相对自由的时间，做一些创业的探索和试错。目前的目标实现路径与自己的规划还是很符合的。我现在有充裕的时间和精力去做创业上的事情，导师在与自己沟通后也给予了很大的认可。

在研究生期间，我跟随导师参加了多项国家级科研项目，同时我也参与了一些技术应用的实践。创业的创意来自我在做一个项目顾问的时候，了解到双旋轴激光扫描仪这个产业市场需求量很大，但国内相关技术存在空白，要全部依赖进口激光扫描仪，全世界范围内只有英国与澳大利亚各有一家公司在 2018 年研制成功，并从事生产，国外这两家公司发展的规模非常可观，基本上垄断了该产品的国际市场，而国内目前没有一家公司在生产，从市场、销售、技术等方面都处于落后地位。从科研角度来说，我渴望有技术上的新突破，在大量的文献阅读与广泛充分调研的基础上，我初步判断，在国家创新型发展战略及推动高精尖技术创新的政策背景下，自主科技研发创业大有可为，而双旋轴激光扫描仪的研发与生产无论从技术领先、经济前景、社会效益，还是个人价值以及家国情怀等角度来说，都是非常值得选择的方向。

创业方向确定后，我开始将已有的技术做产品化的落地。我本科期间学的是硬件，研究生期间学的是软件，正好软硬结合，我在之前参加的一些研究中，包括成像、算法、结构等，已经做过技术积累，而且我的研究跟激光扫描仪有着非常深厚的技术耦合性，产品与技术有着深厚的实验室基础。在此基础上，我也与学校进行产权方面的协商，计划以怎样的形式去做技术转让或者技术回购。2021 年 6 月，我们开始了解市场上的风投等融资机构，9 月公司注册成立，将其正式推进产品化进程中。目前来看，我们是国内首家，也是唯一一家生产双旋轴激光扫描仪的厂家，未来我们将持续扩大技术护城河，维护国内市场地位，进一步冲击国外市场。对我个人而言，在年轻时就找到了愿意为之奋斗的事业，工作也特别有冲劲。

创业政策支持

我的创业得到了父母、老师与学校的支持，尤其是学校给予的支持力度很大，主要体现在场地与智力资源两个方面。学校在创客空间给我们提供免费工位，还有办公场所。在我们参加第七届"互联网+"大赛过程中，学校给我们组织了多场专家辅导，最后我们的项目拿到了高教主赛道金奖，同时北京市教委也给我们在国防科技园提供了两年免费场地的支持。

创业以来，我们相继得到了政府的各项奖励，以及来自各界领导老师的鼓励。除"互联网+"大赛金奖外，我们还相继获得了第三届首都高校大学生创新创业大赛冠军和第十届高校科技创新成果展示推介会一等奖暨创新金奖。2019 年，国务院督查组组长、人社部副部长李忠一行在视察项目进展时，鼓励我们科创报国；2022 年 1 月，教育部副部长翁铁慧一行视察项目时，鼓励我们继续奋斗。公司还入围了中国科协 2021 "科创中国"先进技术榜单（装备制造领域），成功获得《中关村高新技术企业》认证证书，这是国家级资质认证，标志着企业是以国家重点支持的高新技术领域的自主研发和技术成果转化为核心，并在此基础上开展经营活动，将重大高新技术成果转化成生产力，属于国内或国际先进的企业。

创业中潜在困难

在创业中可能存在的第一个挑战是在产品上，现阶段能够做到一个通用场景的三维重建，但面对用户需求的进一步细分和定制，我们正在花时间去理解和打磨。比如，之前做的军用车辆底盘高精度重建和通过性分析的项目，主要分为两部分，第一部分是底盘的高精度重建，第二部分是对其几何外形、轮廓的通过性分析，它的逻辑实际上就是在三维成像的基础上，针对客户的需求定制化深度开发一些功能。这个逻辑拓展到其他细分场景上也是如此，如矿业、测绘、城市测量等，客户都有自己独特的、特定场景需求，我们需要深刻理解、对接客户需求。这个部分对我们而言属于一个未知的领域，还是需要花时间去理解和打磨的。

第二个挑战就是如何建立良好的营销渠道与销售队伍，我们做的行业是 ToB 行业，对销售岗位有非常高的要求，现有的人员队伍还不完善。一方面我自己前期要多跑跑市场，多跟客户交流；另一方面我要尽快组建销售团队，做好客户的维护。这些问题都需要时间解决，这些挑战与思考在创业课上是体验不到的，只能从实践中去领悟、去理解。

创业团队情况

初期创业团队一共有四人，包括指导我的两位博导，一位是我的研究生导师，还有一位是清华大学的博士研究生导师，两位导师对我表现出了充分的理解和信任，他们把关键的决策都交由我去制定，支持我自主负责公司具体的运营与管理，他们承担公司的技术后盾及高端资源对接的工作。最后一位合伙人是同门师兄，他是一名在读的博士研究生。前期我组建了产品模型，验证了整个技术方案，公司注册后，我要把更多的时间投入公司的整体事务，于是我找到了这位非常靠得住的师兄，正好他也有创业意愿，于是我们做了相应的分工，他负责技术研发，我负责内部运营及外部资源拓展。

创业中客户来源

公司的客户主要来自三个渠道，一是老师、合伙人推荐的关系客户，二是投资人介绍的项目订单与有意向的合作单位，三是校方推荐的，如清华大学与北京理工大学在前期科研合作项目中觉得可以继续进一步转化的客户。公司成立两个月时还只有意向订单，但目前已有上千万的订单，而且来源非常稳定，对于客户情况我们是非常乐观的。

大学生创业质量评估指标

评估大学生创业质量，我认为可以包含量化与非量化两类指标。第一个量化指标可以包括订单情况，因为创业需要稳定的现金流，即使前期做不到盈利，也要有比较好的收支平衡；第二个量化指标是融资的情况，因为资本的嗅觉是非常敏锐的，如果创业方向有前景的话，资本就一定会涌入，起到助推与兜底作用。在非量化的软性指标上，我更看重的是创始人心智、经验与行业能力的提升。第一次创业难免会有失败和挫折，即使公司没有成立，但如果创始人积累了足够多的经验，获得足够成长，就可以为其后续创业提供非常好的试错条件，这也是大学生创业的意义。

对大学生创业政策的建议

目前，国家、各级政府还有高校对大学生创新创业支持的政策都已经提到了一个比较高的优先级别，从学校的环境来说，通过创业课程和创业训练营等形式支持与推动大学生创业已经形成完善的体系，这对大学生而言是非常有帮助的，相当于从理论层面提高了创业者的认知水平。

然而，从实打实的硬件条件支持的角度来看，对创业资金、场地等方面的支持还可以继续加强。许多大学生创业的想法与意图因为前期的启动资金与启动条件限制，最终止步。目前来看，创业场地这部分，北京市教委已经开始发力了，比如，我们现在能够入驻北京理工大学创业园区，这是教委对我们创业给予了很大的支持，但启动资金这部分是一个最大的限制，我们创业时运营性质的资金，包括注册公司等费用是合伙人凑的，前期的研发投入得益于高校科研平台提供了前期的技术积累，但器材购买资金、人员聘用的费用等在前期没有融资的情况下是缺乏的，我们是在融资之后2022年3月才开始进行人员招聘的，而在这之前都是学校里的同学义务来工作的。学校给予的几千元或2万元的支持力度确实是有些小，站在政府角度也能理解，政策要支持优秀的创业项目，而优秀的创业项目遴选也确实存在一些困难，因为创业本身就显著具备个性化、不确定性的特征。从创业者的角度来看，资金支持确实是急需的、多多益善的。

对大学生创业者的建议

我个人比较看好大学生创业，一方面，从大的创业环境来讲，国际竞争与国内政策都需要营造创新的社会环境，而大学生又是非常有干劲的创新主体，因此鼓励与支持大学生创业符合时代与社会的要求；另一方面，创业对大学生来讲是一个很好的成长和锻炼机会，即使创业失败也没有关系，创业者本人得到了非常多的锻炼，而如果成功的话，大学生创业者会在经济条件改善与信心能力提升方面都有收获。当然，创业前期可能会很苦、很累，但苦累也是人生中的宝贵财富。

对于大学生创业者，我有两个建议。

第一，理性与慎重的思考选择大于激情与热血的干劲。创业中如果只凭一腔热血、激情与干劲是远远不够的，关键是要选择一个非常好的或者说非常合适的方向起步。这基于之前我个人的经验与教训，创业者前期会有一些想法，但实际上并不成熟，需要外部的眼光和声音帮助自己理性思考，在慎重思考的基础上再做出更优的决策。

第二，对大学生创业者来说，基于技术创新的创业会是一个很好的角度。因为目前阶段，不论是做营销还是做平台，或者其他形式的创新，一些巨头可能已经达到了垄断的状态，或者说当你创业走到终点后，发现巨头已经做过了，要面临被投资或收购的局面，选择一些硬科技的创新，能够有效解决这类问题，这也是我当时选择现有的创业方向的原因，通过研发硬科技，解决一些技术上"卡脖子"的问题，从而打破技术垄断、填补技术空白。这样的创业角度比较适合从高校走出去的创业，是大学生创业中值得借鉴的角度。

【专家点评】

1. 这是大学生典型的高质量创业范式，值得深入研究。第一步，高校开通创业课，为大学生赋能，学生接受创业启蒙，在本专业起身动念；第二步，创业者意识到先天认知不足，继续深造，直到进入专业领域头部科研圈层；第三步，深度研究，发现商机，校、师、生三方合力共创，协同破圈；第四步，通过创业大赛打磨，赢得主流资本认可和机构投资；第五步，资本、学校、创始团队三方整合资源冲入市场。

2. 大学生创业初期就要有使命感驱动，大到国家战略，小到个人价值，都是值得用一生去坚守的"初心"；只有使命的内核才能孵化出差别化的企业核心价值观，而依托于这样的企业文化建设才能与志同道合的团队共情。

3. 大学生创业激情有余，理性不足；理性与激情的冲突贯穿创业始终，这是对创始人的巨大考验。因此，高校在"法"和"器"上给予创业者支持的同时还有承担"道"和"术"的教练义务。

第二节　如果再有一次机会，我还会选择创业——孙嘉伟

升发智联（北京）科技有限责任公司创始人

简介

与现在很多热血的大学生创业者一心投入创业不同，这位 25 岁的北京理工大学研究生的创业意愿来自专业上的执着与对自己科研成果转化的动力。想到这个创业项目"科研领域很有商业前景，且技术壁垒比较高，可以发挥高校科研优势"，他对创业这一选择没有太多犹豫。

尽管有一定的心理准备，但创业现实中的各种挑战与考验还是超出了他的预期，在同时忙于创业与学业的过程中，他真切地感受到了什么叫作累，但也在这个累的过程中收获着成长与创业的双重果实。

2018 年 11 月，还在读硕士研究生二年级的孙嘉伟联合自己实验室其他四名同学牵头成立了升发智联（北京）科技有限责任公司，目标是成为国内工业数据连接基础设施运营商。成立一年半时，公司具有全职员工 5 人，全部是技术型员工，公司年利润达到 62 万元，营业额达到 225 万元，员工的每月平均工资达到 12000 元，对于这样一份成绩单，作为创始人的孙嘉伟表示，"不满意"。因为各种原因，他们当时"两年在科创板上市"的目标还没有达成，但好在正在洽谈的一个融资项目正在进行，他的研究生学业也已顺利完成，公司最初的目标还依然不变，而且距离最初目标也越来越近。

虽然是第一次创业，但我并不是创业小白

创办升发智联（北京）科技有限责任公司是我第一次创业，创业的主要动

因是自己的专业方向本身偏向于工程与产业化，我做的研究主要是工业领域多元数据集成。在实验室跟随老师开展研究的过程中，对于自己的专业方向有了进一步清晰的认识，在跟老师交流的过程中，老师觉得我有产业化能力，于是鼓励我去参加学校的各类创业比赛，我在比赛中取得了很好的成绩，也得到了项目方的认可。在老师的鼓励下，我与同实验室的几位同学做了几次深入沟通，大家觉得可以试一下，通过父母的资金支持与老师的科研项目支持，我们注册了公司，开始了正式的公司运营。

这虽然是我的第一个创业项目，但我是有进入创业团队经验的，在刚步入研究生学习阶段时，我对大数据算法与数据架构的开发很着迷，并参加了朋友的创业项目，把这个技术运用到了生活服务领域。我参与其中的技术研发部分，其中的创业项目的主要内容是一个面向学生的别墅与民宿的在线平台的预订、下单、在线服务，很受学生欢迎，学生客户订单还很多，但在认真权衡后我还是决定退出这个项目，主要原因有两点，一是这并不是我所想象的创业，虽然项目有一定的现金流，但成长的空间有限，技术创新的部分没有得到充分体现，资本不能投入其中；二是与我研究的项目还是有很大的差异，出现了学业与创业之间时间和精力没办法平衡的问题。虽然退出了这个项目，但这个阶段的实践还是为后期真正的创业奠定了扎实的基础，也让我认清了自己的创业方向：我的创业一定要与自己的专业相结合，一定要有足够的技术创新，与资本共同合作成长。

新成立的公司有老师在精神、技术与资源方面的鼓励与支持，也有项目方进行合作，开局一切良好，我们把研究的科研成果进行了转化，也对创业项目的研发方面不断地深入。当时，我们对公司确立的目标是：一年半内拿到两轮融资，两年内具备科创板上市条件，估值20亿元人民币，五年内解决就业1000人，利润达到6000万~7000万元。

创业并非一帆风顺，我只能边学边做

目标虽然制定了，但在实现过程中，才真正发现知易行难。最初的困难来自项目质量存在风险，整个团队在从技术向产品转化方面的经验明显不足，导致项目工期延期，原计划两年时间冲击科创板的目标无法达成。在团队管理方面也存在明显的问题，表现在两个方面，一是如何做好团队利益分配，从而激励团队成员更努力工作，也真正发挥绩效的激励作用；二是团队对项目整体明确认知上有不足，作为同一实验室的同门，会对项目有不同的认知与想法，但创业中还需要讲求效率及统一决策，这些都给我带来很大的挑战，但好在创业

本就是一个不断地试错、纠错、调整的过程，在这个过程中也学习到了如何解决问题。

在决策机制方面，因为人少，成本要控制，我们自己研究了一个叫作"柔性事业小组"的机制，这个机制规定凡属公司核心的业务必须公司自己做，不是核心的业务由各事业小组自己决定怎么做，我们把公司的业务要素按供、研、产、销四个部分分别成立了四个事业小组，每个小组都有一个负责人，由各事业小组自己决定是自己完成项目还是由合作伙伴外包，或者合作伙伴整合集成，我只跟小组的负责人联系对接，事业小组组长负责盯紧各小组任务完成的结果，组长要对结果负责，如果结果出现问题，要承担连带责任，而每个小组的收益也由组长来决定。

在利益分配方面，我也在思考如何更科学地分配好利益这块蛋糕。从合作理念来说，既然创业，大家都是利益主体，彼此之间不再是同学、朋友关系，合作之前不能忌讳谈钱，谈分红，怎么明确怎么说，要把利益与决策权、分配方式、所占比例做进一步明确，同时要有专门的人员进行这部分的核算，做到公开透明，大家都认同后，各司其职，完成目标后再进行利益分配，但前提还是希望大家能多共同承担风险，达到阶段性目标后再分钱，没达到目标先不分钱或者减少分钱的比例。

创业过程就是累并成长着

创业过程使我的能力有了一定的提高，最大的成长是在责任担当方面，这部分如果以 5 分制打分，我感觉自己从创业前的 2 分增长到了 4 分。创业是一个长期的坚持，要做好长征的准备，也要有经受长久痛苦的准备。同时，扮演学生与创业者两个角色，我能体会到当学生虽然很辛苦，但考试过后还可以放松，而创业是每天都要考试却没有放松。在创业者的头脑里，每天要考虑的不仅是公司的项目、融资等战略，还要考虑成本的控制、公司的生存，感觉自己就像一个操盘手，而且是一个只能成功不能失败的操盘手，因为一着不慎，就会导致全盘失败，这个责任给自己的压力真的是非常大。

当然，在这个过程中也有团队与合作伙伴给了自己很大的支持，在创业中与人交往能力、团队合作能力、抗压能力、学习能力等都有了显著提高。

创业虽艰，成果显著

公司成立一年半，虽然一路有些坎坷，但也一路不断成长。从盈利的角度来看，目前公司是盈利的，有自己的市场，有自己的产品，也有自己的客户，公司的5名员工全部都是技术型人才，都是正式员工，是公司的核心竞争力。

我们的客户都是政府，军工、制造业等方面的固定客户。客户的付款能力不错，客户关系稳定，复购率相对较高。

产品技术层面上主要是大数据时代下的协同办公或协同研发的底层，建立数据架构与数据中台。公司在多元实时异构数据分布式处理上做得最好，因为这是实验室研究成果的转化，而且在前期我们有很多积累。

在场景方面，虽然国外一些产品或国内的一些龙头企业高端方面做得很好，某些特殊场景它们能很好解决，但存在着成本高，细节处理不好等弊端，我们的战略是不跟这些龙头企业硬碰硬，不追求全行业通吃，我们只追求一个场景，在这个场景里我们要做到最优，这是我们的核心竞争力，在工业领域里我们是唯一把软件放在硬件里而且具备5G通信的供应商，服务工业领域异地生产，不同场景同步生产同步作业，目前在国内还没有这个概念，我们先做出来了。

另外一个特色是研发级别，我们一直注重研发，我们在研发上投入了很多的精力与资金，最近我们在投标一个项目的对手是国家的龙头企业，但我们很大的概率会中标。目前，公司在产品、团队、市场落地等方面已做了一遍闭环，也有天使投资人正在与我们积极洽谈。

从我的角度来看大学生创业质量

大学生创业与社会创业还是有所不同。无论从政府还是宏观的角度来看，引导大学生创业不是为了赚更多钱，因为大学生的创业失败率高。那么大学生创业要关注的是什么呢？从我的角度看，大学生创业要更多地关注知识与能力的成长：知识层面是对创业要素有全面认知，这部分从路演能力就可以看出来，有些大学生在路演时所讲的内容表现出对创业的基本知识与逻辑并不了解；能力层面就是个人的资源整合能力，公司是个小系统工程，各方面要有要素系统配合，通过资源整合过程的质量，最后输出价值。能否被市场认同，能否被资本认可，关键是资源整合的能力，整合得好，则被市场买单或被资本买单。

过来人对大学生创业者的建议

第一，大学生创业者在认知层面对创业的理解要系统、宏观、全方位，把创业的规则、逻辑吃透，把创业要求的模板吃透，按规矩办事，大学生如果对整个规矩不明白，说的事情投资人都听不懂，创业就无从谈起。

第二，大学生创业要与自己所学的专业相结合，要基于一个自己学习的点进行创业。虽然不乏具有商业头脑的天才发现了社会潜在的需求，从而创业成功，但这毕竟是少数。经历过高等教育的大学生，还是要将创业与自己的专业结合起来，要跟自己的学习成果相结合，做好知识利用，要学以致用。

第三，创业要谨慎……创业不一定能挣钱，大学生创业成功率很低，要做好准备。创业过程中更多的是付出，付出时间、精力，同时创业是个综合系统工程，要负起责任，做到成功，在创业之前一定要考虑清楚。

但对我自己来说，如果再有一次选择，我还会创业，因为创业是这个时代的产品，年轻时不接受挑战，还要等到什么时候？

【专家点评】

1. 创业的底层逻辑和认知体系的核心都是"初心"；大学生的主体特性决定了无法完整涂画商业画布，创始人的初心才是创业公司组织建设的"团魂"，是大学生创业唯一值得尊敬的态度，是公司文化建设的种子。

2. 技术驱动型创业的"赛道"选择是前置的，有技术壁垒的创业更需要考虑细分市场，闭门造车往往是科技成果转化黑科技创业之殇，选择一个细分赛道，用亿级融资打磨产品，往往需要若干年才能考虑盈利，早期的盈利会把公司迁移至项目交付型，天花板降低，关于"盈利周期"恰恰和资源市场驱动型公司的操作相反，因此，融资能力至关重要。

3. 相同的周期下，大学生创业团队的里程碑节点多设置一些，把目标设定成易"赢"，路径越短越好，多试错，高频迭代，时间也是大学生创业团队的核心竞争力。

第三节　奋斗的青春是最美丽的——侯喜锋
北京博雅合众环保科技有限公司创始人

简介

侯喜锋，2014届北京地质大学岩石物料学专业博士研究生，2015年10月，成立天津博雅大地新材料科技有限公司，开启正式创业的历程，2016年，注册成立北京博雅合众环保科技有限公司，目前员工数量为16人。

创业经历

毕业时我可以选择在高校工作，也可以选择国企，但随着对材料专业学习的深入，我一直想着如何把专业能力发挥出来，正逢2015年《"健康中国2030"规划纲要》发布，我想到可以用材料的智慧给千家万户送去健康保障。于是我们关注到其中的一个细分领域，即室内空气净化器，这种净化器的生产离不开我们这种材料。想到不仅能把所掌握的专业产业化，满足市场需要，也能为"健康中国"做一点有益的事情，我找到价值感与成就感，因此决定进行创业。刚开始我对创业理解不够深刻，也交过创业学费，但发展到现在，我们一直围绕着大众健康对产品不断迭代，无论是产品还是我们的创业心态都越来越成熟，很多经历都是要多走一走，边走边学的。

公司团队成员都是原来大学期间志同道合的同学，有的是我邀请来的学弟学妹，我们之间有着很深的信任感，能够决定跟我创业本身也是冒着极大的风险。我在创业之初就跟团队里的人讲，我们可能要经历一些困境，做好前一年不发工资的准备，现实也是这样，但大家也都能接受。"选择创业也就是做了一个有风险的决定，如果成功，有所收益，你不需要感谢创始人，当然，也可能有失败的时候，这时候你也不用埋怨。"我这样告诉大家，也这样告诉自己。

我从创业之初就带着深深的责任感，要给母校争光，今年，学校把中国地质大学"校外双创实践基地"的牌子颁发给了我们，这也是对我们的认可与信任。因此在公司的文化中我提出了严把两个底线，提倡两种精神。

两个底线：第一个是道德底线，我们做的产品，质量要严格把关，用户第一；第二个底线就是法律底线，比如，我们在知识产权方面一定要维护好，一方面是自我保护，另一方面是防止别人告我们侵权产生麻烦。

两种精神：第一种是长征精神，我觉得创业就是一种生活方式，路上的困难可太多了，就像是长征，要有长远的目标，要走长长的路，不要想着一天两天赚钱；第二种是延安精神，要自强不息，要能耐得住创业的艰辛，如果创业简单的话，那么大家早都创业了。

大学生创业与社会创业的差异

我个人先后在民企、国企、行业协会及机关实习实践、挂职过，博士毕业后开始了创业历程。从我的经历与观察来看，大学生创业与社会创业各有优势与劣势，大学生创业目前环境较好，国家大力鼓励"双创"活动，"双创"活动在各个场合得到宣讲，高校里专门开设创业指导课，教育行政部门与学校还提供信息交流与沟通平台。所以，大学生创业者有专业积累、有平台支持，还有导师指导，可以少走很多弯路，但是大学生创业者因为没有实战经验，从0到1进行创业，抗击打能力不强，被打倒后容易爬不起来，而社会创业者在这方面很有优势，他们抗挫折性强，连续创业能力比大学生创业者更有优势。

大学生创业质量评估指标

从我个人来说，创业质量可以从以下几个维度来看。

第一个维度，团队。人是核心，无论在任何时间、任何组织和任何领域，人都是核心。为了保证团队质量，公司就要有相应的团队管理机制。如我们团队，员工招聘进来之后要经历实习阶段，考核几年之后给期权，再之后给股权，但三年到四年，或者说四五年都是不能退出的，团队全员持股，这样团队成员才能把公司当成自己的家。

第二个维度，公司文化建设。要在创业时就形成文化基因。我们公司有几个关键词：第一个是"责任意识"，无论干什么，要有社会责任感，做事从公益出发，我们一定要尽一份"力量"，解决一些民生所需，不仅是为了赚钱；第二个是希望，做追梦人，做事有希望才有未来；第三个是"共享"，也就是分享，分享有很多种形式，帮人卖产品，分享自己比较好的产品等；第四个是"敬畏"，对人也好，一件事也好，对任何事物都有敬畏之心，敬畏自己，敬畏自然，有些产品不健康破坏自然，到最后还是伤害自己。

第三个维度，产品。以我们公司为例，比如说，现在市场上关注健康，需要研发并生产产品去净化空气中的甲醛，因此我们就选了这样一个细分领域。我们本身是做材料的，我们的理念是用材料的智慧，给千家万户送去健康保障。

第四个维度，合作伙伴。合作伙伴包括你的渠道和你的客户，他们对你认可了，那说明你的产品做得好，你的创业质量高，这个就好像教育部门评价高校办学质量一样，你的毕业生质量高，服务社会能力强，说明学校办学质量也高。

对大学生创业者的建议

数据统计显示，中小微企业的存活率非常低，可能有的挺过一年，有的挺过两年或三年，大学生创业存活率就更低。大家可能都在做分母。但我们要记住，失败只能说是此时此刻，这个空间内可能没有做好而已，不代表创业不可做，创业是这个时代的一种生活方式，可以把最先进的科技成果转化成切实的产品。整体上，我觉得一个国家具有创业文化很重要，因为这种文化会激励着每个成员努力向前去奋斗，我们常讲，奋斗的青春是最美丽的。没有压力就没有动力，压力哪儿来呢？压力来自事业。

我支持大学生创业，因为创业一方面需要自己的专业知识，另一方面需要跨学科知识，创业的尝试可以把所学的专业知识加以应用，也能够不断整合其他专业知识，这对个人成长来说具有催化剂作用，但是创业也不能太盲目，不经过认真的思考与衡量，只凭激情创业是不可取的。创业压力真的非常大，首要就是资金压力，如果本身家里经济条件很好，给你10万元、100万元去做创业尝试也能负担起，那就大胆创业，因为有失败了也可以重新再来的基础。而如果这个钱是自己或家里倾其所有，孤注一掷凑的，我建议可先工作，再创业，这也是目前很多创业导师的建议。同时，创业模式是一个需要逐步完善的过程，很难一下子就能做出设想的产品或服务。因此我个人建议可以尝试去参加一些创业大赛，通过参加大赛，一方面找到好的宣传途径；另一方面可以获得更多的外部专家的意见与指导，通过比赛能把自己的想法完善得更彻底。

在创业过程中最重要的是培养自己的创新精神，每个人的创业故事和经历都不一样，我们只能把握大方向朝正确的方向迈进。创业不是手把手教会的，创业也不是可以复制的，创业具有个性化特征，没有标准答案，想怎么做都可以，关键要看是否事无巨细想明白，并愿意承担起决策的责任。

【专家点评】

1. 如果有假定的前提条件，有一定能完成完整的创业成功叙事，也能勾画出成功模型；而众多创业者成为创业成功概率的分母也有其存在的价值，他们是分母而不是坟墓，失败的复盘能够结构化减少前提条件的数量，这是分析创业质量的意义。

2. 新时代赋予的机遇没有参考的样本，但这就是所谓"风口"的逻辑，凿壁借光需要持之以恒的态度，如何在坚如磐石的壁垒上打破一道口子，这就是一场"救赎"。

3. 高校对创业实践的支持反映出对理论研究的应用价值的认同，大学生创业者作为实践战场的排头兵，要有"战死沙场"的勇气。

第四节　要理性，不要任性去创业——苏岩

北京半人科技有限公司创始人

简介

苏岩，2016年创立半人科技有限公司，从事人工科技领域，符合政府角度和未来趋势发展方向。创业起源于博士期间和同学一起做的项目，有了投资和学校的支持，因此做了一些事后逐步将其推向商业化发展的工作。创业项目是读博期间把自己的技术进行成果转化的结果。

创业历程

我读博期间和同学一起做了个科研平台，最早想把其做成一个招聘平台，但是因为当时都是学生，很难把这个平台落地。最后技术平台做出来了，但是很难产生商业价值。

后来，我们考虑转型，面向企业或政府提供数据分析的解决方案。最早的时候这更像是一场游戏，但现在是正儿八经的创业，创业需要我们脱离之前友谊基础上的游戏概念，转而面向残酷的创业现实。

后来团队也经历了一些变化，有人进来有人离开，这个过程都是由商业现实决定的，挺残酷的。目前，我们已经有了创业收入，未来这艘船终将驶向大海，所以除了梦想、激情、友谊外，更多的是成长，但这个成长总是伴着痛。

在这个过程中北京理工大学和北京市教委的孵化器平台也让我们摆脱了很多烦恼，我们于2016年获得国际"互联网+"大赛奖励，北京理工大学提供了创业启动资金，北京市教委提供了创业空间和政策的支持，这对我们来说真的很有助益。创业诞生需要土壤，需要平台孕育，对大学生创业来说，平台真的是非常重要。

大学生创业和社会创业质量的不同

大学生创业更侧重于知识技能型创业，不管是本科生还是硕士研究生、博士研究生，其优势都是知识的积累。社会创业都是个人或组织工作经验和社会资源的一个变现，有一个理论叫"社会网络理论"，就是社会资源的变现。

大学生创业质量评估指标

我首先会看创业有没有核心，核心不一定是产品，也可能是某一项技术、文化或能力，只要有核心竞争力就可以。

其次是评估团队，如这个团队结构及成员，只要是健康的就能走下去。

最后是创始人的学习能力，市场发展需要创始人不断学习和成长。

我认为这三个指标中创始人学习能力占 50%，团队和核心能力占到剩下的 50%。

创业质量还要看是什么类型的创业，如果是科技型的，主要看核心产品的指标，有没有核心的客户，但是利润不一定特别高，但如果是市场型或运营型，则要侧重看市场面积和创业模式的效率。

对大学生创业的理解与态度

创业是以创始人为核心，把理念与想法向社会辐射的过程，在辐射的过程中，只要能有收获与成长，哪怕仅仅是收获了自信，这个过程都是宝贵的。

但从我个人的角度来说，我不太支持大学毕业就创业，主要有三个原因：一是大学生只有知识和技能，缺少经验与资本的积累，在生意体系上处于一个弱势地位；二是大学生创业属于梦想驱动性创业，整体不是特别理性，很难去衡量商业价值；三是创业初始团队跟投资人、商业伙伴进行商业整合的时候会处于弱势地位。在跟投资人、商业伙伴谈判的时候，大学生创业初始团队很难理解相关商业逻辑，匆忙之下的合作的结果是可能最后自己没有控制这家公司，却变成了为公司打工的人，实际上是找了份工作，而且这份工作的稳定性与成长性，可能还不如自己毕业选择的工作的好。

最重要的是，许多成功融资的企业最后实际会被投资方控制，只是名义上有挂牌，大学生的梦想往往变成了一种名气的欲望，而不是理性的商业逻辑。这个可能是现在大学生创业的一个核心问题，但也有小部分能够创业成功的，那是走过了一条很艰难的路，我对大学生创业整体还是持相对悲观的态度。

对大学生创业者的建议

大学生创业者要回归创业理性，创业核心就是要衡量自己的收入有多少，自己团队的收入有多少，为社会创造多少价值，能够服务多少人。这些是量化指标，同时还要看能否体现公平、价值。

创业毕竟是一种商业行为,我不太赞同有些创始人太过理想化,一定要把一个创业项目做到底。我建议如果创业项目确实是技术没法走下去了,可以选择放弃,我们不放弃的是创业精神。人生这么长的路必然会经历失败,不可能一直成功。人的思维与认识应该是弹性而不是僵化,理性而不是任性的,不好就撤,不必死磕。

【专家点评】

1. 关注商业性,敬畏市场,市场才是科研成果转化的达摩克利斯之剑。当然,市场验证也要切忌浅尝辄止,是"金子"总会发光,科研成果未必完美,但万物皆有裂缝处,那才是光照进来的地方。

2. 除了用户视角外,科技型创业往往更需要创投资本的陪跑,因此,创始人同时需要具备资本视角。运营合伙人关注用户,技术合伙人关注机构,相辅相成。

3. 如果名校、高学历学生想进入创业实战,就要面对创业小白的身份,要能够谦卑地与社会沟通,交流要"沉下去",学会打开天窗说亮话。

第五节 医疗赛道的创业探索——李文锋

北京诺禾心康基因科技有限公司 CEO

简介

李文锋,中国人民大学 2016 级 MBA 校友,之前在罗氏、赛诺菲等外企公司工作,积累了十几年的销售、市场和管理经验。2016 年,注册成立北京诺禾心康基因科技有限公司;2018 年,代表学校参加"光明优倍"杯第十六届中国 MBA 创业大赛北方赛区决赛,获得二等奖。北京诺禾心康基因科技有限公司是一家专注于心血管相关疾病基因诊断的高科技公司。

创业的动机

我之前在外企工作,职业比较稳定,职务做到了中层。当我思考人生意义的时候,我仿佛看到了未来十年、二十年我退休时候的样子,我清晰地知道这并不是我想要的生活,我想做点有意义的事。多年的工作经验告诉我基因检测技术作为生命科学领域的基础技术,这个领域前景可期,是未来的趋势。因此,我决定开始以此项目进行创业。

大学生创业与社会人员创业的差异

我觉得这两类人群各有优势，或者说他们擅长的领域有所不同。大学生创业包括本科、硕士、博士各层次创业。这类人群总体特点是没有工作经验，优势是对新技术比较敏感，平时跟着导师承接的科研项目都比较新，代表了未来的发展趋势。比如，最近有一个公司叫"旷视科技"，是清华大学院士姚期智所带的实验班里的学生所创立的，就是一个典型的大学生创业公司，他们所研究的人脸识别技术创新获得了学校各方面的大力支持，因为其技术先进，具有广阔的应用前景，阿里巴巴首先开展了与其人脸技术合作，对其进行投资。后来，在 2016 年 11 月，富士康、建银国际等参与了 1 亿美元的 C 轮融资，旷视科技的估值已经达到了惊人的 20 亿美元。所以大学生创业技术有领先性。还有一个优势是大学生创业者的客户群体也具有很大的优势，创业要考虑新的消费习惯和消费群体，"90 后"或者"00 后"他们的这种消费观念，占据了很重要的市场。

当然，对大学生创业者来说，只有技术、新的市场需求，距离成功创业还远远不够，因为运营一家公司要求创业者具有综合素质：怎么管理人，怎么去激励团队，怎么吸引与维系客户，怎么搭建供应商合作伙伴甚至是政府关系等，这些对创始人要求比较高。大学生创业者在这方面与社会创业者比较，因为经验不足，社会历练少，明显处于劣势地位。

大学生创业质量影响因素

第一，要有成就动机。要有长远的目标，比如，自己的技术让更多的人使用或者是替代现有的一些比较高成本的产品服务。只有目标够远大，才能够尽量让自己去克服创业中的困难。

第二，要有不同的人才，除了技术型人才，还要有具备凝聚力、影响力、号召力的人才，让大家跟着这个目标去做，不同的人才可以发挥各自的优势。其中，创始人是尤其重要的。在相同的时间做同样的事情，不同的人能达到的结果是不一样的，这取决于不同创始人明智的选择。比如，什么时候新产品该扩张，什么时候项目该收缩，什么时候该退出市场，创始人是最终决策者。因此他可以通过一些决定，直接或者间接地影响做什么，企业往什么方向走。创业成功 80% 都和创始人有关，20% 可能是与运气或者是不可控的政策变化有关。如果创始人足够强，各方面网络信息足够丰富，那么创始人可以提前进行预测与判断，这样看来剩余的 20% 也跟创始人有关系。因此，创业的成功跟团队关系很大，而且创始人更是有决定性作用。马云曾说过，当你有一个想法的时候可能有 1000 个人跟你有同样的想法，但是只有 100 个人在做，最后只有一个人在坚持做，那就会成功。

第三，产品要不断创新。创新范围很广，比如，拿手机来说，最早是诺基亚，之后被三星、苹果颠覆了，我认为一个应用场景或者形态只要能满足一部分人的需求，就是创新。非洲卖得最好的手机公司是传音科技，这是深圳的一家公司，它以"客随主便"的创新打开了非洲市场，打败了其他大品牌手机的销售，该公司 2019 年上市，一年卖 2 亿元，占据整个非洲市场的百分之七八十，这也是创新，因为它打开了需求。还有早期验钞机的出现也解决了小商小贩的需求。创业就得有产品，而产品一定是具有特质的。

对大学生创业者的建议

从我个人的经历来看，我比较建议大学生先工作，再创业。大学生可以在学校做一些创新，不一定是创业。比如，解决一些需求，创造出的产品能卖出去最好，如果卖不出去也没关系，要鼓励创新。因为如果真的要创业，自己都没有经历过难度会很大。可以在企业里面看一下部门是怎么分工的，企业是怎样有效运转起来的，积攒工作经验，针对不同的行业去判别创业风险的大小。创业就是一个选择，和选择工作是一样的，都是要不断学习。

【专家点评】

1. 创业是心力、眼力、脑力、体力的最大化呈现，而大学生创业拥有人生中的体力峰值，在体力的超级输出过程中积累眼力、脑力，沉淀心力，进而转化为个人专属的价值货币，未来无论是工作还是持续创业都可以把个性化资本转化。

2. 医疗赛道聚焦行业壁垒，提倡创新性，而名校汇聚的研究力量也在持续关注科研成果转化，这是前提，因为"护城河"的宽度和深度都直接决定了商业格局。毫无疑问，黑科技值得持续投入研究，然而，绝大多数的黑科技在投入市场后都会遇到落地问题，这恰恰是商业创业考虑的范畴，通常的做法是医疗专业背景的"大师"寻求市场经验丰富的"大师"，共同打造一个商业模式，再与资本相互赋能。

3. 国内资本青睐科技型创业是不争的事实，但是资本的嗜血属性尤其是国内资本的退出机制极大地限制了回报周期长的高科技创业项目发展，因此，缩短回报周期是这类创业者需要思考的问题，早期市场化的产品要充分考虑盈利，以战养战，给予更高门槛的产品更大的空间和更多的时间，双轮驱动。

第六节　有热爱才能有坚持——何杰

能奇（北京）机器人科技有限公司创始人

简介

何杰，安徽人，北京邮电大学 2016 级本科生，2020 年攻读本校硕士研究生，2018 年成立能奇（北京）机器人科技有限公司，公司以计算机服务及机器人硬件为主，以机器硬件为实体，软件是附加价值，根据流量做优化服务。

创业过程

能奇（北京）机器人科技有限公司成立于 2018 年 11 月，注册地在海淀，加上我一共有 6 个合伙人，这些人既是公司创始人，也是公司员工，目前没有招聘全职员工，财务上交给外包服务处理。

公司成立契机为我和同学最早做了一款机器人，随后在一个创业类比赛中拿到了一等奖。当时，其中一个客户看到了我们的项目，邀请我们为他们定制校园机器人，我们按照要求为他们量身定做了一款校园巡逻机器人，拿到了创业第一桶金。当时学校对大学生创新创业特别重视，学校负责创业的老师对我们的创业提供了特别大的精神与物质上的支持，学校先是通过王安生基金会给我们提供了创业资金支持，还从场地上给予我们支持。2018 年，我们参加了北京市优秀创新创业团队比赛，也获得了一个名次。取得了成绩后，北京市教委为我们在北京市高校大学生创业园理工园，也就是现在的北京理工大学规划科技园提供了免费办公场地。

前期资金有了，场地也有了，也有人支持，我们就顺其自然成立了自己的公司，公司成立一年多，目前主要是做产品开发，也做了一些新产品进行推广。我们也做技术研究，合伙人全是技术出身，我们都是一个实验室的，最早产品出自实验室，合伙人有重合的部分，但并不冲突，最大的冲突是如何有效管理公司，因为 6 个人都在读书。

初期创业的启动资金来自创业大赛的奖金，用来支付原始工资，开发新硬件，注册资金，剩下的就是卖产品的利润。创业前期没有去想直接融资，我们想通过流动资金进行运营，等把市场做起来后完善创业资本体系，目前来看是很有这个可能的，产品高地还很不错。我们几个人的兴趣都集中在技术上，老师会给我们提供技术支持，公司重大战略调整我们也主要听老师的。

我们的创业前期主要以产品销售为主体，以外包为辅助，强化研发能力，不断发展明星产品，设计自动导航教具，最终通过提供高质量的产品得到客户认可，获得更多订单。

我们的市场主要面向国内客户，第一单已经交付，做最后一次对接，这让我们非常兴奋，也可以说是高光时刻，因为在产品交付过程中我们产生了创新体验。这个项目我们非常用心，也做了很长时间，看到回报，更加坚定我们要为客户提供定制化服务的决心。

之所以坚持创业是因为我们这群人对技术的钻研及自己的好胜心，但在现实生活中也面临一些困境，比如，运营受影响，同类型公司越来越多，压力很大；同时，学生创业受学校影响也比较大，技术上和市场风险较大，毕业之后公司人员的变动和现实情况也会动摇我的创业信念。因为除了坚持梦想，还要考虑生活。

大学生创业质量的评估指标体系

评估大学生创业质量，要先对创业类别进行区分。我们公司是纯技术类，因此在评估质量时，首先，要看项目是否有创新点、是否有思路；其次，要看有没有前沿技术，能否抓到市场点；再次，要看重人，对人的评估重点要考察创始人的魄力与战略性眼光，有没有凝聚团队与做好团队分配的能力；最后，要关注技术层次。

对大学生创业者的建议

第一，在创业过程中要有良好的心态。

第二，在能力方面，提升财务管理能力和营销能力，做好规划设想，考虑方案存活性。

第三，兴趣对大学生创业者来说非常重要，因为创业过程中面临的困难很多，有热爱才能坚持。

第四，了解创业的核心竞争力，明确抓到市场痛点，死抓痛点。

第五，相信合伙人，相信伙伴，相信别人有做好的能力，相信伙伴的支持与配合，不要什么事情都自己揽，尊重伙伴的意见，不管是做决策，还是其他事情，多倾听大家的意见。

【专家点评】

1. 科技型创业的属性加大了闭门造车的创业者数量，早期合同的偶然性值得思考，产品永远需要优化，完美主义必将陷入高研发投入与低市场收入的泥潭，没有市场就没有产品研发的迭代逻辑支撑，在当下的资本环境中也不会有资本愿意去承担没经过市场验证的产品的风险。

2. 早期产品要尽快进入市场，在搏杀中提高产品力，在合同的交付中打磨标准化的产品，用户才是最好的产品经理。

3. 产品 1.0 的版本需要清晰的里程碑定位，要预留出资金，使用短周期内的相对充足的市场预算，必要时暂时停止研发投入，把所有资金投入市场销售中，毕竟合同本身就是软性的资产。

第七章

教育服务创业类大学生创业质量访谈

第一节　对创业者要进行筛选——李波

海星高端留学机构 CEO

华盛美伦（北京）教育咨询有限公司创始人

简介

李波，2012 年毕业于北京语言大学英语专业，三年后创立海星高端留学机构，在创业发展过程中，回报母校，回报社会。2014 年，在北京语言大学设立"英语之星"奖学金；2015 年，启动"留学助力项目"；2019 年，向学校捐款 100 万元，用于支持学校教育事业的发展。

提供学校大学生创业校外指导老师，辅导大学生创业项目。

创业过程

创业一直是自己的梦想，但在实践中总感觉没有合适的机会。大学毕业后我在留学行业就业，最开始做培训，后来做留学项目，慢慢地积攒了一些经验，也积累了一些资源，当时想到了自己创业，因为感觉延续这样的轨迹生活，未来发展空间有限，我对这个行业的前景已经有所了解，也能预测其未来的发展水平，所以决定自己创业。

公司的业务内容是留学服务，没有合伙人，员工数量 5 人，但总体业绩还是可以的。公司注册资金 500 万元，是我与妻子共同经营的"夫妻店"，2019 年公司获得融资 1000 万元，但因理念不合终止。我父亲就是一个创业者，他会传授给我他的创业经验，这使我能够更加清楚地认识到创业的风险和辛苦，用更平和的态度对待创业，思维方式的耳濡目染为创业插上前进的翅膀，父亲曾经历的弯路也让我提前吸取教训，避免未来踩坑。

经历了这一阶段的创业，我对自己的创业也做了评估，从收入和收入模式来说，比较满意；在管理能力的提升和公司规模的提升方面，还是比较初级，不够满意；在坚持初心和创业的本心方面，一直能按照自己的理想来做，比较满意。国际贸易环境时刻影响着公司的业绩，此次疫情也为公司带来了挑战，迎难而上，化挑战为机遇，一步一步实现自己的创业梦想。

在初创阶段，对我来说资金和知识体系困难最大，创业最开始需要一个人当好几个人用，尤其是各种知识都需要接触，对学习能力要求很高，我在后期不断地弥补这些空缺。资金较少使我对很多需要投入的地方都万分谨慎，丢失了很多机会的同时培养了谨慎行动的优点。

如果我拥有更好的平台，会更期待在大平台施展自己的抱负。我的技能体系很适合大平台中上层，但是自己没有办法忍耐前期的蛰伏和付出努力，因此选择一条更难而相对比较自由的路。每个人的人生之路都是自己一步一个脚印走出来的，"纸上得来终觉浅，绝知此事要躬行"，没有简简单单的成功，一切都需要亲自去实践、去体会。

大学生创业质量评估标准

第一，看创业类型。我见过很多的大学生创业者，前两年也资助过一些大学生创业者，也给大学生创业者做过创业辅导和指导，我总结出比较成功的创业团队的特点是：他们不是毕业之后零基础创业，而是在大学阶段已经积攒了丰富经验，或者是创业知识与技能，等到厚积薄发时才会选择去创业；还有一部分学生眼光比较独特，能够看准与抓住商机，然后很果断采取行动。但是绝大部分学生创业属于跟风型的，觉得身边创业同学做得风生水起，自己也想创业，这类人大多数不容易成功，因为别人成功跟他自己成功差距还是很大的，他可能只看到外边的热闹，其实内在的逻辑到底是怎么样，哪一个环节如何影响的，他是看不到的，没有亲身经历只靠跟风与模仿的创业不会成功。

第二，看创业者思维方式。要看创业者的心思有没有放在创业上面，他的思维方式是否以创业者的模式为依据。作为创业者，即使1天只上班8个小时，但是1天可能24个小时甚至做梦的时候都在想各种点子或者解决各种各样的问题，需要一个全职的，甚至全天候的创业者心态。

第三，看创业者的逆商。很多大学生当学生时很优秀，但真正创业时就表现出了能力不够。我之前辅导过大创团队，每个团队都属于学校精英，同学讲起来头头是道，但是让他们稍微展现创新能力，或者是挑战舒适区，他们就表现出了弱势，主要原因还是他们经验欠缺。在我眼里他们属于没有任何经验的新手，可能甚至比不上高中学历但在社会上打拼了一两年的那些人，他们在创业实践能力方面还有欠缺，因为从小学、中学到高中，没有人教这些东西，根本就没有经验。我认为，创业者和工作者最大的区别在于心理承受风险的能力不一样，能够承受现实失败、潜在失败、精神压力、资金压力等逆境的能力，就算最大的成功。

第四，看盈利能力。盈利是创业过程中不甚重要的部分，但是非常必要。大学生的创业成本很低，如果不能盈利，说明盈利模式有问题。

如何促成大学生创业成功

从国家与高校的角度，可以在以下方面开展尝试。

一是给大学生提供更多的创业机会。不管是课程设置，还是提供实践机会，让大学生多去接触与创业有关的课程或活动，他们的学习能力强，不管是学什么都会比较快，这对创业有很大的帮助。

二是要进行创业者筛选。不是所有大学生都适合创业，不是所有人都能够成功创业，这跟天分或者是社会分工有很大的关系。有人适应学校体系，他们从小学到高中到大学都能按学校规则按部就班地学习与生活，他们并不想要更多改变与不确定，这样的人我们不必非要鼓励他们去创业，按照社会分工理论，他们会在自己的体系中如鱼得水，那就让他们专心求职实习、考研或者投入科研，这样也会找到自我价值。还有一些人，他们喜欢冒险、折腾、创新，对这样的人国家要多支持、多投入，不管是资金支持，还是政策支持。我觉得不只是在大学鼓励其创业精神，甚至是在中学或者更早一点的学校教育中，都可以开展相关的创业教育，如果能够把这种教育贯穿孩子整个成长过程，就能够筛选出一批有才能的具有创业精神的人，或者擅长创业的人。这样的话我们就不用非得去鼓励他，或者是让他去做过多的投入，而是顺其自然。

对大学生创业者的建议

第一，如果最开始对创业了解不多的话，我会鼓励同学在保证学业成绩稳定的前提下尝试创业，因为创业过程本身就是一个非常好的学习机会。如果要注册一个公司，你就得跑很多地方，然后去做很多文件，跟很多人沟通等，这一个流程其实就是很多学生进入社会的时候要做的一个事情，是一种锻炼。如果有什么项目想要去拉融资，就要做商业计划书，搜集资料，找合伙人，这些在现实生活中都是非常有用的实际技能，如果不创业，在大学这个阶段是没有机会接触到的，所以，不管创业成不成功，只要做了这些事情，基本上就有经验了，社会经验就会比其他同学强很多了。毕业之后去找工作时，用人单位在询问有什么优势时，就可以说"我之前创过业，对于整个公司的注册流程都清楚，在市场调查、成本研究等方面都有经验，可以很快适应工作岗位，也能在很多部门帮上忙"。公司会更愿意去招聘与录用有过创业经验的人才。

第二，对于真正创业的同学，我希望大家也能抱着学习的态度，而不是非得要挣钱的心态。很多大学生之所以说自己不适合创业，是因为太怕承担风险，太怕赔钱了。因此就觉得宁愿什么都不做，也不想去创业，这样的话就会丧失很宝贵的机会。如果我们能够把学生这种顾虑消除了，他们就可以心情很平和地开展创业，也能够得到一些必要的能力提升。对那些真正想要创业的学生来说，他们是能够承担风险的，也有承受能力，这样的学生，在学习的过程中就有更多的时间去学一些高深的东西。

第三，学校也可以定期组织与创业有关的活动，如果把创业教育作为大学教育的一部分的话，培养人才的效果就会更加明显。全社会对大学生创业应该有一个清晰的认知，即不管创业是成功或者失败，都是很正常的状态。大学生创业者抱着学习的态度进行创业，有可能会学到很多，而且有一些比较优秀的学生，他们如果是抱着学习心态学创业的话，有可能比其他的同学表现得更好。因为这些同学更擅长竞争，在群体比较中想做到优秀的进取心更强。在创业的学习过程中，他们会更有目标，明确自己在哪些方面可以做得更好，因此在创业知识与能力的掌握中，他们会变得更优秀。这样的话就是让优秀的学生更优秀，也可以达到我们大学培养优秀人才的目标，所以，创业教育的目标就是让普通的学生更有经验，然后让优秀的学生更优秀，这对培养学生非常有帮助。

【专家点评】

1. 躬身入局，精耕细作，拒绝"快餐式创业"，用时间换空间，这些都是所谓"高端"业务的推进策略，而三百六十行都值得在"高端"业务上重做一遍，赛道相对不拥挤，只要管理住"欲望"，有持续的现金流，自然水到渠成。

2. 创业是对"业"本身的关注还是对"个人"的一场修行？"业"要"修行"，没有"修行"就没有"业"，这个充要条件不能反着来，当然，"业"不一定要"创"，"从"也是可以的。

3. 创业的成绩向原生关系汇报是极鼓舞人心的，对父母如此，对母校如此，对社会亦当如此，反哺母校，相融共生，当你承担了社会责任的时候，社会也一定会对你负起责任。

第二节　创业中最重要的是创业者心态——宋宣

蓝色地图（北京）科技有限公司合伙人

掌柜攻略创始人

勺子课堂创始人

简介

宋宣，北京物资学院 2008 级市场营销专业学生，曾在人人网和中国企业家杂志社任职，在搜狐担任记者，后联合创办品途网，在虎嗅、钛媒体、今日头条、搜狐等 10 余家媒体担任专栏作者。2015 年，创办掌柜攻略，这是一家 B2B 公司，聚焦于为中小型餐饮店老板提供经营攻略咨询；同年，创立蓝色地图（北京）科技有限公司；2016 年，创立勺子课堂，这是一家餐饮职业教育机构，先后获得华创资本、青松基金、梅花资本、风云资本、西贝、嘉和一品等投资约 5000 万元人民币，员工数量 80 人，营收 6000 万元，注册资金 218 万元。

创业动机

我决定创业是基于以下几方面的考虑。

一是行业机遇，餐饮行业升级产生人才升级需求，满足该需求的教育、人力服务等领域有着巨大的发展潜力。

二是社会机遇，创业初期正值罕见的资本大潮，使我有机会利用杠杆解决第一笔创业资金问题。

三是自身状态，从事记者行业 3 年，自身积累了较多人脉，在垂直领域有一定影响力，加之我本身对创业持续抱有较高热情。

创立项目简介

目前，创业的勺子课堂，是一个深耕餐饮业的比较年轻的职业教育品牌，成立于 2016 年，旗下共有 3 个子品牌，分别为勺子课堂、勺子咨询和勺子优才，公司核心解决的是国内餐饮行业的人才供应问题。公司成立的背景是我们根据相关政策、市场数据分析得知，消费升级的背后是行业升级，行业升级的背后一定是相应的人才升级。例如，最近的外卖行业很火，涉及餐饮互联网化的各种各样的知识很火，相应经营者素质的提升就变得非常的关键。基于此，勺子课堂定位于打造国内第一个餐饮行业线上职业教育品牌。目前，线上有各类课程 1000 多门，随着对这个行业不断深入，我们发现更多餐饮老板和企业主本质上不是对课程有需求，而是对优质人才有需求。基于此，我们判断老板学习不是刚性需求，但老板让员工学习是刚性需求，当老板有一个团队的时候，他希望团队能够变得更好，通常情况下，可以有两种方法使团队变得更好，第一种方法是给团队做培训，让员工去学习，让团队自己成长，他就拥有了一支好的团队；第二种方法可能他会让团队重组，即第一批人全都不要，重新招收一批优秀的人。围绕这两种做法，我们打造了两块核心业务，第一块叫作"勺子课堂"，其实就是餐饮连锁企业内的人才培育；第二块叫作"勺子优才"，就是我们或者通过校企合作，或者通过猎头业务，直接向餐饮企业供给人才，本质上解决人才升级问题。勺子咨询则是介于两块业务之间，做大型连锁餐饮企业深度人才定制解决方案的业务，是一个完全基于需求的从头到尾定制方案的设计。基于以上的逻辑，我们做的事情其实是餐饮行业人才升级背后的人才升级供给者，主要的业务是教育加人才招聘。

创业初期最期待的帮助

创业初期最渴望的帮助有三个：一是资金帮助，创业早期急需启动资金；二是知识帮助，对所服务领域的专业知识；三是管理帮助，对带领团队的管理提供专业指导。

大学生创业质量评估指标

第一，评估创业项目是否可以解决一个社会问题，解决社会问题才能创造商业价值。

第二，是否能够在一种人群中创造价值，即能否产生利润，利润就是看报表的利润。利润情况到底怎么样？如果利润好，则证明创业者是在为社会创造价值的，服务、智力投入和财力投入是有溢价的；如果没有利润，则证明商业模式有问题。

第三，其他指标包括企业年营收额、年同比增长情况，覆盖用户数和用户年均付费数等指标。

创造就业岗位是否可以衡量创业质量

我觉得创造了多少岗位，解决多少人就业并不是衡量创业质量的标准。因为，从企业的角度来说，核心是为了提高企业的经营效率，是为了提高人效，人效和就业人数本身就是矛盾的。为了提高公司的人效，可能要减少公司的人数，而不是增加公司的人数。如果公司的核心逻辑是让目前已有的人挣到更多的钱，那它就不会选择招收更多的员工。

创业者的目的是保证团队内的小伙伴每年工资上涨，提成上涨，如果公司做到了，虽然没有解决更多人就业，但这是高质量的创业，如果公司用很少的人创造了10亿元的社会价值，让现有的人赚到了更多的钱，这也是高质量创业。所以，我认为衡量创业质量高低不在于人数，而在于单人质量，因为企业核心看的是人，人的效率就是单人产出的效率，只要单人产出效率高，公司利润就会高，公司利润高，员工也会拿到更多的工资和更多的提成与奖金。

因此，创业时不要尝试去做劳动密集型的企业，不要让你的业务靠人的增长而增长，这种公司投资人是不会投的，投资人会将人效作为一个核心要素去考量。对餐饮来讲，同店有效的增长很关键。对技术密集型企业来讲，如果每个拥有博士学位的员工都能做到年薪百万，那么这样的公司造福的人更多。

政府作为组织，税收的增加会让企业创造更大的价值，产生更大的利润，上缴更多的企业所得税和个人所得税，这样政府资源分配效率就会更高，资源分配能力就会更强，可以更有效地进一步分配国家资本投入不同的行业，用杠杆解决就业问题，这虽然不是直接解决就业，但是会间接解决就业问题，也就是说可以更好地投入教育、医疗等领域，让普通大众不仅得到工作岗位，也在工作岗位上获得更大的幸福感与成就感。

政策该如何更好地支持大学生创业

作为一个学生来讲，相比创业本身，拥有创业精神更重要。我们都在创业，每个人都撸起袖子加油干，我认为在任何岗位上都需要拥有创业精神，全社会都要有创业精神，这是非常关键的。

从我的角度来讲，创业大赛一定要办，它肯定会激起大学生的斗志，但它能不能独挑大梁，让获奖的人拿着几百万元开始创业，这是两个概念。任何一个人都可以把自己的创业精神放在科研、放在学习上，放在某一个公司平台中的某一个项目当中。从思想上对大学生引导很关键，但大学生创业只是一个开始，后面的问题才是要关注的，大学生创业到最后的失败率其实是非常高的。还有一个关键问题，大学生创业的钱从哪儿来？大学生创业的钱大部分是从父母那里来的。创业失败会造成更多的矛盾，因此学校引导是培养学生的创业精神，培养学生具有创业所需的学习能力，但是不一定非要在大学里或大学一毕业就创业。

基于此，我认为，从政策角度应该鼓励大家拥有创业心态而不是非得去创业。

对大学生创业的态度

结合我自身的经历来说，我并不是一毕业就创业的。我是工作了两年多的时间后才开始创业的，从 2015 年创业到现在这段时间，我将自己的创业定义为"高成本创业"。为什么这样说呢？是因为我们公司前前后后用于试错的成本高达四五千万元人民币，最终才探索出了这样一个商业模式。

在创业的过程中，自我的成长确实很大，但同时成本也非常高。从大学生的成长阶段来看，他们容易对行业认知和行业资源抱着积极乐观的热情，但是从专业的角度来说，距离创办企业还差得很远。这么多年来我并不是一个人在创业，我一直有一个创业团队，但在创业过程中，团队的人员组成不是很稳定，不断有新人加入，成为公司合伙人。为什么会出现这个情况呢？是因为我认识到自己某一方面的能力不够优秀，虽然自己加紧学习，但在餐饮行业专业级的知识储备上，我很难在 5 年时间内成为一个行业专家。这时候，我需要让出股权，邀请有技术能力的人进入团队，因此创业成本很高。

从我的角度来讲，我还是比较坚定地认为大学生不要一毕业就创业。从大数据来看，它是浪费社会资源的，并非让社会资源变得更集中。一个人成长的过程时间很长，需要不断地在过程当中学习，但在创业者学习的过程中，陪跑的人其实非常多，很多人甚至是拿着自己的就业前途来陪你奔跑，如何能够保证他们的就业在公司内是稳定的，并且他们的薪资是不断上涨的？你的一个错误，实际上是直接乘以一个倍数的错误，最后会变成对社会资源的浪费。所以，我不太支持大学生一毕业就创业，我觉得他一定是先在行业里面做成专家，相当于先在某一个领域中至少工作 1 万个小时以上，然后再去干一件事情，否则的话我觉得问题挺大。

总之，我认为大学生不要急于创业，先要努力带领一支队伍，成为一个领域的专家，然后再考虑创业。当今的社会不缺少投机型创业者，缺少的是专家型创业者。

如果大学生创业的话，我比较支持团队创业，而不是一个人创业。

【专家点评】

1. 媒体人创业有较为显性的商业认知能力；知名媒体拥有庞大的商业数据

库，媒体人的职业习惯就是数据的结构化分析，往往能够从中找到垂类赛道的创业机会。

2. 淘金热中杀出了"卖水"赛道，"卖水人"是大红海产业里的"大机会"，产业足够大，"水"的需求就足够大；万亿级的餐饮市场给企业级服务提供了巨大的机会，职业升级更是痛中之痛；餐饮业很难标准化，组织机构与人才的建设也有标准化之殇，餐饮老板都在积极寻求第三方的标准化人力建设服务，而服务本身的质量是伴随着餐饮管理周期的长期课题。

3. 创始人需要和投资人共情，资本给了杠杆，创始人拥有了撬动更大生意的能力，轮次的递进既是资本的认可，更是商业模式的升级，商业模式的持续创新是决定创业不会"C 轮死"的关键。

第三节　斜杠青年的创业之旅——邹光磊

天津观潮科技有限公司 CEO

猿派联合创始人

简介

邹光磊，2015 级北京物资学院信息学院毕业生，双培生，本科前三年在北京邮电大学就读，第四年回到北京物资学院完成学业。2022 年，创立天津观潮科技有限公司、联合创立网约程序员平台型人力资源科技公司——猿派，成立旅行俱乐部，受邀成为教育部中国"互联网+"大赛评委，辅导大学生各类创新创业类比赛。

创业经历

我从大一开始就经济独立，自己赚钱自己花，在大二的时候自己玩无人机，跟当时的几个同学合伙做了一个教育机构，注册了公司，拿了 100 万元的种子轮的融资，创业一年多后，因为运营上的问题，将公司卖给培训机构。随后，我跟着一些校友参加了"互联网+"大赛，获得了第四届全国金奖亚军，第五届的全国四强。第四届时我指导了北京物资学院 2016 级的学妹，她也赢得了北京市的金奖。我目前同时经营三块创业项目：第一块是做 IT 人员灵活用工业务，以人工智能、大数据、算法为驱动的网络程序员平台型人力资源科技公司，为 IT 企业、政府、事业单位提供一站式程序员人力资源管理方案，包括程序员人岗精准算法匹配推荐、程序员智能定岗定级定价、IT 业务众包外包等结合服务；第二块就是我做的一个旅行俱乐部，因为我自己特别喜欢旅行，就研究了一下机票、酒店等的玩法，目前正在做一个目的地旅行俱乐部的运营；第三块因为我是"双创"唯一一个连续两年在"互联网+"大赛中获得国赛四强的本科生，我也受邀成为唯一一个"互联网+"大赛本科生评委，2019 年山西省赛评委。因此，我也在带项目，并给高校做创业项目比赛指导。

毕业的时候也拿到了好几个不错的 Offer，最高的一个 Offer 月薪在 25000元，我后来发现自己一年赚的钱平均下来也不比这个少，而且我不想上班，想自己先干，不行我再回去上班，想趁年轻、国家对创业支持等时机，去尝试一下创业。

对大学生创业的态度

大学生创业可以分为三块，一块叫创业教育，一块叫创业比赛，还有一块叫"真实创业"。这三者有着很大差异。比如，创业教育和创业比赛这两件事情，我认为是所有大学生都可以去参加，而且都建议去参加的，因为它会锻炼学生多方面能力，可能会学到很多比书本上来得更直接的东西，会有一些竞争性在里面。大学生在室内计划创业项目，写出来的东西可能对真实创业没有产生任何价值，只是把构想写出来了，但在这个过程中其实是锻炼了很多能力，比如，如何去梳理一个商业模式的能力，如何去分析一件事情的能力，如何快速去了解一个行业的能力，但是在真实的创业中，需要去面对真实的市场环境，失败率太高，因此我个人不太建议大学生真正去创业。如果大学生准备创业的这项业务有造血能力，能养活自己和这个公司或者团队的话，就可以去创业。如果没有这个前提，只想一味地花钱去创业的话，其实我是比较不支持这种想法的，因为会承担很多后果。

因此，大学生创业首先应该评估风险，如果说去创业这件事情，对他们现在这个阶段不会产生很大的经济或生活上的影响，自己的基本生存问题可以解决，那么这样的创业决策会更从容与理性，同时失败率会降低很多。

其实，创业不适合大多数人，这件事情还是需要理性看待。创业是需要激情的，有些人可能想趁年轻去尝试一下，可以尝试，但前提还是风险把控。

大学生创业质量评估指标

第一，要看的是这个需求是不是一个真实需求。许多创业者的创业市场都是伪需求，即这件事情没有需求，或者说这个需求并不那么强烈，或者说我们评定它的标准就是它的附加成本跟附加价值，看它的附加价值能否大于成本，因为如果是伪需求，不是真实需求的话，可能这个项目本身就不可能落地。

第二，看这个团队对这个项目和行业是否真正了解，因为绝大多数创业者对行业是不了解的。

第三，看创业者是否对这个行业里面的产品有清晰认知。因为对创业者来说，在当今的商业环境下很难做出自己能想到但没有人做的事情，所以自己能想到的事情一定有人在做类似的事情。起码需要清楚，现在市面上类似的公司、产品是怎么做的，有哪些优缺点，为什么觉得自己能做他们不做，做的话是出于什么样的考虑？

以上三点属于商业认知或者市场认知，即如果创业者对商业环境没有认知，那么绝大多数都是会失败的。有的时候其"可行性分析"，就是它的现实性。

对大学生创业政策的建议

我觉得现在这些政策上的有利条件完全能够支持大学生创业。北京市提供免费的办公场所，还有配套的税务优惠等。近期，北京市也提供给创业者类似公租房的公寓，一个月1000多元，配套设施非常好。另外，在北京如果能通过一些评选，就可以申请到100万元以下的两年免息贷款。这些政策都对大学生创业提供了有力的支持。除去政策支持外，我认为最重要的是创业者的风险感知力，如果他能够预测出创业风险，并愿意且有能力承担这种风险，那么创业是很好的选择。因此，创业中重要的不是政策问题，而是看每个人的实际情况以及抗风险能力。

【专家点评】

1. 从创业教育到创业比赛，再到真实创业，是大学生创业的必经之路。这条路不需要绕开，也没必要绕开，积极努力走好每一步就是创业成功的基础。

2. 零工经济是时代的产物，也越发被新时代的青年人认可，零工平台是创业，平台上的每一个节点也是创业，将极大地开发出个人的差别化能力和价值。

3. 作为个体，时代一定会给予复合型人才丰厚的回报，斜杠也终将被正名，易变、不确定、复杂、模糊的社会造就了划时代的斜杠型人才，伴随科技的高速发展，整个社会进入工具型社会，掌握多种工具的能力无疑需要增加复合型人才的密度。当然，这只是针对灵活用工的个体而言，与创业公司的专注和聚焦并不矛盾。

第四节　学长带我去创业——张智超
安徽天才罗宝教育科技有限公司合伙人

简介

　　张智超，北京物资学院 2016 级计算机科学与技术专业的本科生。大三时在学长的带领下开始创业，公司名称为"安徽天才罗宝教育科技有限公司"，成立时间为 2019 年 6 月。主要业务是青少年创课培训，会对 B 端和 C 端同时开展业务，B 端主要是组织一些相关的考题竞赛和帮助学校开展创课实验室，C 端是通过门店的教学提供青少年人工智能课程。

创业历程

　　没上大学之前，我是一个一心只想认真读书的孩子，我很能吃苦，也比较能坚持，进入大学的我很想得到更多成长，于是我参加了学校三人行社团，这个社团是一个已经毕业的学长创立的，作为创始人，他一直在关注社团，也会经常回来跟我们交流想法。当时，他正在酝酿青少年编程和机器人培训项目的创业，这个项目与我的专业结合很紧密，他向我介绍青少年的少儿编程和机器人培训这个领域在中国是一个比较新兴的领域。因为之前在国内很少有人注重这些方面的培训，相反却把精力投到学科类、应试升学类，随着教育理念的转变，以及国家推出"双减"政策，大家对这些素质类的培养重视程度更高了。从市场规模、社会认可程度、国家政策等角度来讲，这个创业项目未来前景比较广阔。2019 年，在他的邀请下我加入了创业团队。

　　2020 年，我以这个项目参加了"互联网+"大赛，获得了北京市二等奖，创业大赛对我来说是一个很好的机会，我认真做路演 PPT 和商业计划书，训练自己的商业逻辑和加深对市场的认识。面对评委的表达呈现，也给了我非常好的锻炼机会。

创业体会

　　对大学生创业者来说，开始创业之前还是要做一些准备。比如说，真正创业之前可以去参加创业大赛，创业大赛里确实有一些政策很利于大学生创业，比如，对于一些表现优秀的团队，大赛会提供场地，帮助做宣传，还提供资金上的支持。这些对初创团队来说都是很重要的东西。

但真正的创业者要明白创业大赛与真实创业是有很明显区别的，创业大赛更偏向于理论化，是确定的场景，而真实创业需要面临实际的环境，会出现一些完全没有预料到的问题，千万不能把参加创业大赛的准备当作实际创业。

创业者需要具备良好的心态、个人综合素质和各方面的能力。作为创业者不能依靠任何人，任何事情都要亲力亲为。创业是一个厚积薄发的过程，大学生创业者需要具备成熟的价值观以及做好不断面临新问题、解决新困难的思想准备。

创业成功需要团队共同作用，需要一个非常好的领导者，领导者需要具备良好的心理素质，要果断，对于团队成员遇到问题的时候能给到一些很明确的意见，团队里还需要执行力很强的人。创业团队里的一个核心要素就是务实，即有一个命令，然后对应去执行，最后能落实好。

大学生创业质量评估指标体系

从公司的角度来看，要看企业目标落实的结果，以及公司的发展状况，看创业团队的规划和实际的项目发展是不是符合，有没有出现很大的偏差，这个是很重要的。不能单纯地以当下是否盈利作为创业是否成功的一个判断，因为有可能他们在规划中前几年就是这样一个亏损的状态，这是符合规划的，也是没有问题的。

对有创业意愿的在校大学生的建议

对于大学生创业，我的建议是大学生应该先想清楚自己创业真正的动机是什么，可以多去了解一些相关的资料，多去听学校里与创业相关的一些课程、讲座。如果这时还有创业的想法，那么应该尽早积累一些社会经验，或者去参与一些创业工作，不要盲目去创业，因为创业本身是一件不确定性比较大和风险比较高的事情，还是要多做一些准备，增加一些确定性。

【专家点评】

1. Foa 还是 ToB？建议创业者在早期就要做好 A/B 测试，一旦形成结论就要义无反顾地执行，向死而生。两个模式的市场模型完全不同，当断则断，要相信专注的力量。

2. 青少年素质教育有着巨大的市场机会，尤其是在"双减"政策下的运营，未来会有更多细分赛道的头部公司出现，"小而美""遍地开花"是这个行业的发展趋势。

3. "卡脖子"的问题需要几代人的共同努力来解决，大学生创业与国家战略呼应进入"专精特新"领域的青少年能力培养项目是使命也是必然。

第五节　激情下的创业选择让我爱上了创业——强胜

北京创宁教育科技有限公司创始人

简介

2013 年，强胜从新疆通过高考到了北京，成为首都师范大学教育技术专业的学生。2016 年，正在读大三的他凭着一腔热血与一股激情开始了创业历程，同年注册成立了北京创宁教育科技有限公司。2018 年，因为在创业大赛中取得较好的成绩，公司得以进驻北京理工大学国防科技园。公司核心团队一共有 4 人，员工总数近 40 人，主要服务于全国地区中小学校，为客户定制顶层科技类校园建设方案，是一家集小学创客类课后一小时教育培训、中学科技创新类开放性科学实践活动教育培训、创客教育课程研发和教学设计、创客精英教育培训、中小学科技教室建设、高校专项实验室建设等多项业务为一体的企业。

大学生创业真的很难很难

大学生创业是一条艰难的路，之所以这样讲是基于几点：第一，创业以盈利为目的，不允许犯错，因为其面临着生死存亡的问题，试错机会与容错空间都很小；第二，创业需要社会关系的支持，需要学生具备很强的人际关系处理能力；第三，创业者要对团队与客户负责，责任重大；第四，创业之路永无止境，短期内看不到回报。

2013 年，我从新疆乌鲁木齐考入首都师范大学教育技术系。大三时，因为就想争一口气，想成功，想赚钱，所以就想到了创业，但当时既没有资金，也没有产品，真的是叫"激情创业"。怎么办呢？我的创业模式是先找市场需求再找产品，我通过老师了解到市场有这样的需求，因此想到身处首都师范大学的我拥有庞大的教师资源，结合当前北京很多中小学科技实验室空置没有专业教师使用设备的情况，我决定创建创宁教育，旨在通过我们自己培养的老师，辅助学校开展各式各样的科技特色课程。创业的首笔资金来源，首先想到的是父母，父母问需要多少钱，我并不太清楚，他们给了我 3 万元的启动资金，自己的心很大，想成功创业，但自己确实是一个创业小白，很多事情也不明白，当时就被骗了，没有注册好，1 万元就没了，心里一下子就着急了。初创业时就想，一定要想尽办法活下去，于是我使劲抠成本，使劲找渠道，周围的人有坚持不住放弃的，但我仍然一天天做，一件件事情解决，最后企业也就熬过来了。

大学生创业者成功的要素

大学生创业难还在于相关的政策环境与扶持，目前对大学生创业的政策支持力度并不大。从贷款上说，大学生创业者通过贷款是根本不可能的，免税的力度也不大，有一年我们光缴税就缴了 26 万元。学校里的创业教育在深度上也不够，上周我去一所高校讲课，问同学什么是投标，什么是渠道，怎么做商务谈判，同学都不懂，这样的学生出来创业，成功的概率就会降低。当然，也会有例外的情况，对于资金与资源充足的学生，结果还是有很大的不同。如资金充足的，还有如在北大清华园创业有非常好的教育背景与教育资源的。

对大学生创业者来说，首要的是先活下来，把资金用于研发而不做渠道是不现实的，我们不是马斯克，不会有那么多的资金去研发，我们要更重视渠道与销售，而有些创业者并不清楚这个现实，当然，这与社会上对销售的认知不足也很有关系。

大学生创业质量考核标准要从过程与结果来考量

面临的行业竞争非常大，这对创业者的身心考验极强，我有时候也会自己开车出去散心，虽然在别人面前都是很乐观的样子，但我自己还是会焦虑。因为创业团队都是学生，没有大企业系统的培训，我并不放心，有很多事情会亲力亲为。对大学生创业者来说，高质量的创业有这样几个条件：第一，需要有一支足够强的团队，这个团队中有富有经验的人，有负责任的精神，同时领导可以大胆放权；第二，企业一定要有现金流；第三，团队里应该分工明确，从研发到销售都有人在负责；第四，要有老生常谈的成熟商业模式。

从结果角度进行质量考核标准最直观的就是看订单储备，今年现有的和未来两年内的合同，或四年之内可能会产生的订单储备。

对大学生创业者的建议——致优秀的创业者

对已经创业的同学：能够选择创业的你就已经是北京千万大学生中的翘楚，

能够经营一年不倒闭的公司就是有发展、有潜力的组织，能够在市场中有稳定客户源的公司就能活下去；能够经营三年，说明你很努力；能够经营五年，你已经是万里挑一。

对于还没有开展创业的同学：创业寒冬，不要盲目创业，可以在大公司学习锻炼，有了一定的社会资源及大公司工作经验后，再选择创业更好（家里支持的除外）。

当然，我不反对大学生创业，前提是你要有对团队、对客户负责的态度，作为法人，你要时时受到道德责任，法律责任的约束。

【专家点评】

1. 激情是创业的"奇点"，初心各不相同，起跑姿势也不一样，如何在后续的狂奔中保持激情才能"对得起"那个醍醐灌顶瞬间的爆发力，因为创业要做好长跑的准备，要有波段操作的能力，同时又要对指数级增长有长久的耐力。

2. 教育行业处在变革当中，也必将是一场旷日持久的升级，选择这个赛道更需要敏捷的能力，要把迭代的颗粒度增加，模拟周期行业的打法，多运用三板斧战术，高举快打，把波段的胜利收入囊中，迅速投入下一个战场。如果基因中不具备这个能力，建议可以寻找第二曲线，转型升级。

3. 黑天鹅频现的当代营商环境的确对创业者提出了更高的要求，也就要求敏捷创业有更高的质量保证。大学生创业的社会化程度相对较弱，要使对宏观经济形势的判断常态化。

第六节　能者上——我把团队老大让给了他——郭峻

北京橙彩教育科技有限公司联合创始人

简介

郭峻，中央民族大学硕士研究生，创业时读研究生二年级，学习金融专业，本科在北京物资学院金融专业学习。

创业经历

我们这个公司于 2017 年 6 月注册，实际上 2016 年 12 月就开始筹备了。创业的动因是我们参加了一个创业比赛，比赛时项目内容是用 3D 打印技术，建立

3D 打印体验馆，后来我们发现这项技术走不远，但教小朋友编程并打印出产品的技术很有市场，在比赛中我们这个项目被清华紫光看上了，于是清华紫光邀请我们参加培训与夏令营。我们参加了比赛，并获得冠军，同时我们也参加了"互联网+"大赛，在参加比赛过程中，我们也收获了来自各方面专家的建议，项目也在每一次比赛中成熟与完善起来。

最开始参赛时，我们团队人非常多，有 9 人，包括一些本科生，比赛结束后团队就散了。我们宿舍有 3 人，参赛时负责项目的设计、财务和管理，室友说想继续做下去，于是我们决定注册公司，当时很天真地以为有资源就行，后来发现不可能，真正的创业就是要做事情。我们当时设计了几套课，包括会跳舞的机器人、民族服装等，听说学校有孵化器，我们想去争取，但需要去参加比赛获奖才能获得资格，于是我们非常认真准备参加各类比赛，每次比赛我们都认真对待。

创业对在校大学生来说压力确实很大。我当时满负荷，一方面是撰写学业论文；另一方面有创业各项事务，但通过创业接触社会，能找到自己的差距。我的合伙人特别优秀，虽然没有共同创业之前我们住在一个宿舍，但因为专业不同并没有太多了解，创业后，围绕着一个共同目标，大家都发挥自己的能力，对他了解得越深，越增加对他的敬佩程度。第一次创业时由我做带领者，现在是他带着我，因为随着创业的进一步深入，我才知道他在北京理工大学做过三年项目、两年学生会主席，我心甘情愿让他来做创业的负责人，我跟他学习了很多东西。

我们虽然没专利，但我们有很多科技转化的东西，产学研结合，我的合伙人发了 EI，我们也将研究成果进行了转化。公司现在设立研发部、教务部、项目部，项目部会有临时节目，研发部的活最重要，那里的专业性最强。

我们教程是轻量化，但对教学老师质量要求很高，如我们要派老师到中小学开展相关教学，因此必须招聘大量的兼职老师，我们明确提出兼职老师必须是 985 高校的优秀学生。

创业发展阻碍

第一，现在最大的问题是有些忙不过来了，最主要的是管理上遇到了问题。我主要负责人力资源及财务，有更切实的感受，主要是员工的积极性激发不起来。创业团队也有思考，我们的考核制度及激励制度有问题，导致运转效率不高，我们架构清楚但实践上不行。主要的原因可能是我们的身份，员工是我们同校的学弟学妹，我们是学长，因此对他们一直很亲切，这种亲切造成了上下级关系模糊。合伙人反映我们的管理有些松散，有些任务完成得不好。我们现在想到的解决办法是严把招聘关，从外校招收负责任的学生。

第二，绩效与薪酬也是比较困难的事情。现在大家的身份是兼职，为了进行有效管理，我们建立了在线绩效考核系统，员工自己提交并上报工作时间，再由小组长核实，但这个目前实行得不好，我们也在思考在公司的制度上怎么设计管理体系更好一些。

未来创业计划

第一，落地。创业想要做好的话，就老老实实做。我要趴在这里做一年，至少给自己一年的时间。我去拼命，可能有压力有学业任务，但这个创业项目不能丢掉，我一定要把其当作第二重要的事情做。许多学生参加创业是为了拿学分，我之前参加比赛时也是这样考虑的，但现在这个创业项目我要认真做好。

第二，完善。项目运营得好不好，要看项目是否有"麻雀虽小，五脏俱全"的感觉：运营半年到一年的公司，有没有体系化的规章制度，是否有健全的考核与绩效评价制度。发展到这个程度（运营半年到一年），我们要完善各种制度，让公司正规化，而不是成为一个小作坊。

第三，战略。考虑公司未来发展的战略，我们还要跨越很多障碍，如公司的盈利模式、主要产品等。战略决定公司成败，如果战略对，几个合伙人再努力些，公司不会倒，三五年不死，就会活下来；教育不会垮掉，但做好不容易，下一步要会找融资，要冒风险。我们必须有更高的目标，要做标准化产品，可以在标准化的基础上进行复制，比如，可口可乐、肯德基，因为复制扩张很快，有传播效应、品牌效应，迭代效应会特别强。我们一直在网上找标杆，想要突破，后来发现美国中小学 STEM 教育在用五本书，每本 300 美元，于是我们进行翻译，把里面的课程与我们的内容进行整合。

第四，团队。我们团队原有 4 人，现在有 1 人退出，剩下 3 人。因为我是学金融的，因此在管理团队时就很审慎，采用股权设计的方式约束团队。在具体的操作上，我们采取动态股权的管理方式，所有股权分成很多份，我们先拿10%进行分配，到一个节点时对这 10% 进行分配，到一个里程碑时再分 10%，第一次融资再分 10%，到下一个阶段按贡献点分。贡献点是考察合伙人有没有尽职尽责，都做了什么。这个原则让合伙人不要想着分钱，而是要努力工作。

对在校大学生创业的建议

第一，一定要找到一个创业方向。这个方向要跟你自己的专业相关，要找到核心竞争力，要思考创业是否有亮点。如果选择红海创业，就要想清楚自己是否有竞争力；如果选择蓝海创业，就要看自己对市场是否有了解。要不断拷问自己，"我们到底有什么核心竞争力"。

第二，要找好合伙人。我们几个合伙人是一个宿舍的。一个合伙人本科是北京理工大学计算机专业的，还有一个是自动化专业的。如果我们都是计算机专业的话，我们就会崩，股份也无法保证，这也是我们的小优势，研发部主管是我们的核心，也是我们体系架构的主管，团队的人无论是从知识结构上还是从性格上都很互补。

【专家点评】

小作坊适合"大喇叭"管理，大学生创业在早期仍然要以商业闭环的打通作为第一目标，"妈妈喊你回家吃饭"这是早期项目很难规避也没必要解决的问题，喊一遍不行就喊第二遍，喊第二遍不行就喊第三遍，事不过三，当商业画布成型且能通用化的时候就进入第二阶段了。

第二阶段掌握凡事必有流程，凡岗位必有流程，凡流程必标准，凡标准必有培训，凡培训必有教练，对于灵活用工人数较多的赛道，尤其需要短时间培训上岗能力的提升和管理。

"切蛋糕"式的动态股权分配模型特别适合早期创业，这个海外模型的本土化需要个性化升级，现金投入、资源投入、工时投入等分别对应的股权动态增长比例也需要持续优化，因此，创始人与伙伴的共识机制应当"极简"。

第七节　专业与兴趣的结合让我选择创业——李东根

成都绘世纪互联网科技有限责任公司创始人

简介

李东根，北京邮电大学 2017 级信息工程专业本科学生，来自四川。2019 年 7 月 21 日注册成立成都绘世纪互联网科技有限责任公司，公司注册地点在四川成都，没有合伙人。

创业过程

我的创业既不是梦想也不是激情驱动的，而是顺其自然的一个过程，主要是因为专业与兴趣，我在大学期间兼职做了程序员，自己写代码，也很会写代码，2017年，我参加了大学生创新项目竞赛，创业内容是 VR 游戏，裸手操作，当时得到了评委的好评与认可，认为比其他游戏更先进，做得挺好，项目也因此获奖。同年，我也接到了商业项目，做外包服务，我拿到了 10 万元的报酬，因为做项目，我暂停学业，休学一年。

2018年，我参加了"互联网+"大赛，拿到了铜奖，投资人提出要给我种子轮，这让我开始有了创业的想法，同时投资人又为我争取到参加成都金熊猫全球创新创业大赛的机会，拿到了第四名的成绩。在这种背景下，成都市政府又承诺提供良好的创业条件，创设良好企业环境，因此，2019年我注册成立了公司，虽然是公司，实际上也就是我一个人，其余的 4 名公司的成员并不是正式员工，只是同学，我们在一起干活，我写代码，他们跟着一起学习，可以帮我完成外包工作，也有钱可挣，创业团队就是这样组建起来的。

创业对我的影响

创业后的我对比创业之前的我并没有多大的改变，因为对我来说，创业的核心在于能做项目，自己做出来的产品有人欣赏，创业前的我拥有这份初心，创业后的我也是如此。一切都没有变，还能把自己的产品变现，这样的创业对我来说并没有产生太大的压力。唯一不同的是，创业前没有钱自己敲代码，创业后有钱可以请人帮自己敲代码。因为公司小，我也没有机会锻炼自己的管理能力，在这方面也没有提升。

疫情对公司的业务没有多大影响，业务量反而上升了，主要原因是我们在创业时采取两条产品线，一条是我们自己开发 AR；另一条是我们给别人做外包，外包这条线很稳定。我们有很稳定的客户，两条线同时在进行。目前，公司财务外包出去，由专业公司代理，一切都平稳进行。

对公司，我并没有做大做强的愿望，先这样平稳发展。未来我还想继续求学，到时也许考虑卖掉公司。

对大学生创业的思考

创业对我个人来说还是很有意义的，实现了自我价值的最优配置，让我找到了自己喜欢做的事情，认真思考自己未来想做的事情，对人生的规划更明确了。

对于大学生创业我有两点考虑。一是大学生创业是个伪命题，因人而异，从一个大学生成长的正常速度来说，创业是很困难的事情，一定有一些特别的原因促成了其创业，因此不要看到别人创业就跟风创业，尤其不要在处于借钱还没有项目的情况下去创业，创业中要保证有盈利，别赔钱，别把自己的脚砸了。二是在鼓励与支持大学生创业时，要鼓励那些在科技领域、高新技术方面有前沿意义的创业，我回成都后也看到有些高校在做大学生创业项目，这些活动就是开店，没有什么前沿意义，价值不大，对创业者来说跟就业没什么区别。

大学生创业质量的评估

应当先假想一下如果不创业，走升学、工作路线，根据个人条件未来若干年会有怎样的学历收获、工资收获以及其他方面的收获，这些收获是选择创业后的成败基准，并非亏损的，甚至背上债务的创业才是失败的，创业后收获低于不创业的收获的，都是失败的。

对大学生创业者的建议

第一，计算机时代是前所未有的年轻人的时代，要抓住机遇，创新领域可以从技术向创业转变。

第二，创业只是个体根据当时当下个人条件和环境所做的最满意选择。

【专家点评】

1. 创业该如何界定？拥有核心技术能力的自由职业者是否属于创业的范畴？个体户是否属于创业？答案是肯定的，小溪小河的岸也是岸，上岸才是硬道理。大学生创业者提高自身的硬实力不失为优选，上岸后根据软硬件综合能力再考虑是否跳入大江大河，实为较稳妥的方案。

2. 疫情常态化下的公司治理给了自由职业者巨大的想象空间，这本身就酝酿着隐性的创业场域，万物互联的未来也将创造性地体现他们在庞大商业系统工程中占领关键节点的价值，灵活且有旺盛的生命力。

3. 外包是现金流，自有产品是价值线，一个重在交付，一个重在资本，在交付中扩大团队，在自研中推进资本加持，拥有了造血能力就大大增加了自研产品市场化的概率。

第八节　我的创业榜样是父亲——何为

睿致科技（北京）有限公司合伙人

上海鹰才信息科技有限公司合伙人

北京育为教育科技有限公司合伙人

简介

何为，1991 年出生，本科毕业于北京外国语大学，英语专业；研究生毕业于帝国理工学院，企业管理专业；目前一边上班，一边创业中。父亲为企业高管，家庭情况小康。当前创业公司为科技教育类行业，成立时间在 2016 年，分别在北京、上海注册，公司有睿致科技（北京）有限公司、上海鹰才信息科技有限公司、北京育为教育科技有限公司。公司尚未融资。

创业现状

我目前创业涉及三家公司。

第一家是科技公司，主要产品是办公软件、移动开发，每年的流水达到几百万元。这家公司的起源是大一时就想创业，做一个 APP，结识了一位北京航空航天大学软件专业的学生，虽未创业成功，但两个人一直有联系，他同我一样，也有创业想法。我在第一家是二股东，主要是做资源整合，发挥的是种子轮的作用，家里给了公司的壳，项目从小做起，主要是办公软件，2017 年又拉了合伙人，2018 年做了集成，项目合伙人负责渠道，现在有项目渠道，有开发。

第二家是一家留学 DIY 平台公司，我在这家公司里占的股份不大，只占 5%，是与研究生同学合伙，这个合伙人本科就出国了，在英国伦敦读了两个硕士学位，待了七八年，比较有经验，本身就给别人做咨询顾问，主要做的是留学申请平台 DIY，专门做英国的留学申请。我的任务是在北京与辽宁两个市场做渠道。感觉公司并不特别盈利，因为这个领域的竞争激烈，比较畸形。

第三家是教育公司，主要做研学旅行与幼教。这个公司主要得益于家里有资源，因为父亲也在做一个幼儿园。公司主要业务为省内与省外游学，省外的游学地点主要是北京与上海。目前我已经组织了两个研学团，一个是到北外，另一个是教师研学团。

创业动机

我的创业榜样是父亲，父亲十几年前转行从商，应该说做得很成功，现在在一个大的民营集团做高管，是一个职业经理人。我希望自己能赚更多的钱，与家人在一起，过平淡生活。

创业评价

当前的自己不算成功，企业成功的标准必须是有可持续的经营能力。我的这几家公司，第一家订单不断，但太小，从行业上看，客户是一家一家找的；第三家刚刚起步，客户链还没形成。一家成功的创业企业应该是营业额不断增长，净利润增长，团队是逐渐扩张的，产品或服务是完善的。

当然，在这个过程中，我也有很多的收获与成长，主要表现在创业知识的增长与创业能力的提升上，还包括在创业过程中积累了经验，如对某个行业了解深挖，进行探索，包括注册、学习公司法、制定公司章程等。另外在创业过程中通过互动交流，也建立了很多人脉关系。

大学生创业者的特质

创业的人想法都比较多，肯吃苦，比如，我的技术合伙人，每天只睡三四个小时。创业者还要有抗打击、抗挫折能力，因为创业的过程就是不断被打击受挫的过程，一边创业，一边要根据事实进行调整，改变方向，才能不断成熟。

创业体会

如果模式可行的话，渠道资源很重要。我这三家公司都没拉投资，因为初创企业拉投资很难，市场上靠谱的天使投资人也不多，其实创业企业需要的并不是钱，而是依靠天使投资人得到的渠道。我还有一个很深的感触是：创业越来越难，能细分的市场都差不多被细分了。在创业的过程中会有合伙人权力的分配问题，需要用金融的手段进行制衡。这些都是在实际创业过程中才能遇到，并需要在实际解决的，在书本中是没法学到的。

对大学生创业者的建议

我想对大学生说，大学期间或刚毕业不要马上创业，因为什么都不懂，除非自己有技术、有专利。要等到积累了一定的社会经验、对某个领域熟悉时，再开始创业。

大学生有创业冲动，但是对社会了解不多，建议学校大一时就给学生提供职业规划的教育与引导，让学生尽早了解社会，了解商业，他们就不会着急创业。媒体报道的成功案例，后面99%是有资源支持的，塑造的逆袭案例，但事实不是这样。

另外大学生创业要选择新兴行业，目前成熟与快速发展的行业已难进入。

【专家点评】

1. 有个现象，当代青年普遍拥有斜杠属性，其中不乏把辅业做成主业的典型案例，辅业往往是兴趣驱动，动因与专注度成正比，专注度又与成功率成正比。

2. 投资型创业其实是典型的A/B测试，是优中选优的过程。通常，种子轮的投资将获得董事会的席位，在有效时间内过滤了芜杂信息，高质量提升了行业认知水平，增加了All in项目的成功率。

3. 集成是软件行业MVP验证的选择，为产品快速进入市场验证阶段提供了支撑，功能模块迭代的频次取决于种子用户的体验。

第九节 "最强大脑"的方法你也可以有——申一帆
武汉杏仁桉科技有限公司合伙人

简介

申一帆，1994年出生，本科就读于武汉大学计算机科学与技术专业，2016年5月在校期间创立武汉杏仁桉科技有限公司，公司性质为软件公司，注册地在武汉，注册资金100万元，合伙人有3人，都是毕业于武汉大学的学生。公司得到了天使轮数百万元的融资，现有员工23人。主要产品包括"图样单词""人人都能学会的超级记忆法""人人都能学会的思维导图"等，提供给客户良好记忆的方法。

创业想法的产生

本科阶段我开始产生创业想法。我一直对学习记忆方法比较感兴趣，自己的记忆力也还不错，好的记忆力让我学习更轻松，节约了更多时间，对我的学习、工作帮助都很大，我可以几天就背完一整本单词书，并且记得第几页第几个单词是什么。大学期间，我参加了世界记忆锦标赛获得了"世界记忆大师"的荣誉称号，并且参加江苏卫视"最强大脑"的比赛，帮中国队战胜了英国队。同学知道我记忆力不错，很多人都问我单词怎么记，随着问我的人越来越多，我就开始组建团队开发了"图样单词"APP及后续产品，希望以我的方法让更多的人受益。

创业体会

对我来说，在初创阶段的最大困难主要是资金和团队。在资金方面，大学生创业的启动资金有限，我当时是拿着8000元的国家奖学金开始创业的，后来又比较幸运地拿到了一些创业比赛的冠军及奖金，加上当时武汉大学和武汉市政府也对大学生创业给予了优惠政策。在团队方面，优秀的团队人才对项目的成功有很大帮助，但优秀的人才总是少数，因此初创阶段要想尽办法通过更多渠道结识优秀的人才。随着公司的发展，也会有能力招到更多人才。当然，除了这些之外，商业模式是非常重要的，有的大学生创业很有情怀，我当时也是，但是，后来我发现，只有情怀是不行的，没有人会为你的情怀买单。创业者一定要做到一边创业一边学习，要思考公司以什么样的商业模式才能盈利，最好是第一天就知道公司要怎么赚钱，这样才能长期地发展。如果再有一次选择的机会，我还会选择创业，因为创业的每一天我都过得很充实。

大学生创业质量评估标准

我觉得最核心的评估标准应该是：创业是否提供了好的产品或服务，帮多少人解决了多大的问题，带来了多大的价值或贡献，这点做好了，其他的就会随之而来。在具体的指标上，可以用下面的指标去评估：第一，在产品方面去评估该产品解决了多大的问题，有多少用户，"日活"是多少等；第二，在品牌方面可以衡量品牌知名度；第三，在收入方面可以看收入与净利润；第四，在就业方面，可以衡量公司员工数量，解决就业人数。

对在校大学生创业者的建议

第一，要勇于尝试。大学时期的试错成本和机会成本比较低，一旦有好的想法或创意，就可以快速尝试和行动。当然，不要因此耽误了学业。除非特别好的创业机会需要全身心投入之外，建议不要休学创业，要做到兼顾学业和创业，做到低风险创业。

第二，要未雨绸缪。大学生年轻有冲劲，想要创业是一件非常好的事情，但是创业之前一定要想清楚，要多做准备，因为创业需要多方面的能力。要想清楚，用什么样的解决方案解决了什么用户群体的什么痛点，要思考市场怎么样，产品解决方案是什么，怎么找资金，怎么搭建团队，怎样推广等，这些都要提前去学习和了解，尽量多做准备。

第三，要学会灵活调整。创业本来就九死一生、成功率很低，大学生创业的成功率更低。因此，一定要对创业的难度做好心理准备，并且在坚持的同时也要学会灵活调整。如果一个项目执行一段时间之后发现跟预期相差很多，效果并没有那么好，就可以及时止损，换下一个项目。社会在发展，新的机会一直在涌现，很多商业红利也有周期，要顺势而为。多获取信息、多跟厉害的人交朋友，有时候抓住机遇，成功一次就够了。

【专家点评】

1. 达人创业容易被资本"翻牌"，有较为简单的商业逻辑，就是知识技能输出的变现，课件的专业化程度是核心价值，产品的通用性程度决定了天花板的高度。

2. 达人的创业过程是 IP 势能的积累，是意见领袖的成长过程，有个二选一的世纪命题需要在早期根据团队基因确定，是在公域的池子里捕获全域流量轻粉，还是深耕私域从而拥有强黏性、高转化、深度绑定的忠粉？过程中切忌被捧杀。

3. IP 与运营不能是同一角色，这是知识付费的现象级问题，IP 专注内容的输出，运营给予平台支撑，IP 与运营的利益分配模型将随着创业发展逐步优化。

第十节　当下的选择就是最好的选择——李旭

北京零贰捌传媒有限公司创始人

简介

李旭，本科就读于北京联合大学新闻与影视专业，在大学期间连续创业，2016 年毕业后开始正式创业，成立了北京零贰捌传媒有限公司，以专业所学知识提供服务。

创业初衷

我祖籍山东，爸爸军校毕业后分配到新疆工作，我也在新疆读书长大，2012年考到了北京联合大学新闻与影视专业。大学期间，我开始了第一次创业，当时的动机非常单纯、直接。听说亲戚家里的弟弟高考考了二本的分数，上的却是一所三本的学校，了解原因时发现亲戚根本不懂怎么填报高考志愿，只能求助当地的高中老师填报，入学后，弟弟对学校不满意，后悔自己填错志愿。这件事情促使我产生了建立一个学校与高中的对接平台，指导学生科学填报高考志愿的想法。当时，我特别有激情，一腔热血，感觉自己的想法很好，学生真的需要，数据与信息也可以通过高校提供的报考攻略、资讯及招生政策获取，很快我就开发设计了高考志愿填报小程序。但真正进行市场推广时，发现自己的想法简单了——这个项目没有盈利点！因为如果把产品卖给学生的话，违背我想服务考生的初衷；如果卖给学校的话，学校方面并没有这个需求。毫无疑问，第一次创业就这么失败了。

我又尝试过其他的教育项目，一是因为自己对教育情有独钟，有情结；二是想做成一席或TED那样的公司，来分享自己的经历，后来发现一席做得很好，自己很难有新的突破点，而且如果只以学生为客户的话，市场空间也不大，因为学生并不想听人生指导。

创业现状

大学里的创业思考与实践为我毕业时的创业打下了坚实的基础。2016年，毕业时，我考虑是创业还是就业，最初想两边都做，一边创业，一边也去找个正式工作，结果发现这样没法平衡，后来就专心创业，我的主要业务领域是影视方面相关服务，这是我专业的事情。主要内容是做会展服务，搭建舞台，做KV（主视觉海报）与直播，专业对口，最初做了两三场，大多是三四万元的项目，项目并不大，随着业务越来越成熟，也慢慢接到了相对较大的项目，包括百度研究院的30万元的大项目——跟营销有关，给广告公司做视频供应商，创业也慢慢走上了正轨。目前我与合伙人一起管理着2个常驻摄影师及20多人的临时摄影团队。

大学生创业质量评估指标

衡量一个大学生创业质量的指标很多，针对比较通用的指标，我有如下的思考。

第一，财务指标。创业中，盈利是第一位的，包括营业额、利润（当然，初期创业是不盈利的，可以看利润的增长情况）及项目，项目指标主要是衡量是否有很多人在其中做，如果大家都做，你也跟风的话，只会捡到面包渣。如果有投资人看好的项目，盈利的可能性会更大。

第二，创业团队。团队是创业重要的因素，决定着公司的高度与持续性。这一指标主要看团队的管理模式，团队中小组是如何合作的，部门是怎么协调的。同时，要把考察团队负责人的素养当成重要标准之一，创业领导力与团队呈正相关关系。如果对这一指标进行考察，可以问团队负责人其管理理念与公司发展的相关性体现在什么地方。

第三，创新性。这一指标有理论参考价值，但在实践中去评价大学生创业质量很难，创新是具有颠覆性的，而颠覆性行业是"大佬"做的。在大学生创业实践中可以考察其创业项目与最新科技的衔接情况。

第四，其他相关指标可以包括创业战略眼光、创业资金等。最初创业时战略眼光很重要。创业资金对创业来说是雪中送炭。对创业质量有参考价值的指标还包括是否有投资人对项目进行投资，因为投资人会考察初创企业是否做过风控，是否调研过市场等，投资行为说明项目有市场前景。另外投资也会促使企业占领市场生态，获得更多的咨询，还可以通过高管指导加强企业的战略架构。投资人团队越厉害，创业质量越高，但也有些创业者不希望别人投。

第五，创业质量的指标中还要包括现金流和团队的稳定性。另外，还有一个指标可以参考，那就是孵化器性质，要考察创业项目是学校里的孵化器还是行业里的孵化器。

创业体会

在大学生创业中，创业环境非常重要。北京是一个适合创业的城市，有资源、有环境、有国家的创业政策。在学校还有导师帮助进行创业指导，大学生创业项目，有或没有创业导师的指导真的很不一样。同时，学校还提供创业场地，学校创业组织同时也让我们这些大学生创业者通过学校建立了一个很好的创业社交圈子。我之前是一个比较宅的人，但现在会通过学校创业社团加入一些创业者的社交圈。创业的深入也使我认识到创业中与人联系很重要，创业者必备的一项素质是交朋友，要很会交朋友。

对一个创业者来说，创业挣多少钱是追求的小目标，企业的存续、生命力、价值，尤其对社会是否有价值才是重要的。在我心里，像任正非这样的人才是创业者，既为社会创造价值，又让员工过得好。创业确实让人得到很多锻炼，我创业是因为我不适合打工。如果问我再有一次机会还会选择创业吗？我的回答是不一定，要看当下的选择，当下的选择就是最好的选择。

【专家点评】

1. 大学生在校期间创业应当选择与专业强相关领域"开球"，这是一场知识与"业"积累的"双修"，试验性更强，与专业的关联度将直接决定创业历程中的专注度，而专注度的提升将更容易破局，极大方便了团队及指导力量在创业过程的持续复盘中排除干扰因素，避免走弯路，缩短成功的路径，即便是失败也将有所斩获。

2. 应用型大学的学生创业建议选择"小而美"的项目，这将直接提高大学生创业的创业质量，相对较低的天花板降低了商业模式的复杂性，也更有利于现有资源的整合及输出，与大学生群体的适配度更高。

3. 因此，如果李旭在校期间创业项目就是与其新闻影视专业强相关的会展服务，毕业后的这家公司的成立将会是他能力的一次释放，在"小而美"的领域快速完成原始积累，进而才会有探索更高天花板项目的可能，比如，会议服务产品化、标准化、规模化方向，又如平台化供需对接方向，再如元宇宙会议场景搭建或运营。

第十一节　以创新与效率作为优势——谭竣玮
北京吾影文化传播有限公司合伙人

简介

谭竣玮，本科毕业于北京物资学院，所学专业为物联网工程。对他来说，兴趣与喜爱是做事情的主要驱动力，"比较感兴趣""能赚到钱"是大二的他一开始对自己做事情的初衷的简单理解。2019 年，大学毕业后，他决定正式全身心投入创业。

凭借着自己纯粹的热爱，他跟随学校学长注册的公司学习成长。随着人员的不断调整，他们在 2019 年注册了一家新的公司并将现在的所有业务集中在这家公司。在疫情之前，这家初创公司一共有 3 名固定员工，可以保证月工资正常发放，享有五险一金。资金问题一直是创业以来最大的困惑，不过他相信通过银行贷款、政府支持等手段会逐渐改善资金困难情况，他会朝着自己的梦想一步步靠近。

没有创业"基因"，但我有不懈追求

我的父母并不是创业者，他们是军人，在我上大学之前，他们对我的管理比较严格；上大学以后，他们选择了"放养"模式，这给了我选择自己喜欢的道路的机会。父母更多的是督促我，他们提醒我不犯原则性的错误，其他方面都可以给予我支持。母亲后来转业到工商银行，父亲从事物业管理。他们都是不具有创业经验的普通人，但他们新职业的选择也是一次创业的尝试。上大学后，我对摄影、艺术等很感兴趣，也愿意追随自己的兴趣做出一些尝试，冥冥之中我走上了创业的道路。

创新与效率是我们的优势

从整个行业角度来看，创新力使我们做出来的作品的性价比更高。我们公司的报价偏低，却比同类公司更加精细。大的公司通常在后期同时对接五六个项目，因此在每个项目上可以分配的精力就相对较少，创新点不容易迸发，而我们则可以在某一个项目上集中发力，做到质量较高，这是我们的优势。执行力强是我们的另一个优势，初创公司免于流程上的时间花费，无论是对接还是执行，我们的效率惊人。

从我的角度看大学生创业与社会创业

大学生创业者和一般的社会创业者属于两个不同的群体。因为社会上会对大学生创业者有不同的评价标准。大家对大学生的刻板印象是——大学生刚从学校毕业，没有什么社会经历，而且有可能没有什么能力，有可能会办事不牢，资源较少。相反，在企业里面已经工作了近10年决定创业的员工中，大多数人认为这个人可能是带着资源出来的，确实有本事有水平，我们必须承认这样的现象存在。

因此，大学生创业更多是依靠大学生的优势——快速学习并运用知识的能力。我们在对一个行业进行了解之后，会发现该行业内存在的痛点、难点，对痛点和难点我们可以运用创新能力去解决，或者是对两个可以配合相辅相成的行业，运用互联网的思维将其进行结合，开辟和形成新的解决问题的途径和方法。所以大学生创业更应该着力于关注问题的某个点，并想办法去解决。

而社会创业因为有更多的资金、人脉支持，往往实施的项目会更加整合，规模会更大，注重的是整体效益及资本间的博弈，这就需要行业内多年的积累和更大规模的资金支持。

大学生创业质量评估指标构建

一是项目是真正落地的创业项目。参加比赛的创业项目最终能实际落地，创业者能直接以自己的创业项目作为毕业后的创业项目。

二是创业团队规模及盈利状况。

三是自身创业的带动示范效应（比如，周围的人看到自己创业获得成就后也开始创业，或者吸纳周围人成为创业伙伴、合伙人）。

四是在自身行业所积累的客户数量、体量规模、合作模式、供应商数量以及支出占比等，我觉得后两项可以看出一个企业发展的核心竞争力。

对未来大学生创业者的建议

第一，对创业的时机来说，拥有了工作经验再创业还是大学毕业出来就创业要因人而异。如果大学生没有相当的背景、没有一定的资金储备，加之不具备很强的专业技能的话，我不推荐其一毕业就直接出来创业。

第二，未来的创业行业，首先我个人比较倾向于具有社会福利性质或能够提升整个社会阶层的行业；其次就是环保行业，因其涉及整个社会的发展，政府和社会各个方面都会往上面投资；最后就是科技类行业，包括创业公司开发人工智能。把它排到第三位的原因是产品研究所需时间很长，投资回报率比较低。

第三，如果是传统行业，那就更需要结合互联网思维，着力解决行业内存在的僵化问题，尝试用互联网思维、大数据思维改变行业现状，这样才能有更大的创业优势。

【专家点评】

1. 兴趣驱动的创业具备"生命力"的优势，生命周期相对较长，窗口更大，创业者在"玩"中创业，幸福指数相对更高，成功概率相对更大。

2. 必须指出的是，大学生在非专业领域创业容易遇到"地基"问题。显然，应用型能力完全可以在兴趣的基础上快速掌握并且相对突出，但是每个专业必然涉及底层认知厚度问题，比如，这位创业者是否会关注世界及中国的平面发展史，艺术发展史等，客观上会影响创业的天花板高度。

3. 大学生创业在红海服务型项目中有性价比的优势，服务意识强，劳动成本低，能够在短期快速获客，爬坡上台阶的增长问题会随着社会化程度的提高显现出来，服务增值是解决方法之一。

第十二节　用兴趣找到了创业事业——刁宇尊

北京利见达人传媒有限公司总经理

简介

刁宇尊，2013 年毕业于北京财贸职业学院，毕业当年创业。

创业初衷

创业的原因到底是什么，现在很难找到一个确切的答案，好像一切都是冥冥之中注定的，也好像是自己早已经做好的准备。上大学时，我迷上了摄影，非常感兴趣，毕业后就开始做一些视频拍摄的工作，然后遇到了我的合伙人，他是做音乐的，两人商量决定一起做些事情，于是创立了这家传媒公司。

公司前期业务以录音棚为基础，提供音乐制作和视频制作等服务。在后期的发展上，以这两个经营项目为基础不断拓展，在稳定中谋求新的变化，在之前营业范围的基础上又新增了线下活动板块。目前，公司业务板块包括视频拍摄制作、音乐制作、承办庆典演出、会议会展、舞台搭建、平面设计等。

音乐制作、视频制作，还有线下活动，这三个板块主要是面向顾客需要提供的服务。服务对象包括事业单位、科研单位和部队机关等，面向京内京外的客户群体。随着业务发展与公司成长，我们的制作能力和执行能力不断得到增强，我们开始设计研发自己的产品，把教育部要求的中小学生必背中国古诗词进行谱曲、编舞及编剧本做成唱诗、舞蹈、舞台剧等表现形式，再通过课堂教学的方式让学生易懂、易记、爱背、记牢。2015 年，我们创办了弘扬中国传统文化的品牌——"中国皇家唱诗"，进行线下教学。现在的业务方式主要是线上自营、线下合作加盟的形式，同时我们也向北京的各个小学驻派老师进校授课。

公司团队规模由最初的三位创始人扩大到现在的百人团队，主要分为三个层面，第一个层面是位于北京的核心团队，第二个层面是京外成立的子公司团队，第三个层面是参与局部工作领域的团队联盟。

创业中的坚持来自父母的支持

我创业的想法得到了父母很大的支持，尤其是我妈妈的支持，她支持有两个理由：一是作为母亲，她对我的未来发展充满着期待和信心，特别希望我更好，有更大的发展空间，而创业恰恰为这种空间提供了可能性；二是虽然创业有风险，存在失败的可能，但她从自己经历的事情中得到的经验是，每次成功都源于勇于尝试，既然选择了创业，就要勇于尝试，敢于接受失败，只有持之以恒地去做，才有可能收获最终的成功！她的鼓励，使我在创业中少了很多顾虑，也是我坚持至今的最大动力。

大学生创业质量指标构建

对大学生创业质量的评估，第一个标准是看是不是真创业，是不是名副其实的创业，因为作为大学生创业者，既然为商，那就要在商言商；对大学生创业质量的评估应该看其项目能否实现盈利，而不是拿大奖。因此我认为在大学里面的创业是要真的去创业，而不是搞模拟，搞模拟无论叫创业教育还是创业培训，它都属于教学板块，属于创业的前期培养，真正的大学生创业是要真的拿着钱、开着公司、做着产品、服务着顾客。

在大学生创业质量的评估中，我更看重以下几个方面：第一方面，我觉得是核心产品，产品有了，那其他方面就不会存在太大的问题，团队、资金、政策等要素都是给产品或者经营做支撑的，是保障经营发展的关键要素，但不是必需要素；第二方面，作为一个大学生创业公司，我觉得它的商业模式必须成熟，同时具备实现长期盈利的可能性；第三方面，我对创业中可利用的资源条件方面的评估权重也会给得更大一些。

对大学生创业政策的建议

学校对我的创业支持非常大，第一方面，学校传授给我创业的知识。第二方面，学校给予我们创业切实的物质支持，大概是创业第二年，学校推荐我们团队参加北京市大学生创业大赛评选，我们获得了优秀奖，奖励了我们十万元的创业资金。对创业起步期的我们来说，这么大的支持力度真的很重要。第三方面，我们的业务方面也得到了学校的长期支持。

对于大学生创业支持政策的想法，我个人认为，首先，政策要有针对性和指向性；其次，就是好政策要做好宣传与普及；最后，就是政策的落地能力要强，政策办理的渠道必须明确，且简单易操作。

从大学生创业角度考虑，大学生所具备的条件会差很多。在资源的占有与掌握方面与大公司相去甚远，但小公司，它也五脏俱全，在各方面的需求也是现实存在的，因此，学校要多加综合指导，具体指导我认为应重视以下几条。

第一，对于在校大学生创业者，首先要由专人提供指导。目前看来最直接的人选就是相关的在职老师，能够从时间的角度上全程去给他们提供指导，但是在职老师可能会存在一个不足，他们不一定会及时地掌握到最前线的社会信息，不过可以通过不定期地邀请校外创业专家或企业家进行互补，这样就可以最大限度地使指导支持既全程又具有针对性。

第二，要提供配套支持。如有一位同学发明了一辆自行车，也许发明自行车只是他的兴趣，但在他把产品投入市场后，就意味着他开始创业。自行车只是他的主营产品，如何把产品投入市场，即创业过程中需要的法律、财务、市场、管理等相关知识并不是他擅长的，但恰恰是创业所需要的。学校可以为大学生创业者提供上述相关专业的辅导与支持，让创业者专心做产品，投身自己擅长的领域，从而建立起高质量的创业团队和可持续盈利的经营模式。把配套资源提供给创业者，让创业者能够全身心投入创业中最重要的事情中。

第三，我觉得是一个很重要的问题，即学生毕业后学校对学生的支持与指导是否有延续性？有时，学生初入社会，面对新的创业环境与新的身份转变还需要适应，这时学校的指导是否还能持续，以及指导方式方法如何适时调整，这也是要重点考虑的内容。

对大学生创业者的建议

作为大学生创业者，最主要的是保持一种"别怕事，想干就去干，在错误中、在实践中寻找经验"的心态。创业之初，如果具有持续盈利的商业模式，这种大学生创业项目我是支持的；如果没有，我认为创业的时机可能还不成熟。

【专家点评】

1. 商业思维是大学生创业群体应当积极建立的认知底层逻辑，无法在创业项目中清晰地勾画出商业闭环，无法满足项目各方的利益诉求，必将是一次野蛮生长的创业，结局不得而知。

2. 兴趣无论对工作还是学习来说都是最好的老师，有着强大的生命力，众所周知，创业的成功率极低，而持续创业者往往依靠的就是"兴趣使然"，它可以充分满足站上一个新台阶的精神需求，同时也能在创业低谷期给予逆袭的力量。

3. 独木不成林，创业从来都不是一个人可以完成的事情，团队的选择尤其是合伙人的选择是非常重要的一环，也是早期项目中风险资本评价商业计划书最重要的部分，同时，股权结构的设置应当科学，这是一个独立命题，可以寻找专业公司赋能。

第八章

"三农"创业类大学生创业质量访谈

第一节　疫情防控期间，我选择了创业——凡皓

北京禾硕嘉果品产销专业合作社联合创始人兼副总经理

北京梯云谷文化旅游有限公司联合创始人兼 COO

简介

凡皓，1997 年出生，家中独子，父母是农民。虽然家庭不富裕，但父母对他创业这件事情全力支持。

2015 年，本科入读北京物资学院质量管理工程专业，研究生时，又选择母校的物流工程专业继续深造。大一时有过创业梦想，也有过实践，但很快就放弃了。此后，他虽然在学业与其他实践上投入了很多精力，所做的事情没有一件和创业相关，但在其中形成的刻苦努力、独立思考、拒绝诱惑、团队合作等品质在后期的创业过程中发挥了巨大的作用。

创业现状

这是我的首次创业。第一家公司成立的时间是 2020 年 4 月，公司的性质是农村专业合作社，注册资金 50 万元，我主要占技术股。注册地在北京市平谷区大华山镇梯子峪村。团队有 4 个合伙人，2 个是我的发小，公司无融资情况，员工一共有 8 个人。创业初心是锻炼自己，把事做好；创业目的是为农民、为消费者、为发小、为朋友、为自己做一些事。后来经过 3 年深入实践，于 2022 年 3 月创办了第二家公司——北京梯云谷文化旅游有限公司，基本形成三产融合发展格局。

种子发芽

疫情防控期间在家中上网课，让我有了充足的时间开展阅读，2 个月的时间我读了五十余本书，做了几十万字的读书笔记，这也促使我产生了更深入的思

考。其中思考得最多的是毕业后的职业规划问题，我最初的想法是在高校做辅导员，随后的想法是像我的一个学长那样去支援边疆，也想过去做销售，最后我甚至觉得考公务员也是一个理想的选择。随着阅读量的增加，看到疫情常态化带来的职场现状，我产生了新的思考：在 VUCA 时代，没有永远稳定的工作，外部环境对职业的影响是很大的，稳定的"自身"才是核心。因此，我开始思考怎么打造出稳定的"自身"。

恰巧在一次酒局中，发小让我帮他想一个公司名字，我随口就应了，简单思考后，"禾硕嘉"便应运而生。这时我也并没有创业的想法，发小也没有明说他的计划。然后学校发布了"互联网+"大赛的通知，看到这个通知，我的心里有一些特殊的感觉，好像有了创业的一丝萌芽，但是无法清晰地将它捕捉。创业大赛在 2020 年 4 月 12 日截止报名，4 月 10 日晚我的研究生同学，也是我们党支部的支委找到我，说在家待着想做一些事，然后我就有了参加创业大赛的决定。当天晚上 12 点，我开始设计、构思并打电话联系同学；在 4 月 11 日凌晨 2 点，我建立了现在这个团队，其中有 3 个研究生和 1 个本科生，也和我发小那边确立了项目方向。我们几个人在腾讯会议开了 2 个小时的会，凌晨 4 点左右才结束。之后我们慢慢梳理自己的思路，各自开始负责部分 BP 的撰写。为期一天半，我们完成了三万余字的商业计划书。

就这样，我们这个团队踏上了创业之旅。

创业过程

在初创阶段，对于产品适配性有很多疑惑，即我们如何找到合适的销售方式及渠道。当时特别期待能得到来自外脑的一些思维指导、技术支持、资金支持。脑子里一直盘旋着这样一些问题：最重要的产品是什么，到底要做什么，是做自己的品牌还是从不同范围的客户入手？后来初步拟定我们公司的定位就是打造线上高端产品，面向的是公司白领。随后制订的计划是先以客户为中心，等企业做大后再设计自己的品牌。

创业过程也很艰难，产品确定了，但在销售方式与渠道上又遇到了困难，因疫情原因一些线下渠道关闭了，包括一些可以合作的实体平台，如新发地等。销售渠道打不开，流动资金也没有，找到目标用户适配性难，想找反馈也难，总之就是客户不好找，找到了又不好服务。在业务上，我主要负责线上部分，线上整体运营还不错，主要是统筹管理研发、产品、运营、代理、销售、售后等方面的工作，还包括与一些政府和物流公司的对接合作，在整合资源模块方面，效果还比较理想。

现在回看，如果再有一次选择的机会，我还会选择创业，这么坚定是和我的思维框架重构与底层逻辑有关，更主要的是我有一颗"想要大家好"的心，就是"全心全意为人民服务"。我们当初的创业目的就像 BP 里所说的，"企业的目标就是实践"，当然肯定是要实现盈利，要不没法可持续发展，不过最终目的是创造企业价值，建立乡村振兴实践平台，引入返乡创业人才，为实现农业农村现代化、实现乡村振兴贡献新时代新青年的一份力量！

创业启示

一是想到就去做。其实之前上大一时我就有创业的想法，那时在宿舍里开了个小卖铺，但后续因为不可抗力就没有坚持下去。

二是要坚持。创业过程中所碰到的挑战与考验是所读的书中不曾有过的，只能咬牙坚持，再碰到的困难一定不是以前的困难，一关一关过。

三是要看创业和我目前做的是否有冲突。自己要想明白，能否只加不减，做新的东西，尽量不去替换旧的东西。

四是要不断成长。创业有一定的风险，包括来自原材料、供应商等方面的，但主要的风险还是来自自己的产品，市场上产品同质化还是很严重的，我们也在打造高端产品，目前在包装上也在做专利申请，创新性这块要加强。

五是要稳住心态，沉住气。要想做成事，需要的是细心、专注，但要做成一件大事，就需要远见、格局、心态、资源等多方面因素。就像创业，天时地利人和缺一不可，并且就算这么多因素全都具备，也未必能成功。因此，稳住心态，才能在坚持的过程中收获更多的价值。

大学生创业成功的标准

站在"主人公"的立场上，我更看重的是过程的收获而不是结果（荣誉、金钱等），不要因为所谓的面子去看重一个不确定的结果，这毫无意义。这个社会绝不仅仅是一代人的竞争，尤其是在这样看似和平却暗流汹涌的时代。

盈利、社会责任、发展前景等都可以是判断成功与否的标准之一，但我更看重的是人，我始终认为"人比事重要"，因为事都是人做的，这个人或者这些人做了创业这件事，他的所作所为、所思所想，他的成功失败、收获付出，都是他最宝贵的财富，如果把这点想明白，那就没什么标准了。

不过话说回来，适当的实践当然没问题，但如果大学生毫无顾忌地大谈"大众创业，万众创新"其实是有些不严谨的，在适当的时候有适当的机会想到了合适的点子就可以去试一试，毕竟大多数人都是水里的鱼，意识不到水的存在。

评价大学生创业质量的标准

我认为可以通过几大模块进行评估。

第一，项目设计。有句话说的是：站在风口，猪都能飞。这不无道理，一个好的项目思路，再加上合理的设计，未来发展的天花板也会更高，即"天时"。

第二，落地情况。它也是思维成果转化为社会实践的有效体现。我认为的实践，不是去到一个地方，转一转、聊一聊，然后受到一些触动，再表达一些感受就结束了，而是我们深入某一领域，不管是"产品—市场—销售—售后"方面还是乡村振兴活动方面，抑或是公益性质的创业活动方面，我们得"有所作为"，要利用我们的创新思维、专业能力、社会资源整合产业渠道，对某一痛点问题提出针对性解决方案并产生一定的效果。当然，落地并不是指大家都要去开公司创业，主要目的是要完成单点爆破，实现最小单位的逻辑闭环，并验证商业模式是否可行，为后续击穿市场做准备，并进行复制推广，最后进行模式的迭代升级并逐步扩张，此为"地利"。

第三，创业团队。这也是评估模块中最核心的指标。一个创业团队的方向性、凝聚力，一个负责人的决断力、领导力，团队每个人的创新精神、冒险精神，这么多影响因素是一个团队能否坚持直至成功的关键。

第四，创业素质。"聚是一团火，散作满天星。"大家凝聚在一起形成巨大合力，每个个体都应该具备足够的素质，如激情、应变、竞争合作、自我管理等。

第五，创业能力。一个团队有了思路和能量，还要有一定的知识和能力来武装自己，每个人各司其职又分工合作，大家都能具备相应的专业能力，如规划、组织、控制等。

上述第三、第四、第五个模块即"人和"。

对在校大学生提出一些创业上的建议

一些具体的建议，如要注意股权分配、职能架构等，但我觉得这些都不是核心。

重要的是，我们在这样的一段经历，到底获得了什么。当然，失去也是一种获得。我曾经最关注的一个词是"目的",觉得做什么事都是遵循目的导向,这样有的放矢之后总能在过程中使自己保持一种清醒的状态和方向感,这很重要。现在,我更关注的一个词是"反馈",无论是正反馈还是负反馈,这是由"目的"开始发展的一个循环的结束,也是另一个循环的开始,这也是我最想聊的一点建议。无论我们要做什么,要做到什么样,最后做到了什么样,这都是"当下",我们一定不能仅着眼于当下,还要时刻关注当下的反馈,并且以自己为中心,进行螺旋式的提高。

【专家点评】

1. 大学生创业大赛完成了大学生对创业的一次模拟,它可以更恰当地定义为"创业课堂",提供了模拟操作的平台,虽然大部分项目缺乏可执行性,但课堂下的收获对于专业学习就是一次增量。

2. 我大学期间就和"创业"认识并交往,我们的相处就像"初恋",青涩而又美好,且会伴随整个职业生涯,念念不忘。

3. 创业不能为了创业而创业,先创业后找项目的逻辑无法自洽,项目也极易因为小风浪就被遗弃,因此,业务本身的创业机会分析结论才是创业能否开展的基础判断标准。

第二节 养大鹅,找小辉——杨辉

吉林省万邦鹅业技术服务有限公司创始人

简介

杨辉,2009 年就读吉林农业大学,2014 年攻读本校硕士研究生;2010 年开始在校创业,2015 年创立吉林省万邦鹅业技术服务有限公司。先后入选全国高等学校学生信息咨询与就业指导中心第三届"闪亮的日子——青春该有的模样"大学生就业创业人物事迹征集活动人物(2020)、"中国青年创业导师"(2021),荣获"吉林省首届创业之星"(2019)等称号,获得第四届"互联网+"大赛省级金奖和全国铜奖(2018)、第十二届"吉林省十佳创业先锋"提名奖(2019)等多项创新创业奖项。

创业历程

最初萌生创业想法来自从农村考上大学后视野的转变,自己的家乡与长春在城市建设与经济发展方面的巨大差异促使我思考自己可以做些什么，改变家乡相对贫穷落后的局面，对培养出自己的小村庄进行反哺和回馈，寻找能够增加农户收入的方法。2010年，我在家乡开展了实地调查，在对农户除耕作外的额外经济增收手段进行了充分了解后，确定了"鹅业养殖"这一方向。一是家乡有养大鹅的传统，有可以借鉴的经验与可利用的条件。二是从创业的角度来看，养鹅具有潜在的巨大市场。因为鹅类既可大规模集群性养殖，又可小范围零散养殖。鹅肉可食，在我国的北方地区，向来有"落雪吃鹅"的风俗，鹅蛋营养价值也很高，鹅毛可作羽绒产品。三是养鹅推广性强，可以为父老乡亲所接受。因此，养鹅是一种相对效益高、回报周期短、养殖门槛低、不耽误农忙的额外经济增收手段，是可以创业的好项目。

在充分调研的基础上，我开始了第一次创业，当时的创业资金是自己在校期间勤工俭学积攒下来钱和亲友的借款。我用自家的场地养了一群雏鹅，及时供给清洁的水源和足够的饲草，天道酬勤，第一年年末，创业就得到了盈利，获得了7万元的纯收入，这极大地鼓舞了我的创业热情，我投入了更大的资金，扩大了规模。正当我要再接再厉、大干一场时，谁承想，天有不测风云，一场随着春雨到来的急性疫病袭击了鹅群，大鹅出现了大批死亡的现象。到这时我才理解，前期调研的准备并不能解决我经验不足、技术不足和资金匮乏的问题。

自己的失败经验，我归结为三条，"没有系统化的管理，没有专业的技术指导，没有科学的疾病防治手段"。痛定思痛，我想到了回校充电、补课，转变靠天养鹅的朴素思想。2014年，我重新考回母校的研究生，向老师好好学习现代化的养鹅技术。这一次的学习因为是带着实践需要的动力，我学习得特别认真与用心，也坦诚与老师交流我准备回乡后与乡亲成立合作社，共同开展养鹅增收的想法，导师对我的创业之心给予了肯定与支持，但他同时提醒我只靠个人技术上的提升并不能解决长期的问题，有可能回到初期创业的老路。他提出了"高校科研成果+企业技术服务"的新型创业理念，他说："我们处在信息时代，要充分利用现代信息的便利，将我们掌握的科学养殖技术高效地传递给养殖户。成立合作社并非不可行，但那毕竟是相对小范围的技术传播。想要更加快速便捷地传播养殖的技术，服务更大范围的农户，就必须寻找新的出路。"

在导师的引导下、学校创业中心的支持下，2015年12月22日，我成立了吉林省万邦鹅业技术服务有限公司，立志以养鹅技术服务"三农"、以公益行动回馈社会；我以吉林农业大学为技术支撑，以互联网为服务平台，为广大养鹅人提供养鹅技术支持、鹅疾病诊疗、药敏试验、抗体效价检测等服务。尤其是我从创业以来始终坚持进行农户免费鹅疾病诊疗，对鹅药、鹅饲料良心定价，也真正解决了农户的实际困难，赢得了大家的信任，在市场中具有良好的口碑。现在，我的业务范围已覆盖东北三省，大家常说的一句话是："养大鹅，找小辉"，我个人不仅实现经济收益，而且始终坚守自己的创业初心。

创业体会

创业初期并不容易。资金缺口非常大，土地承包费、设备投入费、基地改造费、办理执照、聘请财务等初期投入近 20 万元，这是在家里与学校的支持下凑齐的，而更大的难题是大家对一个还在上学的学生创业的质疑，我能够做的就是付出更多的努力与耐心。我常常凌晨起床，到吉林各个乡镇诊疗，一个月走遍 200 余户，通过优质的技术服务和良好的养殖效果，我慢慢地在养殖户中树立了口碑，也赢得了大家对我公司的认可。

从最初创业获得经济效益到现在的创业回馈社会，我的想法有了很大的改变，科技创业、助力"三农"是我不变的初心。同时我也用自己的创业回馈母校，我在学校设立吉农"鹅精英"奖学金，鼓励同学注重专业学习，建立了实习基地，提升同学服务社会的能力。与此同时，我自己也参与了吉林省很多地区的精准扶贫工作。

对大学生创业者的建议

第一，大学生创业者要结合自己的专业开展创业，要在专业知识与能力提升、责任心培养与责任担当方面有所作为。

第二，大学生创业者要在实践中不断接受锻炼，创业的结果必须经受实践检验。

对大学生创业质量的评估

大学生创业质量可以分为几个层次：第一，是经济上的获利；第二，是自己的提升，不管是在经济上、技术上还是认知水平上；第三，是专业知识的转化程度；第四，是造福社会的程度，你能承担多大的社会责任，影响与带动多少人共同致富。

【专家点评】

1. 经典生意往往都有地域集中的特性，有历史积累的生态，区域特征明显；在这样的营商环境中创业是把"双刃剑"，成功的故事很多，固化的商业模式又很难创新，应当把"望闻问切"前置，观察行业头部的打法，聆听行业专家的智识，询问上下游的困惑，切中突破口，进而差别化定位，与生态融合。

2. 经典商业模式都会有衰退期，当局者很难穿越这个周期，而大学生创业者作为新玩家往往有更敏锐的洞察力。科技技术的发展给新入局的创业者提供了前所未有的机会，是时候来一场颠覆式创新了。

3. 推陈出新是必然的趋势，时代造就了两代人如此戏剧性的桥段，但时代又给予了两代人如此紧密的联系与沟通，因此，协同创新才能获得这场变革的胜利，传统与现代的结合才能成就新老创业者彼此的使命。

第三节 没有三五次的失败，创业不可能成功——盛鹏飞

蓝调旋律（北京）商贸有限公司法人代表

哈密市撒格拉木电子商务有限公司法人代表

简介

盛鹏飞，北京农学院 2012 级本科生，2016 年毕业开始创业。父母的创业经历赋予其创业基因，学校的创业课程助力其创业梦想，通过种植、销售家乡的哈密瓜，最终实现个人的创业梦想，并帮助家乡的特色农产品销售到全国各地。

创业经历

我是北京农学院 2012 级本科学生，出生于新疆哈密淖毛湖，这里是新疆哈密瓜的优质产区，我父母在家里种了几十亩的哈密瓜，也经营哈密瓜的销售生意。在 18 岁之前，我一直品尝着家乡甜美的哈密瓜，其特有的味道成为我的最爱。上大学后，当我想念家乡，想再寻找家乡哈密瓜熟悉的味道时，现实却让我很失望，我在北京从没吃到过有家乡味道的瓜。当我从家乡回来，把家乡的瓜带给同学品尝时，大家都赞不绝口，这让我一直思考，为什么在北京吃不到正宗的新疆哈密瓜呢？我可以做些什么，让更多的人吃到正宗的新疆哈密瓜呢？当我作为交换生到中国农业大学跟农大的老师一起种植哈密瓜时，我就想通过种植让想法变成现实。同时，受创业课老师的启发与鼓励，我决定通过市场机会实现梦想，这也可以帮助家乡的产品销售，建立"品牌农业"的概念。2016年，毕业当年我开始注册公司，之所以选择创业是因为创业可以超负荷创造价值，快速变现。

我先后注册了两家公司，分别是：蓝调旋律（北京）商贸有限公司和哈密市撒格拉木电子商务有限公司。公司规模不大，员工只有 7 人，没有固定资产，年利润 30 万元左右，盈利额达到 200 万~300 万元，员工平均工资 3000~5000 元/月。

决定创业时，我做了认真的准备，我先从自己拥有的资源入手，比如，我对哈密瓜的生产、销售、产量、质量很熟悉，我对北京周边有机农场也很熟悉，调研时发现同期同类市场没有相同的品类品牌，产品需求量很大，销售市场就从这部分打开。当时创业采取产品标准化和市场细分同步做的方式，因为水果的标准化落后，所以我强化了精细化水果的标准，利用采后保鲜技术，延长产品的货架期，从产品品质端、产品服务端、市场端三个端口去提高自己产品在客户中的辨识度与市场占有率，这样做的主要优势是能够控制产品质量。

创业后，我发现自己尽管具有资源、产品质量等优势，但还有很多不足，对农业的认识还不够深入。农业的特点是周期长、利润薄、投资大，扎进来后发现大部分行业都具有这个特点，农业不适合个体，尤其是对大学生初创团队来说，会缺少资金、资源，对创业提出很大的挑战。我的创业就遇到了这个限制，团队成员都是同学，资金与资源都不占优势。资金 100 万~200 万元远远不够，周期性长，要考虑一整年的投入。在创业时，我对创业的风险考虑不周，太乐观，只想着赚钱后的场景，没有考虑亏钱的后果，而且创业前对宏观趋势的分析能力比较弱，对本专业知识的利用率比较低，造成没有核心的产品，产品没有优势。在创业中我获得的经验是：进行农产品创业的大学生，可以利用本专业知识提升自己产品的核心竞争力，预估好市场，找好"下水管道"，以防产品的直销发生问题；面对资金风险，寻找合伙人共同承担风险。

公司受疫情的影响不是特别大，但受其他因素的影响比较大。一是我们的产品是单一产区农业种植或销售项目，5 月是种植期，4 月我们的工作恢复正常，因为工作千头万绪，工人、物料、产品的销售等都需要考虑；二是当时气候异常，我们在种植上属于初级，再加上有风，对种植造成损失，但损失不大，补了一次苗，大概花了 10 万元。气候不好，夏粮没有增产，对种植类农作物或多或少都造成影响。我们种植的哈密瓜也有这个问题，我们的风险防控手段就是买保险，尽量规避一点风险，但种植业风险还是非常高的。因此，在哈密瓜的种植与销售方面，我仍旧还在找方向。

评估大学生创业质量指标

第一，资金，包括现金流和资金使用效率；

第二，人员的稳定性；

第三，创业领域的未来发展是否在变革期。

影响大学生创业成功的要素

第一，时代趋势、个人努力与运气。比如，2012年从PC互联网到移动互联网，有些创业项目做的内容正好与时代机遇相匹配，因此创业需要社会力量和趋势力量的推动，选择的内容和社会发展的趋势一致，同时自己不断地努力，最后再加上一定的运气。

第二，敏感度，就是创业机会识别维度。如果再细致分析，敏感度可以分为两个阶段，第一个阶段就好比处在本科阶段，研究的是自己创业方向的问题，是战略问题；第二个阶段就像在硕士阶段，要使产品与自己的专业相关。

第三，团队，要加强团队建设，而团队建设的关键是执行效率，主要是执行层的效率问题。

对大学生创业者的建议

第一，决定创业需要三年至五年的思考，如果没有，建议不要投身创业。冲动创业是不靠谱的，从大一就开始思考，思考的成熟程度与其经历有关，也不要冲动，对事情深入理解，要有理性思考。

第二，如果方向不行，立即就换，坚持与愚昧就是一念之差，创业成功必须有三五次创业经历，不要一意孤行，该放弃就放弃，寻找下一个项目，不要觉得放不下。

【专家点评】

1. 碎片化乃至粉尘化的C端消费市场对农产品规模化创业来说是巨大的挑战，"专精特新"同样适用于这个领域。

2. 邓巴圈的存在让农产品创业从0到1的成功变成了大概率事件，但从1到10的演进将会无比艰难，投资大、利润薄、周期长都是对创业者巨大的挑战，能坚持下来的大多拥有对土地与生俱来的强烈情感。

3. 大学生在农业赛道的创业行为能给粗放型行业本身嵌入精细化的运营，包括但不限于技术性的产品升级、新媒体营销的工具等，但往往容易在朴素道德素养与精英化价值思维对抗中失衡，从而难以为继，值得深思。

第四节　创业就是追逐理想，追逐梦想——邱小伟

新余逐鹿艺术文化传播有限公司创始人

简介

邱小伟，出生于甘肃农民家庭，2014 年考入新余学院艺术学院，开始视觉传达设计专业的学习。从大二开始接触大学生创新创业项目，分别于 2015 年创办校园电商平台，获得江西省创业实践奖励；2016 年完成《LED 汽车照明》创新创业项目，获得市级奖励；2017 年创立"小鹿家教"项目，取得市级"互联网+"创新创业竞赛第一名。在学生创新创业项目基础上，2018 年成立新余逐鹿艺术文化传播有限公司，将创业初心和国家"乡村振兴战略"与自身的专业特长紧密结合，取得丰硕的成果。

我的创业经历

我给公司取名为"新余逐鹿艺术文化传播有限公司"（以下简称"逐鹿"），"逐鹿"比喻为追逐理想、追逐梦想，就像我的创业经历一样。

我来自甘肃，父母是普通农民，从小生活条件比较艰苦，一直有改变生活环境的渴望。2014 年高考失利，没有考到自己心仪的院校，便开始在新余学院学习视觉传达设计专业。在迷茫与不断折腾中很快度过了大学前三年，随着毕业的到来，就业压力在增大，我仍旧不确定自己将来究竟要做什么，正好学校组织了一个创业学长开展的讲座，他的经历瞬间点燃了我埋藏心里已久的创业梦想，我要像他一样，做自己的选择，创造自己的人生，改变自己的未来。

在校期间，我就是一个不甘平凡，敢于折腾的人。2015 年 12 月，我在学校的大力支持下，在学校孵化中心创立神淘网电子商务中心，创办校园电商平台——社区 O2O"校园神淘网"，获得国家"创青春，创业大赛"新余学院赛区二等奖、江西省大学生

本科组创业实践挑战赛铜奖。2016 年完成新余学院《LED 汽车照明》创新创业

项目，该项目被新余市科学技术局评为全市"优秀创新创业项目"。2017年3月创立的"小鹿家教"在由新余市人民政府、新余市财政局、新余市人社局、新余市商务局及共青团新余市委共同举办的新余市农商杯"互联网+"创业创新大赛中，从全市200多个创业项目中脱颖而出，斩获全市第一名。2019年，我被新余市人民政府评为全市"创业典型"。

2017年，国家提出乡村振兴战略是我国农村当下的重要战略发展方向，更是关乎民族未来、国家崛起的重中之重。我以乡村文化振兴为机遇切入，以艺术乡村建设为中心，成立新余逐鹿艺术文化传播有限公司，当时的创业初心与目标是为新农村文化建设提供整套的艺术乡村设计、建设方案和引流方案；激活乡村内在力量，融合当地建筑布局，用艺术赋能乡村，助推乡村振兴；把默默无闻的乡村变成一个个网红景点，再通过艺术活动的举办，吸引源源不断的人流。

2021年，是乡村振兴的开元之年，国家从各层面入手布局乡村振兴，各级政府也同时成立了"乡村振兴局"。全国人大代表，全国脱贫攻坚勋章获得者岫云村党委书记李君说："乡村振兴，是需要有思想有文化的年轻人参与进来，如果我们有更多的年轻人回归乡村，我们的农村未来一定会被城里人羡慕的！"

过去几年，我对"逐鹿"基于乡村文化发展大布局、企业大变革和用户大运营的新定位进行了全面彻底的变革，推动"逐鹿"乡村振兴文化理念全国性发展；在研发创新方面，"逐鹿"已经构建了以国画大师傅抱石为中心，涵盖了甘肃、四川、重庆、杭州等"五省十地"的服务中心布局；在项目落地方面，"逐鹿"在新余以及江西全省内建立了九个服务中心，在省外建立了兰州、重庆、杭州、成都四个创新服务中心和五家分公司。

2019年，在新余市高新技术产业开发区的大力支持下，我以招商引资的方式牵头成立了"新余市青年创新创业孵化基地"，该基地以文化类产业发展为主。

在成长的道路上，"逐鹿"已服务陕西、江西、甘肃、贵州、四川等地区50多个乡镇300多个自然村，施工面积超过80多万平方米，把千街一面的乡村变成一个个网红景点，把平凡冷清的街道化作游人如织的艺术长廊，形成了一道道留得住乡愁，又能焕发时代光芒的美丽乡村风景线！

"逐鹿"从最初的3人小团队已逐步形成一个大家庭，组成了由设计人才、技术骨干、核心运营三大块构成的45人的"集团战队"，为公司发展和服务新余地方发展提供了有力保障！

2018 年，公司与新余学院艺术学院、陕西咸阳师范学院、江西工程学院等高校建立校企合作，成立艺术学院"大学生实践教学基地"，发挥高校专业人才优势和企业实践能力，更好地服务新余地方发展。通过校企的共同努力，公司在专业和学术领域取得设计专利 20 多项，获得省市级、国家级奖项 10 多项，共发表墙绘、设计行业专业学术论文 8 篇。

我也因一直秉承坚定不移的创业和奋斗精神，2019 年被市委、市政府评为全市"创业典型"，先后被共青团新余学院委员会评为"自强之星"，被新余学院评为"优秀校友"，被新余学院创新创业学院聘为新余学院大学生创新创业导师、大学生创新创业项目立项评委专家，为高校创新创业工作贡献力量。

如何评估你的创业成果

从个人经历来看，衡量创业成果有几个指标。

第一个指标是销售额。前一个项目我们基本上在亏钱、贴钱，而现在这个项目的整体销售额比较不错。我 2018 年刚开始进入这个行业的时候，从只有几十万元做到了现在差不多几百万元甚至上千万元的销售额，这也可能是因为之前经历过失败，所以现在就慢慢地成长，扎得比较稳一点。

第二个指标是团队的建立。第一次创业是一个软件开发性的科技类企业，更注重技术，我们把更多的精力都用到扩建技术人才队伍上。合伙人中 5 人负责技术，其余 2 人 1 人做销售、1 人负责整体的管理，大家目标一致，分工明确。这次创业是我独自创业，我一直认为找到一个合适的合伙人很不容易，我也在慢慢寻找。目前的核心团队是业务销售，正式员工十几个人，而其他六七百个员工我们采用了长期签约、零活用工的方式确定下来，大大节约了人工成本。

第三个指标是产品的质量。我们现在整体的技术团队及产出的产品在国内整个行业里面，都排在靠前的位置。

第四个指标是个人成长方面。这个对我来说，是特别重要的。虽然我第一次创业失败，但我也在那次经历中积累了经验，提升了能力，增强了自信心。我在创业中的信念很坚定，我本来就是从零开始做起，大不了从头再来。最重要的是,创业让我的观念与思维得到了很大的转变,眼界也放宽了。比如,原来做教育软件创业的时候,目标市场一直聚焦在学校,但现在的创业项目让我既要和政府的人打交道,也要和社会上的一些技术团队沟通协调,舞台更大了。创业关键是要看我们自己的实力,只要有实力,"蛋糕"就可以做得更大。于是我们需要做的不是简单找市场,而是更注重增强自己的实力,注重自我的成长与创业的质量。如在承接红色项目的时候,我去村里调研采访感受其红色文化,同时自己还要认真学习相关的中国近代历史,在介绍产品时做到有条理、有证据,因为这关系到企业的声誉。

大学生创业者的创业环境

大学生创业团队的资源之一是可以得到学校与政策的很多支持。在创业环境上,学校提供了支持性的氛围与行动,刚开始创业时,学校领导和老师积极提供人脉、资源与市场信息,在遇到技术性的问题时,老师都非常愿意帮我们解答;学校里还有许多艺术设计专业学生的优秀作品,为我们提供源源不断的产品支持;学校最初也为我们的创业提供了孵化基地,但在毕业那年,这个地方就还给了区政府,之后我联合几个校友通过区政府招商引资的方式,把这个孵化基地重新给盘活了,这也算是当地政府对我们的支持。

大学生创业的一个限制是资金,学校在这方面的支持力度有限,幸好我们是一个轻资产创业项目,资金缺口不大,但如果有更多的资金,我们还可以走得更远。当然,通过学校的鼓励、支持与指导,我们参加创业类比赛获得了一些奖金。

如果说对创业的政策、指导等给一些建议的话,我想有两方面。

一是目前学校开设的创业课程的问题。这些课程教给学生创业方面偏理论性的东西比较多。针对创业的学生,学校可以更多地教一些实践性的东西。理论性的东西很重要,但是实践性的东西更重要。因为只有实践总结出来的东西,才能支撑企业走得更远。通过实践可以检验出一个学生适不适合创业。从学生的角度来看,听讲外面企业家来学校上的创业课可能要比在学校里面听老师的理论课更加实用。

二是对于国家给予大学生的创业贷款,我个人认为还是应该谨慎一点。因为好多学生在创业的时候,可能一开始激情澎湃,满腔热血,但是对整个项目的落地把控、未来发展走向,包括项目以后能不能赚钱,一无所知,就盲目地走自己的路。结果发现一下子贷款了几十万元,一年以后就崩盘了,钱收不回来,贷款也还不了,反而又给征信方面带来很大的麻烦,甚至导致以后都不好找工作。

大学生创业质量评估指标

评估大学生创业质量既要考虑大学生身份又要不考虑大学生身份，当从创业者的角度去评估一个项目，或投资人对这个项目进行融资，或看这个创业项目未来的发展前景时，一定要抛开大学生的身份，因为投资者考虑的是钱投下去能不能回本，能赚多少，并不会考虑学生身份问题；但是从国家鼓励大学生创新创业的角度来讲，一定要考虑大学生身份，鼓励大学生创新创业是一件非常好的事情，因为大学生刚好处在青春朝阳期，正是有激情的时候，可以做出许多跨时代、有改变的创新，如共享单车、外卖、支付宝等产品。

在此基础上，评估大学生创业质量的指标要看其存续时间的长短，要看市场的前景、客户群体、创始人以及创业团队，还要看创始人的创业情怀、创业理念，创业的事业格局有多大。最后一条也是最重要的一条，即在国内创业，要关注国家未来政策发展走向，创业项目要与国家的政策相一致。

对大学生创业者的建议

第一，创业前要做好充分的准备。当你决定创业时，一定要对市场做好调研与分析，然后再进入市场。

第二，大学生创业最重要的一点是胆子大，不要怕，失败不可怕，它是你成长的契机。

第三，一定要在创业的时候组建一支搭配非常合理的团队，这个非常关键。

【专家点评】

1. 创业早期从 0 到 1 的过程是商业闭环的验证过程，是"最小可执行"的产品化过程，轻资产投入即可验证，跑通了再去想下一个里程碑，大学生创业更应遵循这个规律，创业早期诉求是发现一个痛点问题并寻找解决方案与之相匹配，然后产品化并逐步市场化的过程。

2. 在政策中寻找创业机会，既是方法更是使命。民营企业在与政府的合作过程中，必须清晰明确地了解政府制定的相关政策，大逻辑是相通的，只需要把利益诉求切换成人民诉求，坚持充分满足人民利益至上的原则，描绘商业蓝图。

3. 乡村振兴赛道既需要创新更需要落地，这条赛道不能用下沉市场去定义，更不能用降维思路去运营，这是一个放眼全球没有案例参考和借鉴的命题，应当把党性放在第一位，用新时代的眼光来铺就一条经营之道。

第五节 创业过程中我更能看清自己——刘正伟
长春市正博参茸有限公司创始人

简介

刘正伟，吉林农业大学 2013 级信息与计算科学专业学生，2017 年考取本校研究生，大学期间开始创业，通过所学专业优势推广与销售学校研发产品白木耳。研究生毕业后，入职高校工作，并一直坚持创业。

对大学生创业的态度

我从本科阶段就一直在创业，第一个原因是家里一直从事这方面的经营，我具有创业的先天优势；第二个原因是正好赶上国家实施"双创"的战略背景，学校对大学生创业给予了特别多的支持与鼓励，而从我个人的角度来看，我并不建议本科生毕业后直接创业。因为，创业需要积累与历练的过程，否则很难成功，我接触过一些人，有创业的意愿，创业想法都很好，并且能力很强，一直在创业却始终没有效果。我觉得这对一个人的成长来说是浪费时间，本科创业确实有成功的，但毕竟是少数，创业需要技术、人脉等资源。

对创业的反思

我的创业过程中有成长的部分，比如说，公司创造了利润，有价值。公司在扩大，因此我对公司也有一些新的构想，如开设两个公司，一个农业发展有限公司，主要涵盖基地建设，服务白木耳这款产品，然后再开设一个电商服务有限公司，这种公司有能力独立存在，也有收益，能接一些培训业务，可以为自己的农业发展有限公司服务。盈利是一方面，最主要的是新产品与新业务的增长与扩充。

创业过程也让我不断看到自己的不足，吸取经验。如在团队建设方面的不足，初期创业时，为了不产生大的流水，我以渠道代理为主，没有招聘长期员工。团队一共只有 4 名核心员工，最初公司的销售员工找的是兼职大学生，但大学生流动性太强，队伍的稳定度不够，这种团队构建能减少成本，创造利润，但长期来看很难促使企业真正成长为产业，这导致自己在创业中的成就感不强，感觉自己不是在创业，而像是变成了一个商人；不像是在做一个企业，而像是在做自己。另外，企业的创新性不强，没有与科研相关点相结合，这种劣势也使吸引投资融资有很大的难度，因为创业的技术含量与创新含量太低。

未来要优化产品线，打造自己的品牌，同时也要加强管理，尤其是做好团队管理，要不断成长，我也在考虑去稍微大一点的平台或好的企业里感受一下如何管理，积累经验后可以更稳健地去创业。

大学生自主创业质量评估指标构建

第一，企业必须是合格的，符合社会的标准。

第二，要创造利润，取得盈利。

第三，团队建设。

第四，资金很重要。

第五，要有高质量科研创新，不断地更新产品，这依托于团队，最重要的是创业一开始要有自己的品牌。

【专家点评】

1. "双创"作为国家战略拓宽了创业者的创业通道，大学生创业群体因此得到的系统性支撑让更多的勇士走上了披荆斩棘之路，这部分群体数量的增长以及清洗出的庞大创业质量数据将会更精准地构建出创业成功模型，为新时代中国经济注入活力。

2. 品牌的建设是贯穿企业及产品全生命周期的动作。在创业之初应当学会建立品牌的基本方法，简单来讲就是"初心"的社会化呈现，将其视为品牌种子。创业初期也是创业者专注思考使命、愿景、核心价值观的最佳时期。

3. 品牌成长路径是品牌认知、美誉、忠诚度提升的渐进过程，在生存期以业务优先，发展期占领用户心智，成熟期担当社会责任，既要量力而行又要持续投入；拥有全媒体资源且弹药充足，在创业早期就高举高打的品牌除外。

第六节 创业政策助力我的创业成功——王东超

吉林省臻香米业有限责任公司创始人

简介

王东超，吉林农业大学 2002 级学生，2006 年本科毕业后一直在吉林农业大学水稻研究所工作。为提升自己，2014 年考取吉林农业大学农业专业硕士。2016 年在校期间开始创业，创立吉林省臻香米业有限责任公司，创业方向是搭建吉林农业大学现代农业技术服务平台，为农民提供科学专业的农业技术服务。

创业动机及模式

虽然公司成立于 2016 年，但实际上我创业的尝试很早就开始了，从大一上学开始，因为家庭生活困难，我一直在经营着小买卖，靠小买卖挣来的钱，我解决了自己的生活费用。2006 年本科毕业后我就一直在吉林农业大学水稻研究所工作，主要的工作内容都是围绕水稻：从最开始从事水稻育种工作，到后来开始从事水稻繁育工作，到最后负责水稻推广工作。2016 年，乘着"双创"的东风，在学校的推动下，我成立了这个公司。

创业的方向是打造一个技术服务平台，针对农业区域性问题提出不同的解决方案，把吉林农业大学的科研成果一站式送到农户手中，让农民用更低的价格得到更好的产品及服务，利用农业高校科研优势，打造产学研一体化推广的模式，打通科研到田间的"最后一公里"。比如，在水稻育苗方面我们调整了模式，原来农民种水稻是人工插秧，后来改成机械化插秧。我们利用自己的专业知识，再加上和学校老师专家共同探讨，通过配方的筛选、推广实验示范，制定了一个比较好的配方，我们再进行生产，生产后再推广到种植户，让他们用上最新的科研成果。在销售渠道方式上我们也进行了新的调整，因为多年积累，我拥有了市场渠道、产品研发和客户群体，原来都是一些经营农业生产资料的厂家，他们找经销商，经销商找分销商，找到乡镇经销商再分给种植大户等。我们采取的方式是链条的改变，通过吉林农业大学专家团队和吉林省臻香米业有限责任公司进行技术服务，直接与种植大户、家庭农场、专业合作社进行合作，这种模式的长处，一是让农民能够减值增收，二是我们在种植过程中可以让他们采取以预防为主的方式。因为农业生产中会遇到很多的恶劣天气，容易产生土壤状态不佳、病虫草害等突发情况，对他们进行跟踪式的技术指导，让他们加入我们吉林农业大学科技服务站来，然后我们对他们进行培训，包括职业农民和种植大户，或者对技术感兴趣的人员，普及全程全营养轻简化培肥增效技术的新型种植技术模式，一方面让他们用到吉林农业大学的产品，另一方面让他们帮助传播吉林农业大学技术，而且如果他们能推广吉林农业大学的产品，还能赚取一部分佣金。

创业发展过程

创业中我们得到的政策的支持力度还是很大的，2016年初创时，企业发展并不一帆风顺，一路上磕磕绊绊，充满挑战。学校给我们提供了创业的场地，但资金难关不容易过，因为当时研发产品、生产、包装，加上设备与物料采购等都需要资金，幸好我们遇到了创业最好的时机，政府与学校的各方面支持力度很大，得知我们遇到的困难后，长春市中小企业担保服务中心给我们贴息贷款20万元，短期内解决了产品研发前期资金投入问题。再加上我们与种植大户在前期建立了较高的信任度，他们允许我们采取先交钱后供货的方式，也缓解了资金紧张的问题，创业第一年，我们做到了收支平衡。

现在企业的成长发展基本上是一年一个台阶，即使在疫情防控期间我们的业务也基本上没有受到影响，因为我们一直做品牌，同时我们也注重产品质量。生产的同时我们从不放弃科研，现在我有两个专利，还有二十几个商标，同时也撰写了多篇科研论文。从目前看来，客户群体比较稳定，而且客户也在帮我们宣传与介绍产品，吸引其他区域的客户找上门来，客户的黏性很强，我们也更坚定地以产品质量和品牌为创业特色。

目前，团队规模并不大，有一个会计，一个内勤兼出纳，我们没有业务员，我自己就是研发人员之一，像库管等其他员工都是临时人员，产品研发出来后我们就找比较稳定的企业给我们做代加工。我们自己不上生产线，只做轻资产型公司，但核心技术由自己提供。

大学生创业质量评估指标

第一，做到有盈余，我觉得最起码要能养活自己。

第二，创业模式要有创新性。

第三，创业者要具备带领团队的能力。

第四，对自己企业的一个评估，进行企业年度审计。

对大学生创业者的评价

我觉得大学生创业是一个非常历练人的过程，即使创业没成功，也对你的成长有一定的作用，也许你不一定是一个成功的创业者，但是你肯定是一个很棒的就业者，因为创业过程会磨平你很多东西，你也会学到很多。当然，你也可以结合核心点，为将来种下创业的种子。等到未来时机成熟，或者有更完善的想法，或者具备创业的条件时，你就会有一次新的创业机会与创业实践。

对大学生创业者的建议

一是要坚持，二是要学习。大学生创业如果能坚持到三年以上，基本上创建的企业就不会死掉，因为你积累了客户群，有了固定的客户，但你作为企业老板要不断学习，要沉淀下来，不论学企业管理还是学商业模式，又或是继续深造，都应该沉下来，在沉下来之后再去拓宽你的交际圈。

【专家点评】

1. 以实践者的心态投入创业，以个人职业生命周期为社会创造的价值最大化为目标，这是创业的一种优解，是创业意义的基本盘。

2. 农业产业化技术服务是国内农业市场升级的痛点，成功案例的标准化程度是企业增长的底层逻辑，建议优先打造轻资产、轻应用、轻运维产品的商业模式，在大农产业中专注聚焦某一领域，先行先试，争取在垂类市场中快速做到头部，将会得到更多的资源倾斜。

3. 科研成果转化的市场性评估容易造成"捡了芝麻，丢了西瓜"的情况，"鱼"和"熊掌"又不可兼得，建议在确定细分市场后，搭建渠道生态，不同渠道推广不同技术，用"赛马"得出市场化可执行产品。

第九章

文化生活服务类大学生创业质量访谈

第一节 我和最爱的人一起做最喜欢的事情——耿云飞

北京莫纳瑜伽创始人

简介

耿云飞，2016 年本科毕业于北京物资学院人力资源管理专业，毕业当年，他选择了创业——开设一家瑜伽馆。瑜伽馆发展到第五家时用了一年半的时间。他创业第六年已坐拥 12 家店，员工 80 多人，这么快的发展速度让人不禁猜想其中一定有什么秘诀。

与"他们"谈话，会被"他们"的故事打动，"他们"，是指耿云飞与他目前的合伙人，也就是他大学时的同班同学、女朋友，现在的爱人——"阿昕"。访谈时，看着两个相爱的年轻人为了自己热爱的事业全身心投入，互相支持，你会深深地被访谈现场体验到的美好的爱情、热烈的青春、勇敢的创业尝试感动和感染。

第一眼看到耿云飞，你很难把他跟大学生创业者结合起来，他安静、沉稳，散发出一种"老干部"的气质，但外表安静的耿云飞在大学期间可不是一个"安生、安分"的人：他用四年的时间尽情尝试大学里的各个角色，他热衷于学校社团活动，从社团的干事做起，一直到大三时担任学校志愿者联合会主席；他热衷于体育活动，是学校棒球队的一员，每次在球场上都全力以赴；他热衷于创业，在校期间相继开创了"吃吧"与"小推车"两个创业项目，前者让其积累了创业的第一桶金，而后者则让其亲历项目开发至市场营销的完整工作体验。

现在他的创业项目以瑜伽教学与训练为主，产品包括基础的哈他瑜伽、流瑜伽、音乐瑜伽，也包括具有特色的空中瑜伽、高温瑜伽、单车、杠铃操、Zumba、国际舞蹈等。在短时间开设五家店的背后是不可忽视的奋斗与拼搏——创业初期曾经连续工作 54 个小时，每天工作 16 个小时、睡觉五六个小时，从没休过一天假，甚至连做梦都会梦到工作的场景，但同时他享受着破茧成蝶的创业过程，怀着一腔热血，体验着时刻产生的各种挑战与成就感。

他的创业故事会给大学生创业者带来巨大的启示，也会让社会各界更好地了解大学生创业者的成长经历。

创业的种子早已种下

回首过去，做出一毕业就创业的选择并不是心血来潮之举。其中的原因既可能有基因决定，也可能是耳濡目染习得，更有可能是自己刻意实践与积累的结果。

我的性格中有独立自主、不断学习、敢于尝试、快速行动的特征。这可能与从小的家庭养育方式有关。我的父母都是做生意的，从小对他们的印象就是总是全国各地跑市场、找客户。

因为父母常年在外奔波，我的童年是在爷爷奶奶的教育与陪伴下度过的。成长过程中奶奶对我的影响最大，她是一位小学老师，虽然是隔代抚养，但她从来不溺爱我，她很有智慧地塑造我的人格，引导我树立了正确的三观。她会带着我看历史剧，对剧中的人物进行细致讲解，并且告诉我应该如何做人；如果做了错事，她也会罚我，罚完后再告诉我刚刚错在哪里。从现在看来，童年成长的过程是我一生的财富。在我长大后，我和父母一起生活，看到了父母的勤劳与认真，也看到了母亲即使年龄增长也每天早起、勤劳工作的样子，这些传递给我一个信号：创业者是不能停歇的。高考结束后，母亲让我替她整理相关账目，做兑票、记账等工作，这个工作投入的时间大，需要极大的耐心，我也做得非常仔细，我上大学之前的一整个暑期都用作了创业实践。

大学四年的时间里，有几次经历对创业影响至深：一是我参加了大学的棒球队，这让我更好地锻炼了身体，能更好地融入团队，也更加敢于直面挑战；二是我参加了学校志愿者联合会，主要的工作是组织同学们参加志愿活动，在活动过程中，我看到家境贫寒的女孩乐观地面对生活中的各种困难，坚持上学，这种乐观与坚持也给我带来力量；三是我自己的创业实践与实习经历。最初，我在学校附近成立了"吃吧"，这是一个小吃部，主要目的是为校园里的同学们创设一个开展活动、彼此交流的场所；在此基础上，我开始着手研发"小推车"项目，这个项目具有互联网平台的特征。作为一个人力资源管理专业的学生，我自学产品经理必备的 EXPRO，自己设计网页前端，这个项目让我积累了经验，同时也发现了自己技术上的短板，于是我邀请了一位计算机专业的在读研究生，请他帮我将设想变成现实，这些都大大地助力了我的创业梦想。大学期间，我还到一家公司参加了实习，尝试比较创业与就业之间的不同，明确了自己创业的决心。实习期间公司给我提供了很好的待遇，仅仅 2 个月我就拿到 3 万多元的实习工资，这也给了我很大的认可与价值感，证明了自己在职场中也可以很好地生存。但我仍然坚定自己的创业决心！当时的想法是，直接就业对我来说比较线性，我还年轻，因此我打算把上班当底线，先去尝试创业。大学志联主席的经历让我明确我喜欢做服务性工作，愿意与人沟通；棒球队的经历让我明确我是个喜欢接受挑战的人，创业实践使我初尝成功的喜悦。大学的种种经历给我埋下了创业的种子，冥冥之中由点成线拉着我前行。

创业方向的选择也是几经思考

在创业时首先要经历找项目的阶段，这也是创业方向的问题。这些年，我关注到国家一直在倡导全民健身，我坚信这一定是深思熟虑的政策导向。随后我查阅了一些文献，也采访了一些业内人士，结论是，我国的全民健身消费水平较低，健康运动是一个有潜力、有发展空间的市场。我的创业借鉴了美国 SO-CYCLE 单车俱乐部的经验，我了解到校友在上海有个 YEZO 单车俱乐部，于是我去上海了解了他们的模式。他们的公司通过卖单车与线上课程实现盈利，这个模式在当时看来非常新颖，给我带来了不小的启发，但结合创业之前大量咨询后的思考，我明确了不能只做单一模式，于是我考虑加入瑜伽，因为瑜伽在当前市场上很成熟，也得到市场广泛的接纳，在此基础上的单车会是未来的发展方向，这些都通过课程的形式导入客户群体中。最后，我们将主打产品定位于瑜伽课程。

而在市场细分方面，结合我的团队优势、特质与资源，我提出：为顾客带来幸福感是未来发展的方向，是我们要聚焦的核心点，因此要重视客户感受，愿意付出，提供高质量的服务产品。我以地理人群及客户需求分出不同品牌的精细定位，做品牌发展。在地理上，以实体店为圆心，进行外围扩展，让整个半径中的群体都可以享受到服务，把客户整体的生活质量大大提高；在服务上，我关注社群，基于与社区、地铁口、干洗店、生活店的积分式合作形式，获取更多的发展机会。

创业启动资金来自父母

创业过程中最难的是启动资金问题，在梦想面前，钱真的很重要。最初的"吃吧"我做了 3 个月，投入了 3 万元最终挣到了 5 万元；"小推车"项目，因为成本低没有花多少钱，但健身馆创业需要的资金比较多，对学生创业者来说，这确实是个非常大的问题。我最先想到的是跟父母借，父母给了我 40 万元，让我自己再去找朋友借，但我说服父母让父母继续投资，条件是 2 年以后保证还钱。我们家并不是非常富裕，创业初期投资了 80 万元，这钱是母亲借来的；最初亏了，又追加到 110 万元。当时我想把几年的时间都赌到创业上，目标是把上班挣的钱赚回来，再还给母亲。

最大的价值是不断提供高质量的服务

办卡是瑜伽馆常见的消费模式，和其他瑜伽馆向客户推荐的"年卡"不同的是——我们向顾客推荐"次卡"。这种形式让客户抛开对年卡的恐惧与抵触的心理，根据个人需求完成锻炼，自主性更强。从数据角度来看，次卡的客户平均每周会进行两到三次消费；从财务来看，次卡存在一种消费的流动感；从长远发展与模式来看，次卡带来的现金流会给企业带来有利的影响。我们需要关注实际上课的人数与实际消费情况，不能让办卡蒙蔽了企业发展的双眼。

我们倡导提供管家式服务，跟进了解顾客身体状态，这也是我们价值的表现形式。这些服务很小，但需要用心去做，我们为顾客提供拖鞋、毛巾、洗发液、护发素、沐浴乳、吹风机、茶饮和棉签等，同时，提供积分兑换吸引客户群体，兑换礼品会根据大家的喜爱来采购。我们还经常举办一些免费的公益课，让大家产生持续的兴趣。瑜伽馆通常女生比较多，她们健身要带的大包小包很多，针对这样的特点，我们从硬件上满足她们大多数的需求。她们不需要携带什么，我们的"海底捞式"服务提供醇香可口的果汁、银耳羹，还有德隆咖啡机、榨汁机供大家使用。我们愿意在会员身上花心思与成本，让会员感受到运动生活馆的真实含义。

从软件来看，我们提供全部课程跟踪，每个会员到店后都要做全身的测评。测评不仅有体重、身高、体脂肪、肌肉与水分测评，还有我们自己研发的高低肩、女性骨盆前后倾、女生体寒、男生足弓、骨骼肌肉扭转与膝盖受伤等全身细节项目，这个环节让客户对自己全身有了一定的了解，再帮助客户选择适合的相应课程，并在此基础上做详细规划，分配私人课程顾问，使客户对锻炼的信心有所提高、坚持性更强。

我们让运动与生活结合，创造了家与单位"二点一线"之外的第三个地方，让顾客在这里改善了身体，调节了心情，沟通了感情。越来越多人下班之后直奔此处，卸下一天的疲惫，拥有更加丰富的生活。

付出后的收获，甘之如饴

因为精细化服务带来的良好口碑，我们拥有了持续而稳定的客户群体，一般的瑜伽馆一年的会员只有100多人，而我们有400多人。他们经常在朋友圈主动给我们做宣传。有一位60多岁的阿姨，来瑜伽馆之前腰是佝偻着的，身形不算很好，练习了3个月后，她完全改变了。长发换了短发，整个人精气神十足，她的儿子有一次和她来到店里说："我就是想来看看，瑜伽到底是什么，我妈会改变这么多，一下子年轻这么多？"

创业的推进逐渐缓解了我初期投资的窘迫与不安，兑现了当初向父母许下的承诺，也让我对创业有了更深的认识，我不想做只是在大马路上让人填单子赚钱的工作。我想通过创业持续改变到店里的每个人，这种付出与收获可以创造双向的幸福，何乐而不为？创业的收获不可以只用简单几句话概括，除了商业本身，它还包括学会新东西的喜悦，忙碌但实现梦想得到充实与满足，收获更好自己的喜悦。曾经的我特别内向，但后来跟物业、业主、房东等打交道多了，我也变得更加自信了。

我对自己的创业评估达到90分，总体比较满意。因为想达到的太多了，总希望可以做得更好，试试自己的最高点在哪里，我会不断探索与追求。我喜欢自我挑战，过程中会遇到很多的问题，不知道自己能否解决，我迫切想知道自己会卡在哪里，体验不同的东西，这个过程令我收获颇丰，甘之如饴。

在不同的创业阶段我都付出了自己所有的精力与时间，有时集训强度很大，幸亏我底子还行，身体不差，能够完成，我不敢生病。随着事业的不断前进，我打算下放更多的权力。

精细化管理，企业才能不断成长

创业是一个不断学习的过程，它会让人经历一个快速拔高的阶段。我在大学学习的是人力资源管理专业，曾经大众口中泛泛的综合类学科管理学，在创业中发挥了巨大的作用，为我创造了更多的可能性。

人员管理也是创业过程中的一个重要问题。在团队管理过程中我们关注员工成长，员工不成长，公司就不能成长。我的团队中存在很多有特质的人，迄今为止，在我的支持下，已有多人离开团队出去创业。通常选择创业的人，他们的责任心和外向性格都更突出。

经过市场分析，我了解到瑜伽馆大多是由瑜伽老师出来开设的，他们技术强但管理能力有限，我的优势是管理能力较强，但我原有的人才储备不够，开一家店我就需要一个新的店长、一个保洁、一个课程顾问、一个老师。这需要我花几个月的时间做管培、人才储备，意味着需要钱与精力。我自己动手编写培训手册对员工进行培训，员工先进行学习、消化后才能输出。我期待建成管理体系，节约管理成本，促使团队合作，产生大于单枪匹马奋斗的能量。

招聘以校招市场营销专业的毕业生为主，招聘优质员工的秘诀之一是保证薪资待遇具有一定的吸引力。在管理过程中我也加入了绩效考核环节，充分运用股权对人才的激励作用，但随着创业的进一步深入，我的目标是做出一个好平台，不追求绝对利润，而是使客户、员工、投资者都能受益。在人才激励中我告诉自己要注意分阶段调整，不能跳步。

我的瑜伽馆比较分散，在管理上会遇到一定的困难，因此我特别重视培训。我可以在 1~3 个月的时间通过长驻一个店把身边的人锻炼成馆长，但时间精力有限，需要较大的管理成本，这是大多数上升期的初创企业面临的问题。在创业初期，我对开会的认识不够，造成了一定的困难。现在每两个月都会集中开会，把每个会当作一次培训的机会，这种模式发挥了很大的作用。我重视文化激励的作用，不管有多忙，我每年都要组织团建活动，提升整体的凝聚力，增强员工对公司企业文化的认同。

公司在通过业务合作获得客户资源时，有人提议通过兼职进行初次客户沟通，我否定了。管理的细节我们不能忽视，销售是与客户沟通的唯一渠道，和客户接触的部分找兼职负责不符合我们要求的对待客户的严谨认真的态度。我会要求员工注重收集数据，分析数据背后的价值。数据积累是一种重要的价值，积累不够，就无法做出准确的分析，也就无法理解数据背后的价值。

创业期间的财务大多由我负责，这和自身优势与家庭环境有关。我对数字比较敏感，高考数学考了 132 分；我曾用一个暑假对票、记账，做得很好、很详细；我大学的专业很综合，学过一定的会计知识，现金流量表、资产负债表、利润表都能看懂。在创业初期，我们公司是记流水账，然后找财务公司报账。创业深入后，我理解创始人不仅要能看懂财务，还要有能力对财务模式进行选择，我现在把资本股与运营股分开，目标是能够找到风投，得到资本的推动，这样会有更好、更快的发展。现在每家店都可以盈利，有的单店纯利 120% 以上，但我不想止步于当下。我负责市场，爱人负责人事，另外几人负责采购、市场拓展、会计与课程。

有她的陪伴，我很幸运

创业者是孤独的，但一路有爱人的陪伴，我的创业并不艰辛。我和她是同班同学，大学时我是组织委员，她是班长。开"吃吧""小推车"项目时她都陪着我，给予我支持。2016年11月，实体瑜伽店开业，她还在其他公司上班，她想来陪我，我当时并没有答应，因为承担的风险太大，我不能确定我的一腔热血是否可行，我怕她担心我。大概3个月的时间，我的创业逐渐步入正轨，她很快也辞了工作来与我共同创业。一路风雨至今，我们的幸福指数升高，还有了一个可爱的儿子，每时每刻都有新鲜体验。感情的支持很重要，对两个人的成长也很重要，没有她，我感觉成功率降低了一半。我常给人压力，她较为亲和，一红一白，相互配合。我和她管理跨度大，但工作之后的每次沟通都让我畅快无比。我的情感状态一直与她息息相关，愈加优化的情感趋势促进了创业的进步。

我眼中的高质量创业

创业有好多种，形式各有不同，对大学生而言，创业不需要贴上标签，不同的大学生经历、观点、想法不同，也会促成不同的经营模式和方法。有的关注模式，有的关注管理，我更注重的是经营，以服务为核心来获取客户，带来利润。

我眼中的高质量创业是一定要明确提供的价值到底是什么。有些大学生在学校里创业看重的是名，学校提供场地，学生在里面喝喝茶、沏沏水，这种类似创业的感觉带来的满足是不能带来价值的。在学校扶持创业的过程中，如果缺乏这一方面的引导，就会造成学生沉浸在想法中以失败告终。

评估创业质量要考虑创业是否能带来价值，而在带来价值方面，我认为态度更重要。作为创业者要有认知上的准备，需要认清创业绝非轻易好玩的事情，你要做准备，评估项目是否能成功，自己的能力是否可以支撑它。你是否想好了会遇到什么困难，你是否能坚持着克服这些困难，你是否愿意承受大多数人不愿意承受的压力与痛苦？创业态度不对的话，成功率很低；认知更开阔的话，做出的东西更多。除去主观因素，客观上还要看其最后经济效益。能活得下去、开得出工资、赚得到钱，是创业的根本。

想要高质量创业的第二件法宝是摆正自己的心态。在学生期间，我进的圈子、认识的人比较多，包括棒球队、学校志愿者联合会等。"小推车"项目就是磨炼自己心态的一次经历，我把系统设计好后，学生在宿舍里下单，商家接单后我把买的东西送过去。人手不够的时候就自己骑着自行车来回送，逼着自己打破不愿意"抛头露面"的心态。在和一些比较成功的创业者聊天时，了解到他们的工作状态还是很拼的，他们不会觉得自己是老板不需要做什么。创业者必须明白，没有谁一开始创业就当老板的。

关于创业，我想对你说

对学生来说，必须学会接受时代，接受现实。

创业的确有风险，做任何事都有风险，我们不能永远逃避风险——直面它，最好是自己做成功，证明自己。

如果在大学期间决定创业，需要做好时间与精力的管理，权衡利弊。我在大学期间的创业对学业有很大的影响，我认为学习成绩不仅是知识掌握的体现，更主要反映的是学习能力与精力分配，创业者在学习上尤其要加强，唯有学习，才能有支撑自己站住脚的能力，创业者需要自己不断地学习。"小推车"项目是我自己做的，没有借鉴的模板，当时伴随我的是彻夜打字的窸窸窣窣声。创业者在学会与他人合作的同时，尽量靠自己，不要过度依赖别人。

吸引大学生的创业因素可分为三类：一是为名，二是为利，三是创造价值。技术对创业来说很重要，我们可以通过研发改变世界，但赚钱的本质亘古不变。我们对钱有追求，但每个人的追求程度不一样。我对物质生活要求不高，但对实现自我价值有强烈渴望。在创业以前，我们要真诚地询问自己的内心，我们追求的本质是什么，再迈开前进的步伐。

【专家点评】

1. 这是一个典型的高质量大学生创业事例，对大学生毕业后创业项目与在校创业项目做个"不同"的假设，就能构建出高质量创业"养成系"模型。

2. 从大学生创业的结果导向逻辑分析，大学生在校创业很难最终获得资本和社会资源的积累，在校创业项目随着创业者毕业归零，人、财、物中最有可能收获的是"人"的部分。

3. 关于"人"的收获，一部分是个体"人"的成长，另一部分是持续创业伙伴的搭建。关于伙伴，学生时期的创业伙伴关系不次于亲属关系，甚至直接转化为亲属关系；关于创始人个体的成长应当在创业实践中更关注创业态度和运营流程化思维的养成。超出同龄人的勤奋"养成"是持续创业者的底色，运营流程化思维注入了凡事必讲流程的成功基因，而流程标准化是降本增效的底层逻辑，是规模化发展的必经之路。

第二节　我要跨洋设立煎饼海外旗舰店——刘明

北京暾外文化创意有限公司 CEO

简介

刘明，中央民族大学 2013 级环境艺术专业学生。2014 年，开设了第一家左一煎饼店；2015 年，在全国 5 座城市开设 7 家分店；2016 年，正式注册成立公司；2019 年，在全国 7 座城市开设 17 家分店。目前已开设 20 家门店，首个海外旗舰店正在筹备中。曾凭借"左一煎饼"创业项目获得第四届中国"互联网+"大赛北京赛区初创组一等奖。

创业历程

我其实刚上大学就想着去创业了，真正开始创业是在大二。我经历了 4 年高中才考上大学，感觉自己年纪不小，上大学后不能再向家里要钱了，因此入学后我就一直想着怎么能赚钱解决生活问题。

首次创业时考虑怎么样投入少赚钱多，在市场调研之后，我拿出自己的学费，找到高中老师又借了些钱，开了一家 6 平方米的煎饼店，赚得了我人生的第一桶金。因为煎饼店可标准化，可快速复制，所以我开始尝试提供餐饮一站式服务，帮助更多的创业者开店、进行门店设计管理及打造品牌，我相信服务行业是解决中国就业问题的巨大市场，而餐饮业的前景更加乐观，这个结论来自我对国内市场的调研及判断，也来自对市场机遇痛点的把握，因为我看到中国的消费市场有很大的潜力，同时客户群体中 95 后的 Z 世代成为消费主体，其消费特征也决定了我们创业的发展特色，借用互联网工具使我们的运营模式快速迭代，创造了"品牌+平台"的模式。创业 3 年，我们的年营收达到 2000 万元，每年销售煎饼 500 万套，影响 20000 人就业。

在创业的过程中，针对客户的需求，我格外重视产品的质量。比如，煎饼所用的面糊，我们限定产区，通过历时 2 年的面糊配比实验，寻找口感与健康的绝佳平衡点，我们也用同样的方式打磨酱料与薄脆的质量，对这 3 个产品标准化后，保证了口味的稳定。在商业模式方面，把后端的供应链、中端的门店及前端的客户端打通来提升运营效率。

随着创业的深入，我也调整了自己的创业目标，我现在的创业目标是打造中国的餐饮品牌，希望在全球最有价值的品牌中有中国的煎饼。这种想法来自我看过的一组数据，2018 年全球最有价值的 25 个餐饮品牌中，中国没有 1 个，美国占到 22 个，包括赛百味、肯德基等。麦当劳的市值达到 1289 亿美元，而中国的周黑鸭与呷哺呷哺则只达到 165 亿元港币，差距很大。我认为一个国家的强大，要看综合国力，不是一方面的强大，而是各方面的强大，对美食的输出，也承载了一个国家的文化输出，我希望全世界的人不仅吃汉堡，也能吃煎饼，希望让全世界的人品尝中国美食，感受中国文化，更希望随着创业的纵深发展，帮助更多的中小餐饮企业实现规范化、连锁化、便利化、品牌化、特色化与国际化的目标。

大学生创业与社会创业的差异

大学生创业的劣势首先在于经验少，对市场的了解与把握不是很精准；其次是没经历社会的历练，其韧性和坚持度差很多。从优势来看，第一，大学生创业者的创业有扎实的专业基础；第二，大学生创业者有比较完整的创业知识体系作为支撑；第三，大学生的学习能力很强。

社会创业的优势在于比较接地气，而大学生的创业容易停留在实验室阶段的局面；另外，社会创业者思维发散能力强。我在招聘大学生时，发现大学生在处理问题时，应变能力差一些，思维打不开。社会创业者公关能力强，常抱着"光脚的不怕穿鞋的"的心态；而大学生创业者因为没有勇气，顾虑较多，往往不敢迈开第一步。

大学生创业质量评估指标体系

创业中最重要的是人，是团队。模型、市场需求都是客观存在的，完成这些事情的其实都是人，如果一般的项目给一个好的团队，也能做得非常好；一个非常好的项目交给一个很烂的团队，也是无法做好的。

从我这个行业的角度讲，最重要的是用户的认可和牵连出来的产品。首先是产品，其次才是模式。用户只在乎拿到手的这个东西是不是好的，是不是他所需要的，创业者可以用互联网思维去创业，但最终用户是要拿产品而不是听我们所谓的 P2P。

在财务指标上看重盈利状况，要看现金流，投资人更关注财务这块。每个行业现金流不一样，要分析这几年这个行业的数据，看一下我们国家这一年里哪些行业处在前列，哪些是大学生可以做到的，哪些是大学生做不到的。比如，对于 2019 年这个行业的数据表，我们拿到后就认真分析。我们会重点分析在当今时代哪些行业在国家的发展中排在前列，就像高端材料其实是国家出资重点制造，不是我们大学生可以做到的。

还有一个是市场需求体量大小，对大学生群体来说，体量太小不好考虑。我们曾经做过煎饼行业的市场需求调查，发现每年中国人消费煎饼达到 491 亿元，仅是在中国就能达到这个数据，全球的体量是可以达到万亿级别的。

如果项目市场太小，投资的可能性就低，投资人更愿意投资天花板高，然后边际低的项目。

创业中最大的挑战

创业中遇到最困难的事情是筹集资金，当时学校规定，学生只要在毕业前完成学费缴纳即可，我就把我的学费当作创业的启动资金，即使这样也还不够，我去找高中老师借了些。没有告诉家里人，也不能告诉家里人，家里不支持。

还有一点，我觉得创业成功和创始人的性格也很有关系。我喜欢冒险和挑战，如果按规矩来就没有今天，创业者往往都是不按规则出牌的。

对大学生创业的态度

鼓励，大学再不创业，青春简直就浪费了。

中国大学生的创业率一直不高，在 2%～3%，社会上的创业率为 20%、30%，甚至更高。

我在大学时看了一本书，这本书对我的启发很大，书名叫《穷爸爸富爸爸》。穷爸爸是大学教授，有学历、有身份，富爸爸是高中没毕业却善于理财的企业家，穷爸爸很受人尊敬，富爸爸却被人看不起。等到 1977 年时，穷爸爸失业了，而富爸爸成了夏威夷最富有的人之一，这本书说的是 20 世纪 50 年代的美国评价一个人的成就时用学历来评价，而在 70 年代后，用为社会带来的财富来评价，我认为成功的人应该是会创业的人。

因此，我特别鼓励大学生创业。如果创业失败了，失败的只是那个项目，本身这个人是成功的。如果受到打击，坚持不下去了，就说明你不适合创业，创业者是越挫越勇，在失败中成长的。如果你在青春年轻的时候都害怕失败的话，那我们要青春是为了什么？

　　大学生创业会带来许多积极有益的方面，包括，对个人来说，创业能塑造大学生的人格，强化积极心态，如勇气、坚持等；对社会来说，能够解决社会就业，拉动社会经济增长，同时大学生创业者能给社会带来积极的改变，即使是一点改变，那也是创新的体现，创业者的企业家精神给社会创造更大价值。

　　现在社会上有反对大学生创业的声音，我是不赞成的。我相信受过大学教育，又有社会经验的人适合创业，因为他会用所学的东西去发现问题、解决问题，学以致用。

对大学生创业者的建议

　　大学生创业要勇于尝试，不论失败或成功。赚不到钱就赚经验赚能力。赚到钱更好，解决了你自己的就业问题，如果再能解决身边同学的就业问题就更好了。

　　创业圈就是一个小社会，不要想得太难，这是每个大学生未来都必须经历的路程。

　　大学生创业不要看规模大小，只要适合就行。在一个领域深耕。大企业也是从小企业发展而来的。美团也好，阿里也好，京东也好，都是这样开始的。大学生创业不一定要选高大上的，而是一定要选择适合的。我做中国的煎饼，一直在做，我希望它将来能走出国门，它不仅仅是一个煎饼，还承载着中国的文化。

【专家点评】

　　1. 品牌餐饮标准化已经是老生常谈了，减少 SKU、增加坪效是公认的解决方案，"七寸"就在供应链上；当然，品类聚焦对品牌的建设也大有裨益，营销端也更容易完成对消费者心智的触达。

　　2. 近年来，网红煎饼从盛极一时走向衰弱，新消费领域的投资急转直下，复盘后发现，重营销、轻运营不是餐饮行业的突围之道，这是一个数智化实践的最佳战场，企业的差别化数智能力关乎品牌持续健康的发展。

　　3. 名校毕业的餐饮创业者，擅长会员体系的搭建，这是传统餐饮从业者的认知鸿沟，而当前会员体系的玩法逐渐开始导入元宇宙的架构，是否可行有待验证。

第三节　创业让我更加理性——施伟浩
青年绘首席执行官

简介

施伟浩，北京物资学院 2012 级市场营销专业本科生，大二时在同学吴翰聪的带领下开始创业，2013 年启动了青年绘创业项目，公司地点在石家庄。"青年绘"的用户群体为国内高中生，"青年绘"满足其在运动会等场合统一且个性化班服等的定制需要。

创业过程

我的合伙人是我创业路上的带领者，大学时我们就一直尝试各种创业项目。大二时，我们一起启动了青年绘创业项目，由于学习与借鉴了俞敏洪老师对学生市场的洞察分析，我们认为高中生群体的班服、校服定制等是刚需。创业地点就在学校旁边一间 5 平方米的地下室，我们买来印刷机，根据客户的需要将裸衣加工成制衣。创业初期的营销方式采用传统的线下推广，我们到学校门口发传单、在校园内和附近店铺张贴海报，也利用 QQ 及学生媒体和搜索引擎等方式做宣传。成立一年多，公司开始盈利，公司最赚钱时曾经年盈利 3000 万元左右，2016 年获得洪泰 AA 加速器天使轮融资。

现在的营销重点是开拓市场的同时，维持与保有客户，因为服装行业属于传统行业，资源已经很集聚了，想要开拓新的市场难度很大，所以与客户保持长期合作的关系，相互信任很重要。

随着公司业务量的增加，需要改变的不仅是营销方式，还有生产方式与供应链系统。之前接到订单后我们以家庭作坊作为代工厂，一方面规模达不到要求；另一方面物流时间长，用户响应速度慢，导致交付不及时。为了解决这两个问题，现在公司通过入股但不参与经营的方式，与广州、浙江、北京和重庆的 4 家工厂进行合作，既提高了日产量，也不需要负担公司的人力费用。融资后我们将资金投入了供应链升级，参股了自主研发供应链 SaaS 供应系统的软件公司，极大地提高了设计、生产与交付时间的效率。

创业成功影响要素

一是市场。我们的产品主要是班服，并且附有个性化和设计创意，但销售额还需要进一步提高。疫情造成许多学校没法开学，销售额下降得厉害。受疫情影响企业也面临裁员，要给员工发保障薪资，但这也是市场普遍的困境，我相信坚持过去就会有机会。

二是团队。我现在参与的每个公司都有四五十名员工。受疫情冲击最大的是软件公司，因为软件公司人力成本太高了。

三是资金。创业初期资金是合伙人拼凑起来的，之后的公司发展资金都来自"青年绘"取得的盈利。虽然资金紧张，但实践证明对大家口里说的"融到资才是会做生意或会创业"的理解还是需要依据公司的发展状况，盈利才是评判企业成功与否的标准。

大学生创业质量评估指标

我觉得评估的指标应该只有一个维度，那就是公司的盈利能力，盈利能力不行的话就没有人买你的产品，创业成功与否就看产品研究出来有没有人买单或者说项目是否赚到钱了，盈利高说明创业质量也很高。

创业体会

再有一次机会的话我依然选择创业，因为创业带来的是自己掌控一切的心态，这种心态不仅让自己获得成就感，也会让自己更理性。明白所有东西都是由自己掌握的，不会在遇到困难时怨天尤人，而是要负起责任，从自己身上找原因，自己去想办法，这是创业给我带来的最大收获。

【专家点评】

1. 创业初期就能得到天使机构认可并投资的大学生项目算是凤毛麟角了，这也侧面印证了"双创"战略下中国本土创业土壤的优越性。前些年，天使投资人数量呈现爆发性增长，募资相对容易，出手频率显性增加，但热浪终会退去或者说已经退潮，近年的天使投资人数量急剧下滑，风险投资的评估又重新聚焦在财务数据的客观呈现上。

2. 机构能背书，便于融资轮次的递进；机构能陪跑，便于路径的优化；但对机构资金的用途和回报以及资金使用周期应当要有清醒的认知，无论是要利润还是要估值都要尽早交卷。

3. 依托于大学生群体的大学生创业项目有着天然的情感连接，心智上的认同构建出一个巨大的流量池，因势利导是项目成长的关键。

第四节 家族创业的二代创业——郭安

北京享畋科技有限公司创始人

简介

郭安，北京联合大学 2016 级本科生，2016 年 9 月开始首次创业，2021 年时已经开始其第三次创业。公司员工共有 14 人，固定资产 670 万元，年利润 320 万元，盈利额 600 万元，员工平均月工资 1 万元。

创业的动机与理由

我在大学开始创业，主要是受家里环境影响，家里是做家族企业的。我从小学开始做跳蚤市场，到高中做微商联盟（卖鞋），这些经历或多或少给了我一些在大学正式创业的动机，我自己也是一个爱折腾的人。2014 年，李克强总理提出"双创"的号召，2016 年，我考到了北京联合大学的管理学院，学院当时也鼓励与支持学生以创新创业为主。这些因素，促成了我一入大学，便开始创业之旅。

我的项目是经营海南斯里兰卡橄榄，当时的目标是想成为从中国走出来的橄榄大王。

衡量大学生创业质量的指标

从我个人的角度看，我想主要是从企业发展情况、发展速度、企业应变问题的能力、企业的商业模式、盈利模式以及市场占有率、员工忠诚度和高管忠诚度等几个指标来衡量大学生的创业质量。

创业的过程

这个创业机会是学校提供的，当时手里有一些创始资金，认识了蜂巢入住的学长，他们在做海南项目，然后达成合作，并且认识了橄榄培育基地的老板，最后开始进入橄榄市场。

创业前期，我们进行用户调研和小规模试错，我们的主打市场一直都定位于小众人群，因为小众人群试错价格低，可以用来进行社群化，从而进行社群裂变，因此我们一开始根据用户调研以及现场试喝进行地推，目标是找到小众人群，然后为他们制定需求。

我们将客户群体锁定为热爱足球、喜欢踢球的人群。第一，因为橄榄含钙量高，可以起到补钙的作用；第二，因为橄榄的绿色元素与草坪的颜色一致，我们便以热爱足球的人群为市场人群进行推广。我们到海南、云南等地的大学，与他们的足球社团进行合作，将看球比赛进行场景置换，从宿舍变到教室，在观看过程中推送橄榄汁，并且推出打折活动，喜爱的球队进球，橄榄汁便打折。利用这一点吸引了很多热爱足球的小伙伴，搭建了数十个小众社群，最后进行线上众筹裂变。

创业团队是由合伙人各自的团队组成，三位合伙人，我出资金，第二位合伙人拥有资源，最后一位合伙人是培育基地的老板，我们各司其职，各自组队然后融合。当时已经做好失败到负债累累的准备，因此对艰难和曲折并没有想太多。

我经常参加一些创业者聚会、创业者社群，如创二代的学习型中国、正和岛、黑马会，以及思八达集团，这些聚会和社群中拥有许多的高端人脉和资源，通过这些进行资源的获取和利用也是创业的一个咨询渠道。

创业过程中的风险评估

我们做的是生鲜行业，评估可能会遇到的风险有两个：第一个是大陆人可能不认可橄榄口味，产品不被客户接受，市场受到影响；第二个是生鲜运输成本会高，因此我们及时止损进行了打法变化，主攻海南、广州、云南市场，重新确定公司的定位与方向，以高端产品为主，同时准备开辟第二板块，建立一条椰子水生产线。

创业资金来自在家里的公司挣得的第一桶金：在家里的公司担任销售，最后做到了董事，这期间积攒的资金。即使有自己的启动资金，但创业过程中存在的最大的困难还是资金困难和资源困难，最想得到的政策支持肯定还是资金支持，也在准备银行贷款。

创业是很个性化的选择，我天性好折腾，北京联合大学的校训也是学以致用，我不喜欢闲着，所以如果再让我选择 1 次，哪怕是 100 次，我也会选择创业。

对未来大学生创业者的建议

第一，在创业过程中，方法论要落地，不能先做调研，应该先落地后再调研最后去更迭。

第二，如果想要创业，就要先对自己有一个清晰的定位。

第三，创业过程中，要会利用自己身边的资源，如自己的专业知识、人脉、其他资源等，只有这样你的项目才有可能从 0 变成 1。

第四，创业时不要只关注项目的大小，只要是能赚钱的项目都是好项目，应该慢慢从中积累经验，创业的前提一定是要有许多项目的积累，因此要有前期的知识和能力的铺垫。

第五，创业一开始，最好不要休学或者退学创业，也不要借款创业，要做好最坏的打算，但心态一定要乐观积极。

【专家点评】

1. 家族企业的二代、三代有大比例的原生创业情节，家族的财富积累给予他们更大的空间"折腾"，腾笼换鸟的创新性也更强，这样的大学生通常在创业早期都有天然的逆向思维，和青春荷尔蒙成正比。

2. 随着年龄的增长和创业之路的行进，二代、三代创业的走向更多变成了一项"逆向工程"，此逆向非彼逆向，工程化的逆向是指他们在战略上将逐渐延续父辈的思想从而开启一段拷贝的人生，他们从突破传统到认可传统的价值，是从微观到宏观认知的转变，成功不可复制，但成功的思想毫不意外地得到传承。

3. 农产品行业是当今数智化实践的主要战场，"信息不对称"这个简单的生意逻辑不再适用，新技术的运用越早越好，无论是在生产端、供应链端、营销端，还是在管理端，都需要有商业创新实践意识并根据当前所处阶段做出合理投入。

第五节 创业时即已知道风险与机遇是并存的——刘望

猎人时代（北京）科技有限公司创始人

简介

刘望，2013 年考入北京物资学院，2015 年注册成立猎人时代（北京）科技有限公司，公司主要业务是跨校文化传媒与文化执行，合作方包括联合国机构在文化执行方面的业务，包括组建大学生团队帮机构与组织做一些事情，现在有学生体量20万~30万人，类似于大学生社会实践企业。

创业历程

因为家庭困难，所以在大学期间我通过各种兼职来赚取生活费，包括给公司推下线，和团队合作，再后来我跟新浪微博创业团队开始合作。2015年时注册成立公司，公司性质是公益板块，主要跟公益组织合作，完全没有盈利。主要收入来源包括两个部分，一个部分是和联合国教科文组织合作的各类大赛活动经费，另一个部分是教育部批准的一些大学生代表团参加的国外实践活动经费。

目前，创业团队有3人，其他2人是最初的合作伙伴，年龄都比我大。创业初期一个员工也没有，目前全职员工有7人，7人都签订劳动合同，兼职实习生多，网络上有10多万人，线下有几十人。

在创业过程中有过业务方向不确定的时候，比如，想做教育领域知识付费项目，但太吃力，最后放弃。我也有过被骗的经历，当时我向对方学习创业，但他向我借钱又用我的身份证做学生贷款。这也提醒我在创业过程中要做好风险防控，做业务时要评估哪些是自己能够把控的，哪些超出了自己的能力。

现在给自己的创业打分是50分，期待达到80分，是否达到80分的评判依据是自己做的事情能否给社会、团队、合作伙伴带来价值，企业在所属领域排序是否靠前，企业营收是否有规模。

创业对自己的心态与成长的促进作用是很明显的，当然这也是一个变化的过程。当初创业目标是赚钱，要看自己做的事情是否有收益，创业行为包括倒买倒卖，因为要生存。两年左右在自己所做的事情上有了很大进展，公司也开始盈利，这时自己的心态发生了很大变化。这种心态的变化与生存状况及年龄有关，是顺其自然，自然推进的。现在的创业目标明确在做公益项目，我们想在这个领域做得更好，我们不抱怨，也不利用学生挣钱。

大学生创业质量评估指标

评估大学生创业质量，我比较看重以下几项指标：一是营收或流水；二是团队，包括团队个人心态、个人能力、社会阅历；三是性质是创新创业还是做生意。做生意就是最初接单子，进行推广，有营收，相当于倒买倒卖，而真正的创业是有创新的、有创意的，在内容与模式上要能让人耳目一新。

对大学生创业者的政策支持

学校对大学生创业者的支持主要表现在提供场地，鼓励与支持参加各类竞赛，提供辅导与培训，这些对我们的帮助是很大的，相比非大学生创业可能面临的环境差、审核严等问题，我们受益很多。

对大学生创业的态度

对于大学生创业，我认为既不应该反对也不应该鼓励。不反对是因为大学生创业时自己就知道这是有风险的，已经做好了受挫折与打击的心理准备，这是他们的自主选择；如果鼓励大学生大学期间创业的话，就会使其容易浮躁，顺其自然更好。

对大学生创业者的建议

第一，要提高整个团队的工作效率，有些团队是在玩，不是在做实事。

第二，要调整心态，想到创业就感觉特别兴奋、激动，认为是很刺激的事情，热血沸腾，这是想象，不是事实，真正的创业与想象中的创业有很大的差异。

第三，大学生创业，无论怎么样都要兼顾学业。

【专家点评】

1. 项目驱动型创业的利弊是显性的，优点是回报周期短，缺点是过度依赖项目的成长性，当不可控的项目危机来临，运营近乎停滞，把时间线拉长并记入停滞的时间成本时，创业的质量就大打折扣了。

2. 从行文描述来看，大学生创业容易出现定位问题，不是不具备定位前置的思维，而是在定位不清晰的客观背景下，逃避定位或者胡乱定位或者频繁更替定位。

3. 实体流量的价值是否商业化变现应该尽早明确，当前作为劳务输出的外包模式属于人力资源的赛道，基本没有流量变现的可能，灵活用工的模式是否适用也因大学生群体的特殊属性问题而值得思考。

第六节　通过创业，日子能过得越来越好——孙浩霖

古道边大学生创业项目发起人

文化旅游产品公司创始人

简介

孙浩霖，2016 级北京物资学院物流工程专业学生。大学入学时就希望开展创业，从 2017 年开始参加各类创业比赛项目，所带领的 F-group 团队在 2017 年北京地区高校大学生优秀创业团队评选中获得二等奖。在大二时自己创立了文化旅游产品公司，开创古道边项目，销售非遗相关产品，由于公司投入精力太大，利润低，当年将公司出售。大四时又开始以井盖监测项目为核心产品创业，未成功，目前在创业积累过程中，准备连续创业。

大学生创业与社会创业的不同

在大学期间创业主要是看创业比赛成绩，或者在实际创业时看这个项目的财务指标、毛利率、净利率等指标。

社会创业主要是看创业项目的发展空间、前景以及当前市场。在大学创业时期，大一时创业没想着赚不赚钱，只想着有一个项目；大二时开始创业，赚了钱，但是感觉小打小闹，自己都不认可这个创业项目。这些创业经历让自己收获的是眼界的提升，一步一步看到别人的东西，接触更厉害的人。接触的人层面高，就会慢慢好起来。

创业给自己带来的改变就是，过去认为日子过好就行，现在认为日子能过得更好，要更努力。

目前公司情况

以井盖为产品的创业公司地址在常营，自己是创始人。公司的核心产品是井盖监测，一是因为这一领域目前还是空白；二是产品依托互联网发展，预测会有很好的发展潜力。销售模式主要是对接政府进行洽谈。

创业团队一共是 10 人，包括研发团队 6 人，财务 1 人，我和其他人负责业务。团队是影响创业质量的重要因素，团队需要分工，我的任务是谈项目；另外是负责整体程序把控，到节点进行项目进度提醒。其他研发人员会通过客户

对产品的反馈进行整改。大家互相协作，有序配合分工。

你认为创始人应该具备哪些特征

创始人要掌握公司 70% 以上的产品思路。创始人一般都是能拿到风险投资的人。创始人要热血，具备坚持的决心、表达能力和一些情绪特质。

创业的原始资金渠道

投资的钱是自己前两年赚的。现在的项目中按照 8∶2 的比例投资，我和研发团队占 80% 的股份，另一个投资人占 20% 的股份。

之前创业停止的原因

第一次创业没达到自己的目标，主要原因是自己贪玩了，好胜心强参加了学生会，没有时间投入自己的创业。第二次创业心里淡定了很多，明白做项目先是生产，然后试验，最后做平台维护。系统地梳理下来，第二次创业在 2019 年谈下了专利，看似一切都在良性发展中，但后期发现市场有问题，因此停止项目。

大学生创业质量评估指标

我认为对大学生创业质量评估可以从以下五个指标开展。

第一，盈利能力。一个好的创业项目，无论是出于实现个人抱负还是为社会做贡献，都是建立在盈利的基础上的，因此创业最核心的问题就是盈利能力，一个创业项目成功与否最直接的评判标准就是你能不能盈利，这也是最简单的一个衡量标准。

第二，当下的发展情况。一个创业项目既然能拿出来细看或者是实施，一定是已经经过了前期千锤百炼的，你当下选择的行业、制定的发展目标、团队构成等，都决定了未来的走势，而且未来很多计划都是基于当下发展情况制订的，因此项目规划是否完备、现有人员执行力等的发展现状都是可以拿出来考量的（其实很多项目或者团队看当下情况就能知道未来的发展结果，尤其是大学生创业）。

第三，创始人能力。在当今这个时代背景下，创业已经不是一个人的事情了，因为光靠一个人的决心和毅力其实很难成功了。在现在的社会背景下，风口不像十几年前那么多了，因此我认为创始人能力并不单指个人能力，更有背后的背景能力、资本运作能力等。现在就是资本的时代，抓住机遇不一定成功，但是抓住资本或者好的机遇是成功的要素之一。

第四，未来发展潜力与规划。这一点其实可以和当下的发展情况联系起来看，毕竟大学生创业前几年都是起步阶段，未来的发展才是重点：要看项目所处的行业未来是怎样的，项目在行业内的前景是怎样的，项目是否具有可复制性、是否有规模，或者是否会被行业淘汰等。

第五，目标完成度及满足度。这一点其实完全就是针对很多公益类项目专门设定的，不能把盈利卡得太死，因为可能有一些人真的具有特别远大的社会理想抱负，就是为了服务社会来的。除此之外，我身边还有很多人创业选择的赛道就是自己家族所深耕的传统行业，他们只是为了让它们更符合时代。评估项目还要看项目本身在前期设置的目标初心及实施起来的偏差度。

对大学生创业者的建议

真实的创业需要很多条件的互动，对大学生创业者来说，在真正创业之前可以多关注创业、多参加创业大赛，对真正创业有很大的帮助。

【专家点评】

1. 大学生创业也是一堂"学分课"，而高校创业大赛就是一场大考，能否拔得头筹是对创业思维和实践的检验，同时又需要清晰地认识到，在校的早期创业项目通常都没有社会化的可能，当然，这不妨碍在校期间把创业项目做到极致，不要轻言放弃，财富不是唯一的衡量指标。

2. 走出校门，慎重思考是否继续创业，过程中应当重新审视自己，结构化分析自身的资源，寻找与个体互补的创业合伙人，在优势资源上挖掘创业机会，多与前辈沟通商业计划，磨刀不误砍柴工，才能因势利导，进入升级版创业。

3. 井盖监测项目的商业化进程有多种路径，创始人在启动早期应当明确公司的定位，是工程化运营，或者是产品化运营，或者是平台化运营，或者是数据化运营。另外现金流流向是决策的依据。

第七节　创业理想与现实的对话——谢庆涛

太和号酱酒创始人

简介

谢庆涛，北京财贸职业学院国际商务专业学生，1992年出生，毕业当年创业。

创业想法可不是灵光一现

我不知道创业是不是刻在我基因里的，反正从小我就对商业比较感兴趣。最初的印象来自上小学时看到学校附近的超市、小卖部的店主收了好多钱，我就羡慕得不行，感觉他赚了很多钱，我还特别相信，如果有钱就可以做很多事情。从小我心里就立下了将来从商的志向。

真正创业是从上高中开始的，我学习中等成绩，但活跃程度全校皆知。高中暑假时，我在学校门口开了一家小餐馆，经营了半年多。这是我第一次创业，虽然没赚到钱，但对商业有了大致的感官上的了解，为我后来的创业打下了很好的基础，是我一次宝贵的创业经历。

我的创业过程

2013年，我上大二，经常看到很多快递都堆在校园门口，刮风下雨时快递容易淋湿，而学生到门口取快递也不方便。2014年时，我就和几个合伙人一起成立了一个创业项目，叫"丝绸友递"。当时创业第一笔资金是学校资助的，同时也在学校的支持下，得到了北京市教委的10万元的资金立项，另外学校不仅给予了启动资金的支持，还免费提供了电脑设备等硬件。我是发起人，然后找了几个同学。创始人一共4个，所学专业分别是会计、物流、电商专业，我是工商管理系国际商务专业的。这个项目不仅在我们学校创设，还发展到北京的其他高校，截至目前还保留了2个店，运行稳定，也小有盈利。

毕业后，因为团队创始人有的选择出国留学，有的选择就业，各有去向，团队遇到了问题，所以延迟了拓展的机会，再加上市场瞬息万变，我们错过了非常好的发展窗口期。在这之后，我又转型和朋友合伙开了美容院，做了一年多赶上疫情，关门了，然后我和同学从2020年8月开始从事白酒销售工作。主要的工作内容是拓展市场，采用的方式是电话销售，起步阶段不容易，更多的是发挥自己的优势。就这个创业项目在目前阶段来说，我认为资源是比较重要的要素。

创业成功的影响要素

我感觉还是得看团队。从我的经历来看，创业是一场持久战，不是说做一个项目就成了，那种概率是非常小的。可能说我第一次创业失败了，但失败了无所谓，因为可以创业十次，只成功一次就行了。因此最重要的还是团队，我们只要有团队，项目就是次要的。

还有一个要素是创业一定要根据实际情况开展，创业可以是小范围的，不需要搞得那么大，要慢慢地去积累。不要想着做一个多大的项目投入多少钱，要从小处做起，哪怕小到个人或家庭范围，都可以尝试去做。

另外创业也一定要根据个人的兴趣爱好开展。如果真喜欢这件事，那就去闯；如果不是发自内心的那种热情，还是要冷静思考，冷静地对待这件事。

大学生创业指导的问题

我们在初期创业的时候，正好是李克强总理提出的"大众创业，万众创新"的前期，政策没有出台，从事物流行业还有一些风险，学校不知道如何指导我们，甚至还有一些阻拦，但是到后期，学校展现了很大的包容性。这也促成我们创业项目的成功与成长。

高校里的学生创业指导是很有必要的，其作用的发挥体现在帮助学生对项目进行梳理，明确项目的初期定位，审视项目的商业模式是否存在问题。大学生创业者，无论从知识还是经验的角度看都存在欠缺，对市场的了解仅限于调研，没有实践是无法获得真实的创业情况的，在商业模式上也存在着这种问题。高校里的老师可能会帮助学生解决创业知识欠缺的问题，但在实践方面，由于他们自身也没有创业经验，可能对学生的创业指导性不强，这方面学校可以帮助提供一些校友资源。

除此之外，对大学生创业来说，一些前期启动资金上的支持，对创业的支持力度是非常大的。

感觉现在的创业环境对大学生的包容性挺大的。国家支持，学校也支持，很多时候都能提供启动资金，前期的一些创业资源也都能提供，给大学生创业者确实减轻了很多负担。

怎么评估创业质量

首先，要讲大学生创业对社会的价值与意义。创业的出发点是能造福社会，通过技术手段、产品改进等。

其次，大学生创业要有一个完整的团队，人非常重要，团队是核心。

最后，创业要有清晰的定位和商业模式。现在对大学生创业质量的评判不需要追求学生创业团队的盈利情况，更多的是看其成长情况。对学生来讲，没创业过，没接触过社会，不是特别了解创业，失败的概率非常大，对大学生创业的支持不要只为了做成一个项目，更多的是支持大学生的创业精神与创业实践，支持大学生在创业中拥有更多的经验积累，为将来的项目成长，为更大、更强的创业做好准备。大学生创业前期可以考虑轻资产创业。轻资产创业，实现盈亏平衡，创业前期能活下去就是高质量的创业。

对大学生创业者的建议

其实对大学生创业者来讲，"不积跬步，无以至千里"。创业初期，不能说我要做一个多大的项目，拥有多大一个平台，希望创业规模达到像马云创立的那样，我们就做一些切实可行的能够对社会产生效益的项目，可以踏踏实实地去经历、去闯就行了。

如果再给你一次机会的话，你还创业吗

再给我一次机会，我觉得可能还会创业，因为我不是那么安分守己的一个人。虽然说学历不高，但比较活跃，一直想着在商业这块做点事情，也比较喜欢这样的一种生活。商人重利，但是随着年龄的增长，格局也不断提升，我现在的目标是做一个企业家，承担更大的社会责任。我们现在做的事情更多的是想增加就业机会，促成某个行业某个领域的一些突破。

【专家点评】

1. 创业的过程是理想与现实持续对话的过程，理想与现实的冲突推动创业剧情的发展，没有一个编剧能预知结果，持续创业者往往是在试错和迭代中成长的。

2. 有观点认为餐饮行业创业是财富收割机，显然过于主观。但也能从中感受到该行业创业的不易。实际上，从各主流中餐品牌的经营上看，很难发现统

一的标准化流程管理，个性化十足，成功心法很难拆解，难以复制，建议大学生创业谨慎涉足餐饮行业，即便少数有优势供应链资源的同学也建议从下沉市场中躬身入局。

3. 面对红海中的创业需要强大的社交能力，以及社交产生的足够广阔的私域流量池，这是白酒尤其是散牌酒的运营底层逻辑，寻找到自身流量增长的北极星指标并且持续投入，才能在投入产出比中胜出。

第八节　我从高中时就开始创业——李谦

北京兔巴电子科技有限公司联合创始人

简介

李谦，中国人民大学 2014 级信息资源管理专业学生。从高中时就有创业经历，大学二年级时加入创业团队，目前在创业公司担任 COO，公司是 2015 年 10 月注册的，团队全职 30 人，营收为每年 2000 万元。主要业务是做数码产品，包括平板电脑、游戏机等的免押金租赁业务服务，目前与芝麻信用、京东等平台进行合作，做风险控制。创业目的主要是改变客户原来的消费习惯，通过免押金服务进行数码产品的试用、换机。公司现已融资两轮。

创业经历

我从高中开始就对创业感兴趣，也亲身体验过创业，当时在家乡的 O2O 平台，开发了一个卖花的 APP，初尝创业的成果。大学二年级时由师兄带领，我加入了由他创立的数码产品服务平台，在这个过程中我参加了学校的创业课，也跟着师兄参加了创业比赛，获得了奖项。选择这个创业项目的首要原因是创始人家里就是从事这方面的经营的，而我们团队也对项目的市场前景进行了分析，认为这是用户的痛点。我现在是 COO，主要负责公司的日常事务、业务流程、入驻、新平台服务等。

我们创业成功一是因为市场蓝海，电子产品租赁业务处于市场红利期，整个市场是大的风口，如淘宝芝麻信用大会中提到，在未来两年中，电子产品销量会达到万亿，其中会有 10% 的比例被租赁业务替代，而目前租赁业务只占 1%，天花板高，未来前景很好；二是因为我们的团队实力很强，我们公司的 CEO 有过创业经历，家里也有这方面的资源，而且已经毕业，可以全职投入创业。合伙人方面，一个合伙人是天猫高管，一个合伙人是 NOKIA 之前的总代理，还有一个合伙人有分期项目经验。另外，供应链有供应商，有库房，因此前景可期。

大学生创业质量评估指标

一是要看营收情况，对有成熟项目的创业者，要看项目净利润，要看用户规模、融资规模，要看能否反映现状；对早期阶段的创业，要看未来天花板有多高，看赛道上有哪些细分领域与机会。二是要看团队创始人的个人魅力、个人能力，是不是有资源，有没有想法。

对自我创业选择的思考

从公司发展的角度来说，我给公司打 8 分，希望能达到 9 分。那 1 分是希望订单量、体量再翻几倍，初创期公司还是有危机感。

我觉得师兄们邀请我创业是基于我做事能坚持的特点；还有就是我学习能力强、会技术，还会设计；另外最重要的是我对创业很感兴趣，还有创业的经验。

创业对我的学业还是有一定影响的，不过我的成绩虽不能达到优秀，但能毕业。我现在不打算考研，将来准备读 MBA，毕业后还会在这家公司继续创业。

对大学生创业者的建议

要鼓励对创业真正感兴趣的大学生尝试创业、敢于创业，大学生在创业中会收获很多、成长很多。创业者要不断复盘、反思。很多大学生最初的项目有问题，这时就要有学习能力，要混进老创业者的圈子，向他们学习，要反思，不断调整，看方向是否正确。

早期可以以兼职方式去做，然后再看是不是值得全职投入。

在创业项目的选择上不要只考虑面向大学生市场，有些投资人特别不愿意投资面向大学生的项目，因为市场分散，寒暑假休息时间长，会有影响。

对创业政策的建议

创业是非常具有个性化的选择，创业意向与多个因素有关，如与家庭环境有关，我发现创业的人更多的是城市中产家庭出身，农村家庭不希望孩子冒险；与经历有关，有些大学生很早就有创业经历；还与大学里对学生创业的鼓励态度有关，高校和政府部门的支持也会激发学生的创业意图。

因此，我也希望国家对大学生创业的支持能更多地聚焦在优质项目上。

【专家点评】

1. 互联网创业需要再次面临"星辰大海"的拷问，消费场景的创新商业模式是否能在"特立独行"中找到"生命之源"，这是如今互联网创业需要沉淀下来思考的问题。

2. 共享经济的前景如何？平台化的运营需要在供给侧的独占优势以及巨大规模化的运营资金，而资本在共享经济项目上的铩羽而归基本切断了"大水漫灌"的可能，平台创业者需要更多地考虑自循环或更新造血机能。

3. 大学生创业者运用得更多的是腰部以下思维方式，以腿部思维者为众，知晓工具，勤奋上进，但需要加强头部思维，联合创始人也同样需要。

第九节　骨子里的创业基因让我再无其他选择——黄华
"物友递"创始人

简介

黄华，北京物资学院 2011 级经济学院学生，大学第三年与其他 6 名同学一起创办"物友递"项目，2014 年注册成立公司，注册地在北京物资学院果园校区的大学科技园，后来"物友递"解散，现在正在第二次创业中。

创业经历

成立"物友递"不是偶然，与以下因素有关。

一是先天的创业基因，我骨子里是喜欢冒险的。从小我就比别人胆大，别的小朋友不敢去的地方，我敢去；别的小朋友不敢和大人说的话，我敢说。我讨厌一成不变，我喜欢尝试不同菜的味道，而不是只吃自己喜欢的菜；我喜欢去不同的城市，而不是一直待在一个城市里；我喜欢和不同的人交流沟通，而不是只有几个朋友，相同的事情总发生在我的身上会让我感觉厌烦。每到一个新的地方，我总是对周边的事情保持十分的好奇心。而当我的好奇心得到满足的时候，我是愉悦的，是开心的。我喜欢那种感觉。

二是耳濡目染，因为我父母一直在物流行业创业。从小学四、五年级开始，我发现自己的父母和别人的父母是不一样的。别人的父母朝九晚五去上班，而我的父母上班时间不一样，问过之后我才知道父母是在创业。从小父母没有告诉我太多有关创业的事情，逐渐长大，从父母那里听到的创业事情开始增多，我知道他们创业很辛苦，也感受到创业给我们的生活带来许多好处：父母会给我买很多好吃的、好玩的，还带我去各地旅游。因此，那时我对创业的印象是：创业要比上班好。

三是志同道合的团队。2011 年，入学后，我与同一学院的郑元，法学院的岳嵩峰、牛跃及商学院的赵朔相识于校学生会，一见如故的 5 个人在人人网上注册了"物友团"账号，想借公共平台"做点小生意"。最初，我们做的是学校的"失物招领"平台，因为效率高，在同学中小有名气，拥有了 4000 多粉丝，后来我们几个人设计了一张"物友卡"，我们拿着这张卡和周边店铺联系，给他们在卡上做广告，也请他们给持卡的同学购物优惠价，当时这件事情办成后自己很有成就感。

2012 年下半年，我和父母去了一趟加拿大，受加拿大 Bufferbox 公司的启示，我回国后和小伙伴们商量成立校园快件接收分拣中心，解决校园师生在收取与寄送快递中的麻烦。

2013 年 9 月创业之初，我们组建了共 7 个人的创业团队，除我们原有的物友团的成员外，还增加了两个对我们的创业想法感兴趣的同学，其中包括后期能够开发取件系统的信息学院的同学。没有场地与资金的我们带着想法找到学校学生处的负责老师，向他们请求场地支持，适逢全社会鼓励大学生创业时期，学校领导对我们的想法特别重视，特意将操场边小平房的一间储藏室腾出来给我们当作快件保管室。我们又和两家快递公司谈下了合作，"物友递"负责接收这两家公司送到学校的所有快递，并保证送到学生手里，每个快递将有 1 元的快递费打到"物友递"账户。

我们的创业得到了各界的肯定与支持，学校给我们提供了更好的、更宽敞的场地，也给我们投入初期的 10 万元启动资金，还支持我们参加创业大赛，2014 年我们公司正式成立。《中国青年报》《北京晚报》等各大媒体也对我们进行了"破解快递服务最后一公里"的相关报道。

创业体会与经验分享

创始人决定了创业的成败吗？创始人是创业成功的关键，但创始人一个人并不能决定创业的成败。根据权责发生制，创始人一般拥有最大的权力，权力大意味着很多事情需要由创始人决定，同时也意味着创始人负有很多的责任。

创始人不能决定创业的成败，但是如果失败了，一定有创始人的责任。

团队组建要考虑的问题。团队组建前，先要把工作模块梳理出来，并给出优先排序，明确哪个环节、哪个岗位最重要。这个环节的目的是在没有人才储备不足的情况下，让工作能顺利地推进下去。之后的环节是盘算当前的情况，以及每个人应该做什么，应该对哪些指标负责。特别要注意的是，一开始的工作分配比较粗，需要创始人根据实际情况，及时做出调整。

商业计划书的用途与撰写。商业计划书有两个用途，一是告诉自己现在在干什么，二是告诉别人你在干什么。告诉自己现在在干什么，很多人会忽略这一点，觉得商业计划书是老师要求写的，或者是写给其他人看的，但是，这一点才是计划书最重要的一点。写商业计划书是一个回顾总结的过程，回顾自己所有的动作、背景、目的、方式，把所有的回顾用精练的语言总结出来。写出来的东西首先你要自己相信，才能去告诉别人你在干什么。

告诉别人你在干什么是非常考验人的，在这一步很多人很难写出来，或者写出来的东西没有逻辑，其实这也是自己复盘，加深自己信心的过程。同时，你的商业计划书要使别人能理解你在做什么，虽然他不一定能认同你所做的事情。

商业计划书有撰写技巧，市场上或者网络上有非常多的商业计划书的结构框架。我个人认为不需要完全按照他们的框架要求撰写，可以按照以下公式：××事让你有了××结论，根据结论，你做了××动作，有了××结果，目前你有××问题，需要××帮助。然后再把以上信息进行扩展，详细阐述。尽量简短、简洁；一定要有结论，先说论据，再说论点；尽量用 Word，不要用 PPT；写好之后，试着给别人多讲述几遍，再反复进行修改。

大学生创业质量评估指标

我会从以下四个指标权衡大学生创业过程的质量：一是看商业模式是否行得通，是否能成功；二是看团队组建分工是否清晰合理，团队是否有执行力；三是看创始人眼界，整体能力；四是看是否需要融资及融资策略。

若四个指标中有一个特别强，创业成功概率就大，如果都很平，那么创业成功概率就比较小。这四个指标处于动态变化之中，不同创业阶段比例不同。

如果从结果的角度来衡量大学生创业，可以从以下指标进行：一是看客观数据上的，创业业绩水平；二是看主观角度中，大学生本身能力的提升，这些能力可以包括创业者的逻辑思维能力、写作能力、执行能力，以及对行业的认识能力。

对大学生创业的态度

反对大学生创业的人，一般持有的观点：一是大学生创业最后的结果普遍是失败的；二是大学生创业耽误学业；三是大学生创业需要投入大量的精力与财力，而大学生本来并没有相应的财力，会给家庭带来很大的负担；四是大学生创业接受不了失败，造成大学生产生挫败心理。

而支持大学生创业的理由：一是大学生有时间可以去折腾；二是大学生创业可以收获很多能力、眼界，对社会有更多的认知；三是失败教育是现在大学生缺乏的，却对大学生成长具有重要意义的事情；四是学业可以与实践相结合，碰撞出更激烈的火花。

个人总结以上内容认为，双方并不能用列举法来判定一个事物的好与坏。以上两种观点构成一个事物的两面，事物的发展规律并不是非黑即白。大学创业经历并不能吸引所有学生，鼓励大学生创业是鼓励那些对创业有想法、对创业有兴趣的学生参与创业的实践。有的学生可能对科技创业感兴趣，有的学生可能对艺术创业感兴趣。高校和创业政策要做的是，为有创业兴趣的学生做进一步引导，并且能让学生从兴趣的发展中，学会对商业、对人生、对社会、对国家有更深层次的认识。因此就像大学中大部分选修课一样，创业课程、活动或各类孵化活动只是多给学生提供一个渠道去认识商业世界，到底能从创业中学到多少东西就因人而异了。

引导大学生创业

一是客观上，一开始就让创业学生自己制定一个目标，比如，创业要达到什么规模，即以数据来作为评估方法；二是主观上，可以通过路演形式或者报告形式让学生写出对所从事行业的看法，考查学生是否通过创业提升了自己的沟通能力、表达能力和写作能力等。

【专家点评】

1. 大学生创业从与学生生活息息相关的点切入是个不错的选择，学校是个微型的社会，特定的场景需求衍生出一些个性化的业态，同时，时代又赋予了这些业态传承与创新的生命力，大学生创业应当把握这些机会。

2. 门内门外生态的构建离不开高校的支持，高校一方面扮演引导、助力、陪跑的角色；另一方面能把大学生创业成长的案例导入教学工作，促进"学"

"业"繁荣。

3. 早期项目商业计划书的撰写是回答"追命六问"的过程：我是谁，我从哪里来，要到哪里去，为什么要到那里去，怎么才能到那里去，为什么只有我才能到那里？问题固然简单，回答却不易，一份能够给出完全自洽的答案的商业计划书就已经是一个不错的早期项目，至少这个答题者已经值得被"尽职调查"。

第十章

提升大学生创业质量策略篇

第一节　找准创业时机

人人都需要一堂创业课，因为体验一场创业之旅能够得到裂变式的成长，但同时又需要清楚地认识到，并不是每个人都适合创业。

你适合创业吗

前置问题是：什么样的人适合创业？有了适合创业的前提，然后才有应该在什么时间创业的问题。

首先，创业需要具备像玄奘法师一样为法忘身的精神，百折不挠，甘愿冒九死一生的风险。无论你在哪栋大厦加班奉上青春和发际线，如果你会选择在连续加班到第十个深夜而辞职的话，你就被列入不适合创业的名单。

其次，创业只有你奋斗也不行，你还需要带领一整支团队奋斗，从这点上说，你需要具备领袖的气质，无论何时举旗，都有一众小伙伴跟着你追梦。

最后，比能力重要 1000 倍的是你的底层操作系统，"如果把人想象成一部手机，人的情绪是底层的操作系统，他的能力只是上面的一个个 APP"，这不是我说的，这是"中关村第一才女"梁宁说的，愉悦指引方向，痛苦提供能量，恐惧决定边界，创业成功人士都有相同的天分，就是能够不断升级迭代自己的情绪系统。

所以，你适合创业吗？

30 岁左右是创业最佳时期

想必在回答你是否适合创业这个问题的同时，你也找到了何时创业的最佳答案，之所以是最佳，那就不是唯一，这是讲概率的，那么，我的答案是至少应该在工作 3 年后开始创业，并且 30 岁左右是创业的最佳时期。

前些年我作为第二届"龙门创将"（Pitch@ Palace）全球创新创业大赛中国赛区的媒体顾问与财经作家邱恒明老师共同采访了北大创业训练营 CEO 王健，他的群体样本数据显示，大学生群体并不是创业的主体；在北大创业训练营，一年面对面帮扶 14000 多个创业者，平均年龄 29 岁，分布在全国的 15 个孵化器，唯独在北京大学校园里的孵化器是针对大学生创业者的，数量非常有限。

接地气的数据是不会骗人的，"茧房"里的恰恰是"风口上猪都会飞"的成功励志典型案例，所以，千万别列举十大年轻大学生首次创业就成功的案例。

创业难以逾越的四大鸿沟

经常被邀请做大学生创新创业大赛评委，刚开始也是本着"快一步就是快全部"的观点来观察的，持续跟踪发现，绝大多数大学生创业都遇到几道需要岁月的沉淀才能逾越的鸿沟。

一是使命感偏弱。

那种因为担心工作不好找而创业的就不说了，即便是那种光环在身，放弃各种优越的机会而心无杂念地投入创业大浪潮的大学生，他们几乎都不明白什么是创业使命，以至于无法用最小化语言来描述自己创业的目的。

他们要么是为了财富自由；要么是为了无拘无束的行为自由；要么是妄想依靠某个创意想法就能融资，并且天真地以为资本进入就已经完成使命了；要么是为创业而创业，大谈商业模式闭环，恨不得把使命描述成要超越 BAT。

其实，用物质来衡量创业的成就太过狭隘，千两黄金，万亩良田，那还是封建社会揭竿起义时期画的"大饼"，长久不了的，当然，我们又需要"画饼"，因为创业是对人生的投入，这块"饼"包含了差别化的使命、愿景和核心价值观，经过岁月的沉淀，不求都能做到先天下之忧而忧，但求能为社会创造价值，助人达己，利国利民。

因此，创业不一定要黑科技开路，也并非达到 BAT 的规模才算成功，也可以是因为这条街的居民买菜难，而你成功让买菜的老人少走几步就能买到新鲜的蔬菜。

二是能力边界模糊。

正所谓"见众生前先见自己"，在电影《一代宗师》中，宫二说练武有三个阶段，第一个阶段是见自己。见自己，就是认识自己，反观自己，判断自己的武功水平是否过得了自己这一关。见了自己，才能够到达第二、第三阶段：见天地，见众生。

我会什么？这是徐小平老师认为创业者应该去学会回答的第一个问题，然而大学生或应届毕业生创业群体实际上是不能准确地回答这个问题的，或者说回答得不够全面和根本。

除了象牙塔形系统的学习外，这个时代还充斥着各种创业方法论，知识付费赛道也是臃肿得很。熟练使用各种新媒体应用的大学生创业者被碎片化的管理学、经济学、产品理论等快速成长教程一遍一遍地洗脑，很容易就坐到井里去了，这个我深有体会，和他们聊天就能发现，他们能够画出商业模式新生代里的商业画布，他们会用特劳特定位理论武装自己，他们也都在尝试精益创业，他们有增长黑客，他们也懂得客户关系管理。

但是，经过岁月洗礼的创业者都知道，理论终归是理论，理论只是基础，不是能力，边界在哪儿呢？其实就在于你是否有对这些理论不断修正的能力，在没有一定的社会历练之前，自己的分析都是停留在纸面上，一旦进入实战中，你总是会发现这些分析需要个性化，直到不再模糊。当然，这些都是正常的。因为经历让一切有了比较，而认识自己，就是在无数次比较中确定最贴近的那一个。

三是可持续性差。

为什么这么说呢？我们知道创业者都需要经历大喜大悲的过山车式刺激，创业之初许下敲钟诺言，信心满满，然后大部分就没有然后了。其中，大学生在创业之初表现得尤为亢奋，摘星摘月都觉得不是问题，可是一旦遇到一丁点挫折就开始动摇，"小感冒"就有可能变成了"肺炎"，普遍抗压能力不强。心态决定姿态，姿态决定状态，创业路上十八弯，别指望标准动作一招鲜，真正成熟的创业者只有转型，没有失败，所以我们需要的是持续修炼胆与识，你都当老板了，哪有时间脆弱？

也许这么描述大学生创业群体有点偏激，但事实是社会永远比你想象得更加易变、不确定、复杂和模糊，在象牙塔里我们崇尚自由，基本没有大坑，再往前看也只有高考勉强算是个坎，所以，你说你就是那个胆识过人的战士，没有什么能让你停止战斗，那么，你为什么不带着创业的心态，先去一家创业型公司磨炼一下来证明自己呢？

四是人脉资源不足，就更不用说圈层了。

应该不会有大学生创业者否认这个观点，但是批判地看，有人仍然会说，现在早已不是资源型社会了，要那么广人脉做什么？这显然是对人脉的一个狭隘界定，这里的人脉并不仅仅是你认为的商务拓展需要的那种"人脉"，当然，目前商务拓展仍然极其需要人脉，各种人脉圈层应用可以为证，各种社群的爆发性增长也可以为证，而我认为人脉有更重要的作用，可以细到创业的每一个环节，每一个颗粒。

比如，如果你具备了创业的初心，一定要找一群聪明人来聊天，让他们来找碴儿，当他们的各种否定都阻止不了你的时候，才是你开始创业的时机；开始创业后，困难重重，各种碰壁，这时候又需要找一群聪明人来指点迷津，最好是能帮你扫清阶段性障碍。种子用户需要人脉圈层，生态合作需要人脉圈层，团队的完善需要人脉圈层，融资需要人脉圈层，基本上创业最重要的就是拼人脉，虽然很厚黑，但很实用，所以，用时间、空间来换取人脉是你在创业之前必须做的最重要的事情之一。

以上四道只有靠岁月的沉淀才能逾越的鸿沟是创业者不得不面对的问题，那为什么说是毕业3年后才适合创业，不是1年，也不是2年呢？其实，你只需看各种招聘平台的工作经验阶梯要求年限就明白了。

第一阶梯是应届毕业生，刚才已经长篇论述了应届毕业生创业难的现实。

第二阶梯是拥有1~3年工作经验，1~3年还谈不上岁月沉淀，只能说是刚刚有了岁月。

第三阶梯是拥有3~5年工作经验，通常职业发展到满3年这个时间窗口，具备上述适合创业条件的人一定是主管或经理级别了，能力已经得到验证，该踩的坑也踩了，该练的胆也练了，基础人脉也攒了一批了，加上那颗雪藏了3年的创业初心，又恰巧这时候你的信仰给了你一道光，恭喜你，你可以毫不犹豫地冲进创业战场了，我称为"顺势而为"。

第四阶梯是拥有5~8年工作经验，基本上这时你已经在而立之年徘徊了，古人的话还是要听的，比起其他年龄段的人，30岁左右的创业者视野宽、格局大，不仅有了足量的、多维度的沉淀，而且有着最积极的态度和强烈的事业心，思维敏捷，精力充沛，创造的欲望也最旺盛，无论从哪个角度来看，30岁左右都是创业的最佳时期。30岁前是助跑，30岁后才是真正的启航。

事实上，30岁左右的群体在历史上就是创业主力军，有一组可参考的数据：马云第一次创业是28岁，创办海博翻译社，马化腾27岁创办腾讯，李彦宏32岁创办百度。

第二节　培养"创业思维"

人人都有"创业思维"

移动互联网掀起的巨大社会变革引导大众深度参与其中，虽然"创业思维"更多的是从公司经营层面流传出来的概念，但逐渐变成人人都能侃侃而谈的显性法则，事实上，"创业思维"的确可以表达为一种生存方式，人人都具备，但人们往往忽视了它，忘记了加强这方面的技能。

忘记加强"创业思维"技能的原因

第一点，我们每个人都是创业者，其实我们都在依照"创业思维"行事。

我们都在自己动手填饱肚子，创造自己的生活，创造是人的天性。诺贝尔和平奖得主、"穷人的银行家"穆罕默德·尤努斯说：在穴居时代，每个人都是个体户……自己动手，丰衣足食。人类的历史正是由此开始的。随着文明时代的到来，这种个体经营的形式受到了压制，别人给我们贴上了标签："你是劳工。"于是我们就成了"劳工"，忘了自己一直都是创业家。

第二点，我们天生是创业者，但并不意味着必须去创建公司，实际上，绝大多数人都不适合开公司。

开公司涉及对人性深刻的洞见，对斗争的坚毅与圆滑。开公司要处理的是人与人之间的事，一群人与各种人群之间利益的纠缠，理想的冲撞，而创造可以是一个人的决定。

第三点，"创业思维"是重新审视自我的开始，重新思考我们的"个性"是什么，"自由"具有何种含义。

不论你是老师、医生、普通职员还是工程师，都可用创业家的眼光重新审视自己，尤其是在创业氛围持续浓烈的当下。

第四点，我们不得不具备"创业思维"。

全球化、软件无国界、众包等方式的流行，让高薪的、固定的职业难以长久。不论你是想学习新技术，还是想进一步完善工作技能，都得依靠自我培训和自我投资。

更残酷的现实是，不是兴趣撩动的工作，已很难打造出个人的核心竞争力。

如果说过去的职业是一种"预备、瞄准、射击"的模式，如今则变成了"瞄准，射击，再瞄准，再射击，再瞄准，再射击……"

与过去不同，现在劳资双方都不再等待。资方在大数据中寻找平衡，总能在网络中找到人协助解决问题。劳方也不再等到失业才开始另谋出路，而在随时瞄准新机会迅速抽身。

第五点，我们每个人打造竞争优势的过程，都是一项终生事业，不能一蹴而就。

竞争优势是一切职业策略的根本，它回答着一个经典的问题："我应该如何生活？"这个问题能指点我们该去追求哪些机会，并指引我们如何投资自我。

创业家给我们的忠告是：必须坚持不懈地完成自己的梦想，同时时刻准备根据市场反馈来调整业务；既从事着自己热爱的行业，又要适应客户需求。

作为普通职员的你我，作为预备创业的人群，同样要从事自己热爱的行业，同时适应市场的变化所需。

以上5点，说明人人都具备"创业思维"，我们需要努力加强的是，如何注意到自己的"创业思维"，如何培养起完整而坚定的"创业思维"？

如何为创业"开球"，怎么走出创业第一步呢？我的建议是：先打工后创业。带着创业的心态打工，是创业的第一步。

简单地说，在打工的时候，你就要想着今后我要创业，开始系统地积累创业所需了。

对不少优秀的创业者来说，他们天生就爱折腾，在读书的时候就想着要创业了。比如，大家熟悉的360集团的创始人周鸿祎。中小学时他调皮捣蛋。被保送读大学的第一个学期，他还差点因为打架被开除。在他看来，创业代表着自由自在的生活方式，代表着能力彰显的方式。

周鸿祎经常讲在读高中时看到《中国青年》杂志上的一篇文章，对他的创业起步震撼极大。文章讲的是几个大学生毕业之后被分配到航天部、研究院等政府部门，但是他们不愿意过这种按部就班的日子。于是，他们集体辞职，创立了一家软件公司，每天没日没夜地写程序、做软件，等稍微有了一点钱，就合资买了一辆车，夏天开着车去北戴河游泳、放松，等充满了电再回来疯狂地编程。

日子过得有松有弛，周鸿祎被这种为着宏伟目标的生活感动了。上大学的时候，周鸿祎就开始创业，研究生毕业时，他已创业两次了。周鸿祎曾这么说："这些人都是产品主义者，有明确的目标。我的眼前时时在播放这些年轻人的生活方式短片，我深深地觉得，那就是我要的人生。"

周鸿祎前两次创业都失败了，并且非常惨烈。后来，周鸿祎特别强调，自己不赞成大学生创业。他的创业轨迹是：先是激情创业、懵懂创业，然后创业失败，后加入北大方正这家大公司，学到技能后抓住时机辞职创业，之后九死一生终于有所成就。

周鸿祎劝诫我们不要过早盲目创业，主要是考虑到市场竞争太残酷了，而我们普遍把创业想得过于简单。

周鸿祎曾语重心长地说："以自身的经验看，大学生也好，研究生也好，自己是比一般的学生更接近社会三教九流的人了，但真正走出去的时候，才感觉离真正的市场太远太远了。"

应该说，我接触的绝大多数创业者，都是有工作经验的，或者主动看到了机会，再联合一些人一起创业。有些人也算被动创业，在之前的岗位和领域里工作时没有充沛的激情，他们不愿意总是重复过去，然后给自己打气：不如创业一把。

不管是主动还是被动，创业都很难，创业要有经验积累、资金积累和家人支持，这些恐怕比较好理解。

但成功跨出这一步之后，真正走到创业路上，怎样有良好的突破，怎么解决最紧迫的问题呢？

在不断地走访、上课、看书学习之后，这里我抛出第二个关键点：先游一万米再上岸。意思就是先潜伏，后创业。

甲骨文公司的创始人埃利森的打工经历就证明：我们要在工作中发现创业的线索。迪士尼公司的创始人沃尔特·迪士尼的职场经历告诉我们一边工作一边创业的重要性。有时，我们需要用打工来延续自己的创业梦想。

腾讯公司的创始人马化腾也是此类案例的典型。1993年，马化腾大学毕业后，选择了自己的专业本行，进入润迅公司，做软件工程师，专注于寻呼软件的开发，并晋升到开发部主管的位置。

在此期间，马化腾认识到了软件开发的真正价值和意义在于实用，而非自娱自乐。他说："许多软件技术人员往往对自己的智力非常自信，写软件只是相互攀比的一种方式，而我更希望自己写出的东西被更多的人应用，也愿意扮演一个将技术推向市场的小角色。"

马化腾还说："要相信自己写的东西可以卖钱。"

马化腾曾是风行一时的股霸卡的作者之一，1994年他自己进入股市，曾创造用10万元投入，赚得70万元的成绩。

1998年11月，马化腾凭借自己对未来懵懵懂懂的自信，与朋友注册了自己的公司，也就是现在大名鼎鼎的腾讯公司。

再举个例子，迪士尼的第一份工作是给销售孵蛋设备的公司作画，他画的是鸡窝上坐着几只母鸡，鸡蛋从鸡窝的边缘溢了出来，后来迪士尼得到了为纽曼剧院设计广告的任务，再之后他在一家广告公司，担任漫画撰稿人。很显然，他还希望在工作之余做些更有意义的事。所以他白天都在电影广告公司工作，晚上还在自己的车库工作室里工作几个小时。

正是凭借着一边打工，一边创业的精神，迪士尼制作了《爱丽斯梦游仙境》卡通电影，从而，他走上了事业发展的康庄大道，并最终创办了伟大的迪士尼公司。

如今创业者年龄普遍较低

因为现在的年轻人家境已大有改观，不再为解决温饱而愁，因此更敢"豪赌"。

拿一个极端的例子来说，王健林给他的儿子王思聪5亿元的创业基金。5亿元对于创业意味着什么？意味着可以承受数十次的失败。很多创业者第一次创业的基金，连他的1%都没有。如果拥有接受失败的承受力，那么大学生创业不失为提高社会阅历的最佳途径。

如果一位创业者不愿意或者无法承受多次失败，而希望能一举攻坚，那么，他可以先去找家公司打工，这样远比贸然进入战场更有希望。

李开复搭建了创新工场这样的平台认识了许多年轻创业者，对这一个群体创业事迹的了解也比较深入。他曾经说过一句话："沉淀比点子更重要。"为此他讲了一个故事："一位才华横溢又充满创意的年轻人，虽然有一个很好的创业点子，却因为无法吸引到一个优秀的团队，创业路程陷入了招聘的泥沼中。后来，有个比他更有社会历练的人，凭借出色的聚拢人才的能力，很快就聚集到一个团队，将产品生产出来，抢占了先机。"这个故事恰好能体现社会历练、人脉积累等方面的重要性。

对创业者的建议

第一，最好能选择以后有意涉及的创业行业，或者相关行业，这样才能为以后的创业积累足够的行业经验。

第二，在职场上要了解一家公司是如何运转的，最好能在刚进公司时，就将公司每一个部门的职务、部门与部门之间的工作流程理解透彻。

创业是掌管一家公司而不是一个部门，具备全局观很有必要。虽然每家成功的公司的独特成功之路是不可复制的，但如果细心观察，还是有规律可循的。

第三，要和职场中认识的每一个人多聊聊，尤其是优秀的老板。优秀的老板也是优秀的创业者，从他们身上可以学到很多创业经验。

第四，在做好本职工作的同时，要多参与公司的其他事务。这样不但能让你更全面地了解一家公司，也可以培养全方位的能力。

第五，多学习如何与人打交道，如何用自己的人格魅力来吸引身旁的朋友。这点在以后创业吸引人才时将显得非常重要。

第六，一定不要怕失败，失败也大有裨益。

仅仅几点无法将所要学习的一切讲尽。社会上等待我们去学习的东西很多，而一个人的完善又是无止境的。我们在社会中学习，就像准备游泳游到大海彼岸一样，永远都有未知的、超出我们能力之外的困难等待我们去解决。

但游一千米和游一万千米差很多。

游一千米我们可能只学会了如何迎击海浪，但游一万千米，我们可能已经学会了如何与鲨鱼搏斗。等我们已经学会与鲨鱼搏斗时，也就可以大胆征服未知海域了。就像当我们在社会上已经积累了足够多的经验时，就可以大胆征服创业之路了。

第三节　选对创业方向

创业卖米粉，对吗？一个北大硕士创业卖米粉，该不该？

不如先来感受一下"霸蛮牛肉粉"的故事。

张天一不是从创业潮中来的，他从小的愿望就是从政，甚至在大学期间读过的1500多本书，都偏向文史哲，很少有和创业甚至商业相关的书。所以，直到险峰的投资人找上门来递名片时，张天一对创业的认识仍处于懵懂状态，还在纳闷为什么这样一家团队不靠谱、商业上没模式的店能够获得这么大的成功。

最近听说了一句有意思的话：因为有了因为，所以有了所以；既然已成既然，何必再说何必。不明出处，刚开始觉得这句话字里行间都是无可奈何，咂摸后我又有了不同看法，恰好用在此处来回答开头的这个疑问。

有了想创业的念头，但不知道如何选对行业。不过，既然创业已成定局，何必再说选择哪一行才是对的呢？

这个问题是顺序层级型问题，默认了先有创业的想法才会有做哪一行的后续问题，客观上说，二者很难讲哪个先哪个后，有相当一部分人是先有对行业的热忱和使命，然后才产生了创业的觉悟，光都已经照进来了，行业自然早就铺好路等你了。

仔细想想，"该做哪一行"或者说"如何选对"两个概念都涉及一个"标准"的问题，"选对"从来都是和"标准"搁在一起讨论的，所以，"该"和"对"的"标准"设定就成了解答这个问题的关键，而我的标准是："何必再说选择哪一行才是对的呢？"

张天一说："有的人，从出生到死亡，其轨迹是一条直线，很短，但如果走抛物线，同样是从起点到终点，只要自己愿意，生命的长度就可以延长一百倍、一千倍。伏牛堂会不会成功，如今这不是我最关心和在乎的问题，能做到现在，我觉得自己已经赢了。"

他的话很有哲理，也充分地解答了"选择哪一行才是对的"这个问题，这个"对"的标准就是用抛物线来勾勒自己的人生，站在人生价值的最高需求层次来看，何必再说选择哪一行才是对的呢？

再用他的一句话作为这个故事的结尾：卖米粉这件事，如果打透，还可以产生一个百年企业的。

再来品味一下"车宝"的故事。

车宝在2014年建立了车联网大数据生态圈，关注车主的驾驶风险与驾驶行为数据搜集，引导车主安全驾驶，提高驾驶水平，并用各种技术手段识别出好车主。

无论是从最早试水车联网，还是围绕安全驾驶收益对好车主实施奖励的两款区块链产品，车宝创始人帅勇都在做敢于第一个吃螃蟹的人。

何必再说选择哪一行才是对的呢？

帅勇闲暇时喜欢独坐在午后的阳光下享受时光，但是在多数的时间里，他都无法平静。他总在想：如果我在新闻行业再做五年或者十年自己会是什么样，到那时我是否能够平静，是否还有时间或者精力去发泄一下自己不平静的心。如果再不付诸行动，也许一切都会停滞，而关于自己内心的冲动与力量会在未来的某一天被安逸消弭干净。

毅然决然地，帅勇去找领导请辞。看着他一路走来的领导对他有这样的想法有些难以接受，想要挽留。帅勇说："如果我现在不去，再等几年，等到我35岁的时候，小孩都几岁了，我怕到时候我会把现在这样的心思都丢掉了。"

于是，2011年，帅勇辞职后准备创业，他对创业的理解是："我认为创业和做生意是两码事。做生意是在低价和高价之间赚取中价差的过程，而创业不同。创业的前提是创新，无论是产品型创业还是服务型创业，都是基于个人认知对旧范式的挑战，是变革商业机会创造出的新消费方式。互联网和移动互联网都只能是创业的一个载体或者工具，而不是创业的本质所在。创业应当是一种别出心裁的商业模式。就国内当下的互联网环境而言，百度、阿里巴巴、腾讯等已经做大，新的创业者在某种意义上已经没有机会。在这种态势之下创业，首先要考虑的就是创业的价值所在，谁会为这种价值买单和服务？创业是在发现新的商业盈利模式之后的作为，而不是去寻找盈利模式的过程。"

他的这话又从一个新的角度诠释了创业"何必再说选择哪一行才是对的呢"，他认为"对"的标准是创新，徐老师曾经夸奖过他的企业："你们这个企业是1%的企业。100个企业中有1个企业会做大，当然不光是做大，还会对社会有非常大的正能量和推动作用，你们就是这样的企业。"所以，无论是哪个行业，都要做1%的企业，只要具备创新的商业模式，能够创造新价值的创业项目就可以干。

同样也用他的话来作为这个故事的结尾："自找麻烦，无事生非吗？刷存在感吗？关于面对困难这件事，其实我一直在做，但是我并不热衷于这样做，而只是人生有很多事，在一些特定的情况下让我没得选择，只能面对。"

两个小故事暂时讲完了，我的总结是，如果创业是实现你的人生价值、社会价值的一种方式，"何必再说选择哪一行才是对的呢"？如果创业敢于迎接创造全新商业模式的挑战，"何必再说选择哪一行才是对的呢"？你根本无须选择，只有通过自己的努力，在刀尖上起舞，克服各种未知的困难，越挫越勇，你才会在"对"的行业里实现你的梦想！

正所谓，心中无"对"，坚持才"对"，价值最"对"！

继续看"霸蛮"张天一的故事，看看他是怎么说的："因为我来自湖南常德，对吃有感情，所以就以卖家乡的米粉作为主打项目。""我在误打误撞的情况下做了一个很好的品类。在吃这个领域，最重要的是品类，就是品类选错，万事都错，品类选对，万事都对。"

注意，这里包含了创业"选择"的两个要素：家乡牌和兴趣牌。为什么选择米粉创业呢？因为家乡是湖南常德，有情怀；因为老乡爱吃米粉，有燃点，再简单不过了，那么，我们发散一下思维，你需要思考的是，你的个人标签有哪些？年龄、性别、籍贯、学历、职业、兴趣爱好、技能清单？小时候我们经常做连线题，你也可以尝试把这些标签做下连接，专业一点的话画张思维导图，或找几个聪明人头脑风暴一下，也许你就会找到创业的方向，只是也许哦，因为张天一也是误打误撞进入这个行业的。

再来看"车宝"帅勇的故事，看看他是怎么做的。辞职之前，他一直是汽车新闻版主，所以准备从汽车行业着手寻找新的商业机会。车主在买车之后的消费有加油、车险、维修保养、停车四大块。在车主的这几项消费中有哪一项互联网可以直接切入？加油站属于垄断行业，没机会。停车项目数据太难整合，保养涉及范围比较狭隘。只有车险不但是刚需，而且单笔支出数额较大，盈利空间很广，而车主办理车险，70%的人不是找保险公司，而是靠传统中介、代理人或者4S店销售。车险从保险公司到消费者有这么多中介，每一层都要有利润盘剥。如果可以搭建一个平台，就能省去车主购险中间的诸多环节，应该会很有市场。想法确定后，帅勇快速找到身边两个做保险行业的朋友组成了一个小创业团队，在2012年年初注册了公司。

大家可能注意到，这里包含了"创业"选择的方法论。我称为"创业选择四步法"，第一，创新是主线，贯穿整个思考逻辑；第二，在熟悉领域找创新机会，熟能生巧；第三，在多个机会中逐项排除，论证机会；第四，确定最终机会，重新定义新价值，果断把握机会。

无论是张天一的标签选择，还是帅勇的理性选择方法论，都是创业路上的个例，有代表性，但一定不能全覆盖。而我唯一能明确给出的建议不是应该如何选择，而是不应该做什么样的选择，说到底就是不要相信风口，不要认为风口上的猪会飞，一旦风口出现在媒体人已经争相报道的时候，赛道就已经成形，运动员早已各就各位，多一名都会出现拥堵，切记！

第四节　建好创业团队

国内知名天使投资人徐小平说，合伙人比商业模式更重要，没有合伙人的创业公司，他不投。很明显能感觉到他强调了合伙创业在投资思维中的重要性。

真格基金早期投的50多个初创企业中，只有一个没有共同创始人，一个没有合伙人，投资人对他们提出的唯一要求是在两个月内找一个创始合伙人。显然，合伙人是如此重要。进一步延伸，不管是初创企业还是中大型企业，共创、共享、共担将取代简单的雇佣关系，企业内部都需要合伙人精神。

就个人而言，事业发展需要不同的合伙人，只有不断地以合伙人身份，抛开自己的小心思，以成就他人共赢的心态，才能招揽他人一起开疆辟土。

随着史上最严峻的人才争夺战拉开帷幕，全球市场都在积极地寻找合伙人。

新时代下，该问问自己的合伙人是谁？该想想如何找到一群同路、同行、同梦想的合伙人了。

首先要明白：没有合伙人，最好别成立公司

如果你没有合伙人，没有一两个核心团队成员的话，最好不要成立公司，因为一开始就注定了这家创业公司的基因有问题。

徐小平总是强调：先找人，再找钱；先有人，再有公司。

当你已经找到钱，再去找一个人的话，你已经是被市场定价的人。这时候对随后加入的合伙人来说，你给他多少都是一种给予，而不是说两个人一起定价，一起寻找市场的认可。

股权的分配要让合伙人觉得他是你的利益共同体。如果在一个公司里，老大拿着90%的股份，剩下三四个人，每个人1%、2%，那么这家公司大概率经营不大。因为它就不是合伙人模式，还是打工者模式。

公司成立之初和公司壮大后的本质问题，都是"由谁来做"的问题

以杰夫·贝佐斯的故事来展开。

贝佐斯从普林斯顿大学毕业后到华尔街闯荡，26岁即成为德邵集团有史以来最年轻的副总裁。他为公司寻找新的投资项目时，无意中看到一个惊人的数字：互联网用户数量正在以每月2300%的速度增长。1994年，他辞去工作，在自家的车库与几位软件设计师开始创业，这就是亚马逊的由来。如今贝佐斯被媒体称为"硅谷新国王"，科技企业新的领军人物。

高层管理团队的核心人物与亚马逊一起走过近20年，共同守卫和实践着由贝佐斯缔造的一致的核心价值观。

一次，贝佐斯在接受《哈佛商业评论》采访时，完整阐述了他是如何成功地完成从创业者到管理者再到决策者的转变的。

他说："你创业，只是个人的事情……你不仅要谋划做什么，而且要付诸行动……公司规模扩大，大多数时候是在琢磨做什么，而不是怎么做。最终，绝大多数时候是在考虑谁来做，而不是做什么。所以，可以把这一转变看作从问'怎么做'到'做什么'，再到'谁来做'的过程。随着业务的扩大，只有这一条路可走。"

贝佐斯常常提醒同事，宁愿面试50个人而最终一个也没雇用，也不愿意雇错一个人。

周鸿祎最自豪的是360集团的员工持股计划，他说："360公司从一开始就做了员工持股计划，最初员工持股比例达到40%，最后几轮稀释后，在上市前仍然有22%，这个比例在今天的互联网公司中算是最高的了。"

贝佐斯、周鸿祎这些企业家明白，成败的关键不是在于"怎么做""做什么"，而是在于"谁来做"。

当我们谈到企业的战略、执行、预算、产品、技术、市场等时，前提是我们有人，有对的人、好的人来实施这些工作，但这些人不是自然而然就在相应岗位上的，也不是到岗后就一定能做出成绩的。

好了，回到"如何找合伙人"这个问题上。

从熟人下手是必然的。

就如徐小平调侃新东方创始人俞敏洪是"三老"合伙人——老婆、老妈、老乡一样。创业要先让事情运转起来，虽然这些都算不上真正的公司合伙人，但我们知道很多成功公司初创时，都是这么起步的。

SOHO地产公司的潘石屹和张欣，就是最典型的夫妻搭档。其实百度起步之初，李彦宏的妻子马东敏也是最重要的合伙角色，推动着百度的发展，如今，她的股份比李彦宏还多哪！

马云创业之初，妻子也是重要的合伙创始人。

徐小平强调说，合伙人主要是感召来的，除了足够的利益共享，足够的诚意邀请等必要条件外，关键要看创始人和合伙人双方是否相互欣赏。

什么是感召？就是你作为创始人，有合伙人看重和欣赏的气质。无论是在工作还是生活中，都应该有一个点让双方能产生共鸣。

我们再来细致分解。

第一，合伙人要"志同道合"。

合伙人合作的最大基础就是志同道合、目标一致。"志"指的是目标和动机，从广义上讲，包括创业的动机、目标及创业者确定的目标、规划等诸多复杂的内容，可以是赚钱、扬名、实现理想等；"道"就是实现"志"的方法、手段，即经营理念和经营策略。拥有共同的目标和经营理念是合作的基础。

第二，合伙人要"优势互补"。

一个优秀的联合体不仅能够为合作方的能力发挥创造良好条件，还会产生一种新的力量，使各自的能力得到最大限度的发挥。最成功的合作事业是由才能和背景各不相同的人创造出来的。

在选择合伙人时，创业者还必须明白哪些人不能成为合伙人

首先，不是全职的人无法成为合伙人。

因为大家是一起出来工作，如果只是兼职，就无法保证全心全意，也只有全职，才有可能实现义无反顾。把那些还没有做好全职工作准备的人作为合伙人，无疑会成为将来发展的一个极大隐患。

其次，也是最重要的，无法和你达成"长期承诺"的人不能成为合伙人。

创业需要付出极大的精力，如果某个人无法做到"打持久战"，还是不要让他成为合伙人比较好。很多联盟之所以失败，是因为合作伙伴没有向项目提供最好的人员、技术、管理等资源，没有将联盟置于优先考虑的地位，或者同时建立了很多联盟并寄希望于其中有一些能够取得成功，这种自私的态度与做法实际上种下了导致联盟最终失败的种子。

总之，真正良好的合作伙伴关系必须建立在以下四方面之上：相互依存，富有责任感，相互理解，成长壮大。

最后，看潜力比看经验更重要。

这里要强调一点，不仅对我们自己的认识，还有对选择合伙人都有较大帮助的就是，看个人未来的发展，潜力要比经验重要。

事业的进一步成功依靠已积累的经验、知识和技能，但最近 10 年，情况发生了很大变化：大环境更加不确定，商业更加全球化、多样化，知识迭代更迅速。全球顶级高管猎头专家费洛迪曾系统研究过"人才"问题，认为人才最突出的特点是：潜力重于经验。

费洛迪把人事决策的发展划分为四个时期

第一个时期持续了数千年，人类根据身体力量的大小做出对彼此的选择。

20 世纪初，智商，包括语言、分析、数学和逻辑等，成为人才选择过程中的重要因素。这是强调智力、经验和业绩的第二个时期。

20 世纪 80 年代开始，进入第三个时期，强调的是细分领域的能力，另外，情商被提到了重要位置。寻找人才强调测试性格和技能。

新千年，我们正处于人类第四个时期的开始阶段。对人才的关注，焦点正迅速转向潜力，即我们的成长能力以及适应完全不同且越来越复杂职责的能力。

我们和合伙人肯定要成为未来的顶级人才，所以在考量合伙人的时候，要看重他未来的潜力，要有着一起共创未来的心态，而不要被过去的经验束缚。

2018 年 7 月 9 日上午，一声铜锣声在港交所响起，标志着小米正式挂牌上市。

小米的成功之处，除了在于它的智能手机等产品、它的小米生态圈之外，还在于它的合伙人模式。

我们来看看小米创始人雷军的合伙人是怎么找到的。

一日，雷军和金山的老同事相约酒吧。酒过三巡，雷军开始展望未来。这时有人大声说："40 岁，人生才刚开始，你怕什么？"说这话的是金山词霸总经理黎万强，后来他成了小米联合创始人之一。谷歌退出中国大陆，谷歌一位技术权威人士林斌对雷军说："我想创业了，想搞音乐，你看怎么样？"

"哦，老伙计，音乐我们可以投钱让别人去做，咱们一起做点更大的事情吧！"就这样，林斌成了小米的二当家。黄江吉是小米的第三位创始人，是林斌在微软的同事。2009 年年底，微软内部整改，黄江吉带领的团队面临重组的压力，这使他非常郁闷，于是他去找林斌诉苦。两人聊了一会儿，林斌劝黄江吉："兄弟，别干了，忒憋屈，跟雷军干吧！"

让一个创业项目变成一家商业公司，并让一家有组织的商业公司，演变成一个有生态思想的社会企业。这才是合伙人机制之于创业者的威力和魅力呀！

第五节　吸引合伙人加盟

创业合伙关系，"志同道合"也好，"优势互补"也好，这些都是后来总结归纳出来的名词，对真正走上这条路的创业者来说，早期无从判断是否优势互补，是否志同道合。在超加速发展的年代，在关键时期需要关键合伙人。

一种形式是创业还没开始就找到了创业搭档，就有合适的合伙人共同打天下了，如国外公司微软、苹果、谷歌等，国内公司百度、腾讯、阿里巴巴、小米、小红书等。

还有一种形式是一个人先组建团队，先抓住时机闷头干出了一点模样，再花重金，用诚意，用未来"大饼"来感化业界牛人。美团创始人王兴追逐创始人的故事就是典型案例。

那么，企业发展过程中该如何发掘合伙人，又该如何吸引合伙人加盟？

挖人是创业者最重要的工作之一，尤其是挖骨干成员。

在这种复杂局面中，创始人的合纵连横能力显得格外重要。

不少创业者可能会问会说，我创立了一家小公司，就想平稳快速地发展，如何找比我牛的合伙人呢？我出让了那么多股份，要怎么捆绑住技术大牛、运营大牛？我要怎样限制重要合伙人的出走，到时人财两空怎么办？也许只有明星公司才有可能挖到人。

我要开宗明义，人是捆绑不住的。

明星公司和普通公司都一样，你以为王兴就没有类似的担心吗？也有，但创业者只能把各种担心放进肚子里，放到内心最深处。问题没暴露皆大欢喜，问题暴露出来了，再思考对策，而不可能把所有的细节和风险都完美设想。

这时候的创业者，我们处在有强烈需求的乙方的位置上，需要用足够的诚意去吸引大牛加盟公司，而不是斤斤计较。在职场中，我们都知道既然连普通员工都捆绑不住，那么怎么就能够通过一纸合同限制住有更大能量的合伙人呢？

创业要一步步走，别在第 10 步都没迈出时就想着第 100 步怎么迈。要有冒险精神，要有感化能力。

我们来看王兴挖干嘉伟的故事。

还是要从网红投资朱啸虎的视角来看这个案例。朱啸虎曾说过，王兴是产品经理型的人，王兴的战略不是非常强，在他背后有一些很强的人在支撑他。作为金沙江创投合伙人，朱啸虎投过拉手网，为什么美团比拉手网做得更好？他认为是王兴在引进超级牛人方面比较成功。

1969 年出生的干嘉伟原本是阿里巴巴 B2B 负责销售的副总裁，2000 年辞去国有单位的铁饭碗，到阿里巴巴从销售干起，是阿里巴巴第 67 号员工。

当时王兴的美团发展迅猛，但团队管理遇到较大问题，尤其是竞争对手挖人的问题使他防不胜防，有人就建议他去请教实战经验丰富的干嘉伟。在杭州阿里的办公室里，干嘉伟告诉王兴："长出来的肉才是自己的肉，在别人身上挖一块肉贴在身上也长不成自己的肉。"

之后王兴又和干嘉伟见了两次面，就动了挖干嘉伟加盟的念头。

要打动干嘉伟很难。他在阿里资历老、收入丰厚，家也安在杭州，放弃这一切独自北上，这很难。历时 5 个月，王兴终于说服干嘉伟担任美团第一位COO，并帮助美团打造出一支强有力的地面部队。

为什么最后动心了？干嘉伟说："我不相信一个人赶上好时代就能把事情做起来，我相信事情是一步步做出来的。王兴务实严谨，这一点吸引了我。"

在去美团之前，干嘉伟在杭州观摩美团城市经理的交流会，他看到坐在最后一排看台上的年轻人情绪高涨，依稀看到了 10 年前的阿里人。"我过去 10 年的这些经验，如果用到这批人身上，应该会很有成就感。"

合伙人要有界线，要各司其职

合伙创业是残酷商战中最能体现人情味的部分。

说到商业，有一种极端的看法，认为商业就是尔虞我诈，利益、利润始终是第一位的。不过，这并不是说，商业里完全是利益、利润的博弈。实际上，只要稍稍浏览商业史，就能发现很多充满趣味的事情。

公司联合创始人，就是商业史中最有人情味的景观之一，也是最有趣味的话题之一。从大量商业案例中我们可以看到，在公司走上正轨，成为一家成熟公司之后，都会有重要合伙人退后一步，让主要掌舵者能完全掌控公司，如苹果公司、微软公司，还有更早期的福特汽车公司、卡内基钢铁公司，但在创业之初，合伙创业，共同发展尤其重要。

有一个最典型的合伙创业模式，那就是英特尔创业的"三人团"，这也是企业发展过程中核心人物各司其职，最终推动企业高速、持续增长的典型。一个高科技企业成长壮大，最后成为巨人企业，人们总是强调技术和战略，其实第三人的力量不容忽视。

精神领袖是必需的，技术领袖也需要，执行方面，也必须有一等一的高手。我们看到谷歌的施密特，苹果公司第三人斯卡利，雅虎第三人库克，微软第三人鲍尔默等案例，都是三人团的有效运用模式。

英特尔除了鲍勃·诺伊斯和戈登·摩尔两位创始人，安德鲁·格鲁夫是首批公司职员之一。格鲁夫成为英特尔公司 CEO 之后，他也被称为英特尔的共同创始人。

英特尔的创业故事，简单概括就是诺伊斯、摩尔、格鲁夫你方唱罢我登场的三人团创富故事，而又数格鲁夫在场时间最长，从创业之初到 2005 年辞去董事长一职，历时 47 年。

在英特尔的辉煌创业史中，诺伊斯、摩尔和格鲁夫三人团精诚合作的故事最为人传颂，三者各有千秋，都名垂青史。担任管理角色之后的格鲁夫尤其喜欢德鲁克的书，他认为《管理的实践》是德鲁克最好的书，他最喜欢的书，因为书中描述了一位"理想的董事长"，这个人实际上是三人合一：一个善于对外交往的人，一个善于思考的人，一个善于行动的人。他把书的有关"理想的董事长"的这一章复印了两份，一份给摩尔，另一份给诺伊斯，因为他觉得这是对他们的三人组合十分贴切的描述。

诺伊斯是善于对外交往的人，摩尔是善于思考的人，格鲁夫则是善于行动的人。不过，当诺伊斯和摩尔渐渐淡出公司时，格鲁夫又不得不把三者的角色综合为一体。

诺伊斯启动了英特尔，由于有之前在肖克利公司、仙童半导体公司取得的成绩，因此他是投资人信赖的人。摩尔是技术大师，格鲁夫则将技术与管理才能完美结合，成了一个高科技公司的管理专才。

三人团的模式，一个把握公司文化，一个引领技术，一个负责执行，使一个高科技企业成长壮大，最后成为巨人企业。

如果你的公司也是技术引领的，也有几个合伙人，就试着找准各自的角色吧。

技术领袖、精神领袖，再加管理专才这样的组织架构，在硅谷公司中并不少见。当然，我们要提醒的是，商业本来就瞬息万变，没有哪种模式能一劳永逸，没有绝对的规律可遵循，成功案例并不多。

当然，英特尔模式还有所不同，第三人是内生性的，是在公司发展中管理技能愈加成熟，而不是从"旧世界"聘请的管理权威专家。微软的鲍尔默的角色雷同，他们的管理才能与企业共生长。

第六节　抓住消费者需求

行业就像一条路，当创业者确定走哪一条路后，接下来就是选择交通工具的问题了。产品就像交通工具，选择一个对的产品，可以让创业者坐上快车，在行业这条路上畅行无阻。选择错的产品，就像坐上慢车，行十步停一步，远远跟不上别人的脚步。

要选择好产品，必须先从需求抓起

在讲创业需求之前，还要厘清一些创业的错误思想。

创业的原因各种各样：有的长期从事某个行业，希望有所转变；有的希望把个人技能发挥到极致，为这个世界带来影响；有的希望自己当老板；有的持有发明专利，希望能以不同的方式进行技术商业化；还有的想知道创业会为自己的人生带来怎样的改善。

创业的原因归纳起来不外乎三种。

一是拥有创意。有改变世界的新点子或是能够改善现有做法的新思路，且非常乐于加以实施。

二是拥有技术。有天然的技术壁垒，在行业中遥遥领先，希望创新性颠覆行业。

三是拥有激情。希望以最全面的方式拓展自己各方面的能力，认同创业是积极影响世界的最好方式。

创业活动应当和创业者的价值观、兴趣与个人技能高度吻合。实际上，随着时间的推移，创业者肯定会发现顾客问题，即市场机会，并为此开发出相应的付费解决方案。

以上说了一大堆，都是从自己出发，眼中只有自己，总是以自己为中心，这样的创业者是非常危险的。如何以别人为中心，通过创业怎么来满足他人的需求，才是创业的真谛。

因此，我们终于回到发现需求、创造需求这一正确道路上了。

需求就是：什么人在什么情景下会需要我的产品去做什么

我们经常会有这种体会，到一家商店里，推销员口若悬河，口才倒是不错，可就是说不到点上，说不到我们需要的点。一句话说不到重点等于废话，一个产品抓不到需求点也等于废品。因为产品的出现，本来就是为了解决需求。

绝大多数成功的产品都是迎合需求的产物。比如，无印良品就是在日本经济低迷的时候，为了迎合消费者对物美价廉商品的强烈需求而诞生的。在日本，无印良品包装简洁，成本低廉，因此售价也不高，但引进中国后，无印良品恰好面临小资阶层的需求崛起，售价比日本高出整整一倍，这也不影响它依然备受欢迎。

需求可以分为刚性需求和弹性需求。

所谓"刚性需求"，亦即刚需，就是必须有的东西，如粮食、衣服等一些日常必需品。刚需相对的是弹性需求，就是那些不是非要不可的东西，如汽车、数码相机等。刚性需求和弹性需求并不是绝对的，在一些情况下，两者可以互相转换。像房子，作为衣食住行四大需求中的一员，本是一种刚性需求，可房价一旦上涨过高，就可能变成弹性需求了。此外，对不同的人而言，产品的弹性度也是不同的。有人必须有手机才能过日子，所以手机对他而言就是刚性需求了。

抓住需求最关键的就是，抓住大多数人在大多数情况下肯定有的需求，也就是抓住大部分人的刚需，这是确保创业不失败的基础。比如，快餐基本是每个人每一天的需求，因此，只要人流量足够的情况下，一家快餐店基本不会有倒闭的可能。

当你问用户喜不喜欢汽车，每个人都会回答"喜欢"。你问用户会不会掏钱买汽车，用户很有可能选择回答"会"，但这样的调查是没有代表性的，因为用户"喜欢"和"会买"是一码事，当下买不买又是另外一码事了。如果需求不是刚需，它和购买行为并不总是一致的。我需要它，但并不是非要它。我需要一辆小车，但在没有小车的情况下，我可以用公交车来代替。

因此，产品选择要紧紧抓住刚需，最好是没有太多可以替代的产品，但是，越是属于刚需的产品，越会有竞争。

最典型的例子莫过于手机。手机已然成了人类的刚需，联系用手机，聊天用手机，玩游戏看电影用手机，汇款、订外卖也用手机，当手机的功能越来越多的时候，意味着我们对它的依赖性也越来越大，以后估计都离不开了。正因为手机成了刚需，所以越来越多的企业都开始制造手机，包括格力这个与手机看似搭不上边的大企业。

竞争对手多，产品的市场份额也就少了。如果创业者非要挑这类产品，那么最关键的是一定得有自己的核心技术。不然，就只能从别的需求点切入。

前几年，在苹果、三星、HTC 等手机行业巨头的包围下，小米还可以异军突起，正是因为它发现了这几家公司无法满足的消费者需求，那就是性价比。这些公司的手机动辄 3000 元以上，对很多消费者来说都属于高端消费，而一些国产机便宜，却因为性能不好无法热销。小米在价格和性能方面找到了一个很好的平衡点，因此迅速聚集起一大批忠实的粉丝。

寻找崭新的需求点，始终是产品引爆的关键。崭新的需求点可以让产品拥有先行优势，从而减少很多竞争压力。

要找到正确的需求，创业者不能从自身出发，一个人并不能代表所有人。也不能仅仅停留于观察表面，真实有效的消费者需求绝不仅仅是观察出来的，如果有条件的话，一定要不断和用户进行沟通，追问用户的需求，从而发现更多有效信息。记住一点，不问自己去问市场，不问市场去问用户。从用户那里得来的，才是最真实的。

在寻找需求时，也不能仅仅停留于表面。我有一个朋友，之前苹果手机每出一款，他都必定会入手。可是近年，我发现他换了安卓手机。我奇怪地问他："你不是苹果手机的忠实粉丝吗？"他回答我说："苹果手机现在太多人用了。"如果没有深入了解，我会认为我这个朋友是因为苹果手机好用才购买它。但是那天聊天过后，我才发现，他购买手机是为了追求时尚。

这个朋友给我的启发是：当我们寻找需求的时候，一定要往最深层次去抓。比如，一位母亲让孩子去参加钢琴培训课，她真正的需求并不一定是让孩子学好钢琴，而可能是为了面子，为了不输给其他家长。

　　当一对情侣到一家餐厅吃饭时，他们不仅仅是为了吃饭，他们主要的需求是浪漫的氛围。这也正是价值观、文化可以贩卖的原因。在中国，无印良品或者星巴克贩卖的已经不仅仅是实物产品，还包括产品背后的文化。当一名消费者购买一个无印良品的包包时，他真正的需求不一定是这个包包，而是这个包包体现出来的那种日式禅文化的生活态度。创业者最好能赋予产品以文化，贴合消费者在精神层面的需求。

　　当然，一个产品要符合所有人的需求并没有那么容易。如果产品不能覆盖所有群体的需求，针对某一部分群体的需求进行产品选择就很有必要了。这就要求消费者在选择产品时要先确定一个目标群体，然后在这个目标群体身上挖掘出他们的需求来。

　　发现并迎合消费者的需求相对简单，如果产品质量足够好，就很有热销的可能。比起迎合需求，创造需求才是高人一等的招数。如果消费者不明白自己需要什么，创业者就应该用自己的产品去告诉消费者他们需要什么。

　　乔布斯在一场iPhone新品发布会上，指着自己牛仔裤的裤兜说："如果我们想往裤兜里塞进去一个产品，那它应该是什么？"这个问题对消费者而言是开放的，他们会有不一样的回答，甚至，如果消费者没有做好准备，他根本不会在第一时间想到要往裤兜里塞什么。只见乔布斯拿出手里的iPhone，说："就是它！"这时候消费者才幡然醒悟：原来我们需要往裤兜里塞进去一部手机。

　　这正是典型的为消费者创造需求的案例。

　　虽说是用"创造"这个词，但其实不是真的创造，是去发现那些连消费者自己都不清楚的、潜藏在消费者心中的需求。当iPad没发明之前，每个人都习惯了键盘。也许有一些人会隐隐觉得，如果PC没有键盘、没有主机，使用起来是不是可以更加方便？但更多人还是没有发现自己心中潜藏着这个需求。只有乔布斯发现了，他恨死键盘了，如果可以发明一种没有键盘的电脑，那该多好！就这样，世界上多了平板电脑这玩意儿。

　　无论是迎合需求还是创造需求，产品的核心都是消费者，其研究都必然紧抓消费者需求。

第七节 完善商业计划书

一、商业计划书的用途与价值

(一) 商业计划书

商业计划书(Business Plan,简称 BP)是公司、企业或项目单位为了达到招商融资和其他发展目标,根据一定的格式和内容要求而编辑整理的一份向受众全面展示公司与项目目前状况、未来发展潜力的书面材料。商业计划书是一份全方位描述企业发展的文件,是企业经营者素质的体现,是企业拥有良好融资能力、实现跨越式发展的重要条件之一。一份完备的商业计划书,不仅是企业成功融资的关键因素,同时也是企业发展的核心管理工具。商业计划书是企业筹资、融资、企业战略规划与执行等一切经营活动的蓝图和指南,也是企业的行动纲领和执行方案。撰写商业计划书的目的在于为投资者提供创业项目的介绍,向他们展现该创业项目的潜力和价值,并说服他们就该项目进行投资。

(二) 商业计划书的用途

商业计划书最主要也是最重要的用途就是筹集资金。商业计划书是一个全方位的项目计划,其主要用途就是递交给投资商,以便他们对企业或项目做出评判,从而使企业获得融资。商业计划书有相对固定的格式,它几乎包括投资商感兴趣的全部内容,从企业成长经历、产品服务、市场营销、管理团队、股权结构、组织人事、财务、运营到融资方案等。商业计划书的质量对项目成功获得融资至关重要,只有内容翔实、数据丰富、体系完整、装订精美的商业计划书才能吸引投资商。

除此之外,商业计划书还是重要的沟通工具、管理工具和承诺工具。

沟通工具。商业计划书不仅是创业者与投资人之间的沟通工具,也是创业者吸引创业伙伴的重要工具。商业计划书中关于企业和项目的介绍不仅可以吸引到投资、信贷等融资来源,还可以吸引到员工、战略合作伙伴等创业伙伴,以及包括政府在内的其他利益相关者。一份成熟的商业计划书不但能描述出创业公司的成长历史,展现出未来的成长方向和愿景,还能量化展现出潜在的盈利能力,以及提出行之有效的工作计划。

管理工具。商业计划书首先是一个计划工具,它能引导创业公司走过公司发展的不同阶段。一份有想法的计划书能帮助创业者认清拦路石，从而有助于创业者绕过障碍。很多创业者都与他们的雇员分享商业计划书，以便团队更深刻地理解自己的业务到底走向何方。部分大公司也在使用商业计划书，通过年度周期性的反复讨论和仔细推敲，最终确定组织未来的行动纲要和当年的行动计划，并让上级和下级的意志得到统一。此外，商业计划书也能帮助创业者跟踪、监督、反馈和度量企业的业务流程。优秀的商业计划书将是一份有生命力的文档，随着团队知识与经验的不断增加，它也会成长。

承诺工具。商业计划书也是一个承诺的工具，这是商业计划书最容易被忽略的用途。这一用途在企业利用商业计划书进行融资工作的时候体现得最明显。和其他的法律文档一样，在企业和投资人签署融资合同的同时，商业计划书往往作为一份合同附件存在。与这份附件相对应的，是主合同中的对赌条款。对赌条款和商业计划书共同构成了一个业绩承诺：根据管理人员完成的商业计划书中约定的业绩目标的情况，投资人和企业家将在利益上进行重新分配。

除此之外，在辅助执行公司内部管理时，商业计划书也是一个有效的承诺工具。在上级和下级就某一特定目标达成一致以后，他们合作完成的商业计划书就记录下了对目标的约定。这样的约定，将成为各类激励工具得以实施的重要基础。因此，商业计划书也体现了上级和下级之间的承诺。

二、商业计划书的结构框架的搭建

虽然商业计划书并没有一个通用的模板，但其结构框架还是相对标准化的，并得到了众多专家和实践者的一致公认。其结构框架中的内容涵盖了商业计划书中最需要回答的问题的各个层面。一个企业自身的商业计划书和一个给潜在投资者递交的商业计划书可能在形式或诉求重点上略有差异，但其实本质上是完全一致的。大致而言，任何一份商业计划书都必须仔细审视并分析所描述企业的目标，所处的产业和市场，能够提供的产品和服务，会遇到的竞争，对手的管理和其他资源，如何满足顾客的要求，长期优势以及企业的基本财务状况和财务预测等内容。

具体而言，商业计划书主要包括九部分内容：封面、目录和摘要、公司介绍、管理团队、产品与服务、商业模式、市场行业竞争分析、财务预测、融资计划、风险控制。

（一）封面、目录和摘要

商业计划书的封面看起来要既专业又可以提供联系信息。如果是对投资人递交的商业计划书，最好美观漂亮，并附上保密说明。准确的目录索引能够让读者迅速找到他们想看的内容。计划摘要包括与筹集资金最相关的细节，如对公司内部的基本情况，公司的能力以及局限性，公司的竞争对手，营销和财务战略，公司的管理队伍等情况简明而生动的概括。

（二）公司介绍

在公司介绍部分要明确说明：这个公司要做什么；是什么样的公司，不是什么样的公司；未来会成为什么样的公司。这一部分提出的一些想法不需要详细地展开，只需要建立一个结构框架，在后面的部分逐渐展开就可以了，但是这些想法要非常清晰，要能吸引读者的注意力。

（三）管理团队

这一部分主要介绍管理者的基本情况，如姓名、性别、年龄、教育经历、从业经历等。通过对管理团队的介绍，要体现出管理团队的专业性以及对本项目所处行业的经验性。

（四）产品与服务

这一部分要介绍当前企业提供的产品和服务是什么，以及将来的产品和服务计划；陈述产品和服务的独到之处，包括成本、质量、功能、可靠性和价格等；指出产品所处生命周期或开发进展。如果本企业的产品和服务有独特竞争优势，应该指出保护性措施和策略。此外，还应该陈述企业的典型客户有哪些，提供的产品和服务解决了用户的哪些问题。

（五）商业模式

商业模式是一个企业生存的根本。这一部分要陈述企业是如何为客户提供价值的，即企业的价值是如何实现的，简而言之就是企业是如何赚取收入的。这部分是投资人最关心的部分之一，是决定投资人是否会进行投资的关键因素。这部分要做到逻辑清晰，内容详尽，同时也要防止泄露本企业的商业机密。

（六）市场行业竞争分析

在这一部分，首先要描述企业所定位行业的市场状况，指出市场的规模、预期增长速度和其他重要环节，包括行业政策、市场趋势、目标顾客特征、市场研究或统计、市场对产品和服务的接受模式与程度。对投资者而言，要让他确信这个市场是巨大且不断扩大的。

另外，要明确指出与企业竞争的同类产品和服务，分析竞争态势和确认竞争者信息，包括竞争者的身份、来源和所占市场份额，竞争者的优点和弱点，最近的市场变化趋势等。同时认真比较企业与竞争对手的产品和服务在价格、质量、功能等方面有何不同，解释企业为什么能够赢得竞争。

（七）财务预测

这部分包括企业的实际财务状况，预期的资金来源和使用，资产负债表、预期收入（利润和亏损状况）以及现金流量预测等。这部分内容是商业计划的关键部分，在制定过程中最好能寻求会计师和其他专业人士的帮助。财务预测要有合理性和可行性，要充分说明预测的事实根据。

（八）融资计划

在融资计划部分，要明确项目未来 3~5 年的资金需求量、资金用途、使用计划、拟出让的股份、投资者的退出方式等。融资计划要做到合情合理，并要说明提出该计划的理由。

（九）风险控制

回报和风险是投资者高度重视的两大焦点。这部分必须表现出项目公司的成熟和自信，即所有风险都在预料和掌控之中。对风险的分析包括风险识别、风险评估、风险防范措施和应急预案等。对风险的分析，最好可以综合运用定量分析和定性分析相结合的方法，避免单一使用定性分析不够直观准确的问题。

除了以上介绍的九部分内容，在撰写商业计划书时还可根据实际需要，增加其他内容，如营销策略、研究与开发等其他创业者认为必要的内容。

三、商业计划书的撰写技巧

虽然并不要求创业者将商业计划书撰写得十全十美，但在计划书的字里行间，要体现出创业者对本项目进行了充分的可行性研究，对本项目有十足的把握，是诚心诚意地想把项目做好。在撰写商业计划书时，创业者可以在结构框架内，根据实际需要进行个性化的发挥。优秀的商业计划书各有各的特点和亮点，但是仍有一些共性的技巧在其中。本书总结出了七点商业计划书的撰写技巧，以供各位读者参考借鉴。

（一）出色的计划摘要

商业计划书中的计划摘要十分重要。出色的计划摘要能让投资者有兴趣并渴望得到更多信息，给投资者留下长久的印象。计划摘要可能是创业者最后进行书写的部分，却是投资者首先要看的内容。计划摘要将商业计划书中与筹集资金最相关的细节通过简明扼要的语言进行概括总结，其内容包括对公司内部的基本情况、公司的能力以及局限性、公司的竞争对手、营销和财务战略、公司的管理队伍等情况进行简明而生动的概括。如果公司是一本书，计划摘要就像是这本书的封面，抢眼的封面可以迅速抓住投资人的目光，让其有兴趣继续阅读下去。

（二）关注产品

在商业计划书中，应提供所有与产品和服务有关的细节，包括企业实施的各项调查。这些细节包括但不限于：产品正处于什么样的发展阶段；它的独特性怎样；企业分销产品的方法是什么；企业的目标客户是谁；产品的生产成本是多少，售价是多少等。商品和服务的定义及其属性对创业者来说是非常明确的，但投资人不一定清楚它们的含义。因此，通过对这些细节问题的描述，可以将投资者代入企业的产品和服务中，这样投资者就会像创业者一样，对项目提供的产品和服务有兴趣。撰写商业计划书的目的不仅要投资者相信企业的产品会在世界上产生革命性的影响，同时也要使他们相信企业有证明这一点的依据。在商业计划书中，对产品的阐述，要让投资者感到："噢，这种产品是多么美妙，这份计划书是多么令人鼓舞啊！"

（三）敢于竞争

在商业计划书中，创业者需要细致地分析竞争对手的情况：竞争对手都是谁；他们的产品是如何工作的；竞争对手的产品与本企业的产品相比，有哪些相同点和不同点；竞争对手采用的营销策略是什么等。要明确每个竞争者的销售额、毛利润、收入以及市场份额，然后再讨论本企业相对每个竞争者都具有的竞争优势。要向投资者展示客户偏爱本企业的原因，如本企业的产品质量好，送货迅速，定位适中，价格合适等。商业计划书要做到使投资者相信，本企业不仅是行业中的有力竞争者，而且将来会是确定行业标准的领先者。在商业计划书中，创业者还应该阐明竞争者给本企业可能带来的风险以及本企业将会采取的应对策略。

（四）了解市场

商业计划书需要为投资者提供企业对目标市场的深入分析和理解。要细致分析经济、地理、职业以及心理等因素对消费者选择购买本企业产品和服务的行为的影响，以及各个因素所起的作用。商业计划书中还应包括主要的营销计划。在营销计划中应列出本企业打算投放广告、开展促销以及建立公共关系活动的地区，明确每一项活动的预算和收益。除此之外，商业计划书中还应简述企业的销售战略：企业是使用外部的销售代表还是使用内部职员，企业是使用转卖商、分销商还是特许商，企业将提供何种类型的销售培训等销售中的细节问题。

（五）表明行动的方针

企业的行动计划应该是无懈可击的。由于商业计划书篇幅有限，因此，商业计划书中应该明确阐述的是有关企业行动方针中最重要的问题，如产品从原材料采购到生产销售过程中关键的影响因素，耗资较大的机器设备是购买还是租赁，企业如何迅速提高市场占有率，企业如何向客户提供服务等。表明行动方针不仅有助于投资者更清晰地了解本企业和本项目，也有助于加强投资者的投资信心。

（六）展示管理队伍

管理者的职能是计划、组织、控制和指导，并为实现公司目标而行动。因此，把一个想法转化为一个成功的企业，其关键就是要有一支强有力的管理队伍。这支队伍的成员必须有较高的专业技术知识、管理才能和多年的工作经验。在商业计划书中，应首先描述一下整支管理队伍及其职责，然后再分别介绍每个管理人员的特殊才能、特点和造诣，细致描述每个管理者将为公司做的贡献。对管理团队的描述，要给投资者这样一种感觉："如果这个公司是一支足球队的话，他们能一直杀入世界杯决赛！"此外，商业计划书中还应明确管理目标以及组织架构图。

（七）周详的退出路径

无论投资的最后结果如何，风险投资者都会十分关心最后的退出路径。很明显，如果投资效果不好，投资者就想收回投资；即使投资效果很好，投资者也不愿意长时间拥有公司的产权。每一个风险投资者的既定目标都是把原投资变为可周转的银行现金，迟早要撤出投资。因此，在商业计划书中，必须明确指出投资者的退出路径，如公司股票上市、企业合并、回购等退出措施。

商业计划书是创业者进行融资的敲门砖，在进行撰写时，要注意以下问题。第一，商业计划书应该用尽量简单的语言来描述每件事，避免出现逻辑混乱不清、无用的话多且冗长的问题。第二，商业计划书要体现出专业性，对市场、产品、竞争对手等的分析虽然要做到语言简明，但是也不能过于简单，要有必要的数据进行支撑。第三，企业的计划目标要界定清晰，对目标的执行要可衡量，不能只有创意而没有实际经验和项目计划执行的细节。第四，对财务数据的预测和对现金流的预算要清晰合理，资金使用方向、收入的测算、成本的预计等财务数据要关系合理，数据出入不能过大。

四、大学生常用商业计划书的不同

大学生的商业计划书的常用用途主要有两个：第一，真实的初创企业创业融资；第二，常见的创业大赛。

（一）大学生创业企业融资类商业计划书

大学生在初创企业时，往往满怀热情和对未来的期望，但是，常见的问题也有很多，譬如，盲目乐观、过于理想化、产品调研不够、行业研究不足、组建团队不成熟等，停留在单纯靠"想法"就能融资的理想阶段。

当大学生团队项目开始融资时，需要对内问清楚一些问题。

我们创业的初心是什么？

我们最初的团队是怎么搭建起来的？

我们想做的产品是什么？

我们的商业模式和盈利模式是什么？

我们有自己的制度和准则了吗？

这些制度执行得怎么样？

团队中每个人的角色足够清晰吗？

团队负责人是凭什么当上的？他能胜任吗？

为了这次创业我们做了什么准备工作？

我们的核心竞争力是什么？

到目前为止我们投入了哪些资源（货币、资源、时间等）？

到目前为止我们的工作成果和总结是什么？

我们遇到了哪些问题？哪些是可以解决的？哪些是不可以解决的？

不可以解决的问题对发展会有什么影响？

这个阶段必须融资吗？

融资用来解决哪些实际问题？

融资需要多少资金？

剩下不需要融资就可以解决的问题怎么解决？

针对风险控制有哪些措施？

…………

每一个准备融资的团队务必清醒地认识到，融资不是一件容易的事情！

当创业者确定需要融资并想清楚资金的后续使用计划时，就可以开始准备这一阶段的融资计划书了。大多数大学生的创业企业处于种子轮融资或天使轮融资。融资就是创业者在商场上的一次战役，融资计划书就是我们能否成功的关键武器。

实战版融资计划书背后需要做很多功课：创始人及团队的基本素养、创始团队的核心技术或独特的商业模式、整个团队对行业和产品的研究以及最好有一些早期合作客户与案例储备。

这个类型的商业计划书就是在回答投资人以下几个问题。

这个产品能不能赚钱?

你们团队凭什么能够赚钱?

融资多少以及估值计划是什么?

投资人怎么收回投资收益?

实战版商业计划书不能太烦琐,需要简洁扼要。最终目的是快速给投资人讲清楚投资亮点、创业团队可行的理由、投资收益如何实现和退出。绝大多数投资人都是职业化的,他们在投资之前会做很多功课,包括行业和产品调研等,所以在商业计划书里面不需要大量赘述。

这个版本的商业计划书常用模板为:

(1)行业和产品背景介绍页;

(2)行业和产品痛点介绍页;

(3)SWOT分析页,重点是竞品分析;

(4)结合创业产品的针对性解决方案页;

(5)核心团队介绍页(战略和紧密支持企业列表,如有);

(6)目前阶段客户和市场简析页;

(7)未来两年和后续一年的财务预测分析表页;

(8)融资计划、估值、融资用途页;

(9)退出途径页,一般这一轮属于比较早期阶段,不需要赘述,可无,但必须认真想清楚。

融资,想清楚需要什么样的投资人,能够接受什么样的股权结构和条款。第一轮融资格外重要,多向专业的老师、专家、校友请教,扎实做好细节功课。

(二)常见的创业大赛

近年,大学生创业大赛有很多,许多大学生摩拳擦掌,希望将自己和团队的想法、这些年学到的专业知识以及对创业的憧憬落实在创业大赛中。

相较于实战型创业融资的商业计划书,创业大赛商业计划书更具有理论特点。参赛团队无论有无真实创业项目,都需要提交一份商业计划书。对这份商业计划书的评价,取决于初赛、晋级赛、总决赛的评委。不是所有的评委都会像一名想用真金白银投资你的投资人那样有足够时间对你这份商业计划书的行业、产品等去深入研究的。因为看这份商业计划书的对象不同,内容也不同,创业大赛的计划书在内容上少了一些融资类商业计划书的直截了当,多了一些完整叙述,更注重对背景和细节化内容的阐述,这样能够帮助他们更有效且快速地传递项目的背景和趋势。

另外，还需要兼顾一些项目的社会影响力，例如，对就业的影响力，或者特殊事件如疫情的影响力等。除了基础商业计划书之外，往往在立意高度上体现突出的团队，更容易获得更好的成绩。具体立意高度，需要结合实际项目和团队指导老师的指导意见来完善，这里我们只做简单的商业计划书常规内容的交流。

这个版本的商业计划书常用模板为：

（1）行业、产业、产品、特殊事件等背景的详细描述模块，多用图表和数据，标明引用出处；

（2）针对具体产品现有市场的体系化描述模块，含 SWOT 分析、痛点等；

（3）面对现有的问题，我们的产品如何解决痛点及其技术参数、商业模式、盈利模式、核心竞争力、前瞻性等，最好还能结合立意高度阐述清楚；

（4）团队模块的介绍，具体人员、分工、特色、股权架构安排以及未来规划，优势；

（5）目前市场情况模块，含市场规模、已有销售情况（如有）、销售预测等；

（6）未来三年财务预测分析表模块；

（7）模拟融资计划、估值、用途、退出方案等。

大学生创业大赛的目的主要是培养大学生创新创业意识，检验团队基础功课是否扎实，通过准备创业大赛提升基础综合学科知识水平，以及帮助一些有明确创业想法和产品的项目获得社会关注与资源支持。

商业计划书需要大学生创业者认真准备，哪怕没有特别好的创业项目，把 PPT 等材料认认真真做好，也是一种收获。

参考文献

一、中文文献

[1] 汤姆·科斯尼克，莉娜·拉姆菲尔特. 啮合创业：在斯坦福学创业规划 [M]. 张帆，齐继国，郑琦，译. 北京：中国人民大学出版社，2016.

[2] 刘沁玲，陈文华. 创业学 [M]. 北京：北京大学出版社，2022.

[3] 彼得·德鲁克. 创新与企业家精神 [M]. 蔡文燕，译. 北京：机械工业出版社，2019.

[4] 鄂义强，刘晓莉. 供给侧结构性改革视域下构建大学生创业生态环境的策略思考 [J]. 东北师大学报（哲学社会科学版），2018（1）.

[5] 方鑫，沈强. 创业企业绩效影响因素的研究综述 [J]. 经管空间，2020（9）.

[6] 黄建桥，黄炜，程钰，等. "互联网+"大学生创业模式的评价研究 [J]. 湖北农业科学，2017（1）.

[7] 郭正日，何理. 创业投资项目评选指标体系构建研究 [J]. 北京工商大学学报（社会科学版），2011（7）.

[8] 课题组. 中国青年创业发展报告（2021） [J]. 中国青年研究，2021（2）.

[9] 鞠箫倩，盛晓娟，郭辉，等. 中国情境下大学生创业研究文献回顾与展望 [J]. 江苏商论，2022（4）.

[10] 李亚员. 当代大学生创业现状调查及教育引导对策研究 [J]. 教育研究，2017（2）.

[11] 李晓丹. 基于熵权物元可拓理论的高校创新创业质量评价 [J]. 新疆职业教育研究，2020（1）.

[12] 陆秋萍，王景莹，高梦洁，等. 基于 CIPP 模型的大学生返乡创业质量评估体系的构建与优化 [J]. 广东青年研究，2022（2）.

[13] 沈京都，张雁翎. 影响在校大学生创业模式因素的实证研究 [J]. 景

德镇学院学报，2016（2）.

[14] 宋正刚，张淼. 大学生创业质量评价指标体系的初步构建 [J]. 天津商务职业学院学报，2017（2）.

[15] 田红云，KRIZ A，CUNNEEN D，等. 高成长企业测度与界定标准研究 [J]. 科技进步与对策，2014（4）.

[16] 王琦. 创业精神培育：大学生创业教育工作的核心 [J]. 中国成人教育，2017（4）.

[17] 袁小平. 基于心理资本视角下大学生创业素质提升路径研究 [J]. 中国成人教育，2016（22）.

[18] 张宛儿，江文甲，雷国铨. 农科类高校大学生创业模式及优化 [J]. 中国高校科技，2017（10）.

[19] 张秀娥，马天女. 国外促进大学生创新创业的做法及启示 [J]. 经济纵横，2016（10）.

[20] 张玉利，宋正刚. 创业活动创新性评价及提升创业质量的建议 [J]. 社会科学战线，2017（7）.

[21] 周雄. 高校创业教育推动大学生创业的路径研究 [J]. 中国成人教育，2018（12）.

[22] 朱永跃，胡蓓，孙鹏. 基于因子分析法的大学生创业环境评价研究 [J]. 黑龙江高教研究，2012（3）.

[23] 齐玮娜. 创业质量的理论与实证研究：基于区域经济的视角 [D]. 广州：暨南大学，2015.

[24] 薛瑞. 大学生创业质量测评及提升路径研究 [D]. 南昌：南昌大学，2018.

二、英文文献

[1] BIRCH D. The job generation process [M]. MA：MIT Programme on Neighborhood and Regional Change，1979.

[2] JERZY C. Entrepreneurship in emerging economies [M]. Switzerland：Palgrave Macmillan，2016.

[3] TIMMONS J. New venture creation [M]. 5th ed. Chicago：McGraw Hill Irwin Press，1999.

[4] WICKHAM P A. Strategic entrepreneurship [M]. London：Pitman Publishing，1998.

［5］ BEILER H. Do you dare? The effect of economic conditions on entrepreneur-ship among college graduates ［J］. Labour Economics, 2017, 47.

［6］ BUSTAMAMA U, MUTALIBB M, YUSOF S. Graduate employability through entrepreneurship: A case study at USIM ［J］. Social and Behavioral Sciences, 2015 (211).

［7］ CHENGA S, STOUGHB R, RANDALL W. Measuring and building high quality entrepreneurship: A research prospectus ［J］. The European Journal of Social Science Research, 2009, 22 (3).

［8］ CLAUDE M. Measuring entrepreneurship at the country Level: A review and research agenda ［J］. Entrepreneurship & Regional Development, 2013 (25).

［9］ DECKER R, HALTIWANGER J, JARMIN R, et al. Where has all the skewness gone? The decline in high-growth young ［J］. European Economic Review, 2016 (86).

［10］ RODERMUND E S. Pathways to successful entrepreneurship: parenting, personality, early entrepreneurial competence, and interests ［J］. Journal of Vocational Behavior, 2004 (65).

［11］ GIOTOPOULOS I, KONTOLAIMOU A, TSAKANIKAS A. Drivers of high quality entrepreneurship: What changes did the crisis bring about? ［J］. Small Business economy, 2017 (48).

［12］ GUZMAN J, STERN S, SHAPIRO M. The state of American entrepreneur-ship: new estimates of the quantity and quality of entrepreneurship for 32 US States, 1988-2014 ［J］. American Economic Journal: Economic Policy, 2020, 12 (4).

［13］ HENREKSON M, SANANSAJI T. Measuring enterpreneurship: Do estab-lished metrics capture schumpeterian entrepreneurship? ［J］. Entrepreneurship Theory and Practice, 2020, 44 (4).

［14］ RANI S H B A. The influence of psychosocial factors on entrepreneurial quality among graduate entrepreneurs ［J］. Procedia-Social and Behavioral Sciences, 2016 (219).

［15］ MILLER D. The correlates of entrepreneurship in three types of firms ［J］. Management Science, 1983 (29).

［16］ MIRZANTI I, SIMATUPANG T, LARSO D. Mapping on entrepreneurship policy in indonesia ［J］. Social and Behavioral Sciences, 2015 (169).

［17］ MORRIS M H, JONES F F. Entrepreneurship in established organizations:

The case of the public sector [J]. Entrepreneurship Theory and Practice, 1999, 24 (1).

[18] PREMAND P, BRODMAN S, ALMEIDA R, et al. Entrepreneurship education and entry into self-employment among university graduates [J]. World Development, 2016, 77.

[19] KOELLINGER P. Why are some entrepreneurs more innovative than others? [J]. Small Business Economy, 2008 (31).

[20] RAUNCH A, FRESE M. Let's put the person back into entrepreneurship research: A meta-analysis on the relationship between business owners' personality traits, business creation, and success [J]. European Journal of Work and Organizational Psychology, 2007, 16 (4).

[21] SANCHEZ V, SAHUQUILLO C, Entrepreneurial intention among engineering students: the role of entrepreneurship education [J]. European Research on Management and Business Economics, 2018 (24).

[22] SHANE S. Why encouraging more people to become entrepreneurs is bad public policy [J]. Small Business Economics, 2009, 33 (2).

[23] SHEPEARD D, WILKUND J. Are we comparing apples with apples or apples with oranges? Appropriateness of knowledge accumulation across growth studies [J]. Entrepreneurship Theory and Practice, 2009, 33 (1).

[24] SZERD L, LAFUENTE E, et al. The relevance of quantity and quality entrepreneurship for regional performance: the moderating role of the entrepreneurial ecosystem [J]. Regional Studies, 2019, 53 (9).

[25] VALENTINA D, RUSU V, DORNEAN A. The quality of entrepreneurial activity and economic competitiveness in European Union countries: A panel data approach [J]. Administrative Sciences, 2019, 9.

[26] FRICK W. The U. S. startup economy is in both better and worse shape than we thought [J]. Harvard Business Review, 2016, 11.

[27] FRITSCH M, SCHROETER A. Are more Start-Ups really better? Quantity and quality of new businesses and their effect on regional development [D]. Jena: Friedrich-Schiller-University Jena, 2009.

[28] FRITSCH M, SCHROETER A. Does quality make a difference? Employment effects of high and low quality Start-ups [D]. Jena: Friedrich-Schiller-University Jena, 2011.